수학사를 활용한 교재연구

32 중등수학교육

수학사를 활용한 교재연구

가타노 젠이치로 지음
김부윤 · 정영우 옮김

KM 경문사

역자머리말

학교수학에 수학사를 활용하기 위한 교재연구에는 학생들의 인지발달과 관련된 심리학적 측면에서의 연구, 현대수학 체계와 관련된 수학적 연구, 그리고 사회학·인류학적 관점에서 수학적 아이디어의 형성과정을 살펴보는 역사적 연구가 포함되어 있어야 한다. 그러나 심리학자나 수학자, 사회학자, 인류학자들의 관점만으로 수학을 도입하는 것은 편협한 관점을 줄 수밖에 없다. 그동안 집필된 대부분의 수학사 관련 서적은 연대순의 단순 나열이거나 수학자별로 그들의 업적과 에피소드를 나열하는 식이었다. 이러한 수학사 교재로는 학생들에게 흥미와 관심을 불러일으킬 수는 있지만, 수학적 아이디어의 본질에 대한 이해까지는 이를 수가 없다. 그러면 이러한 본질적인 이해를 위해서 어떠한 수학사 관련 교재연구가 이루어져야 할까? 그 물음에 대한 답은 이들 관점을 통합적으로 고려해야 한다는 것이다.

가타노 젠이치로(片野 善一郎)가 저술한 《수학사를 활용한 교재연구》는 일본의 지도요령(우리나라의 '교육과정'에 해당)이 개정되던 무렵인 1992년에 발간된 것으로, 이러한 관점을 고려한 책이다. 이 책에서 그는 수학적 아이디어의 본질적 이해와 관련하여, 현대수학 체계와 역사적 사실들을 고려하여 구성·제시하고 있다. 아울러 그는 교사들이 학생들에게 즐겁고 유익한 수학 수업을 하기 위해서 어떻게 해야 하는지에 초점을 맞추고 있다. 이것은 수학사를 활용한 수업을 구성하려고 하는 우리나라 교사들에게도 많은 시사점과 수업 소재 개발에 유의미한 도움을 줄 것이며, 학생들이 수학사를 더 깊이 이해하는 데에도 도움을 줄 것이다.

번역을 할 때, 관심 있는 독자들이 좀더 쉽게 관련 자료들을 찾아볼 수 있도록 본문에 나오는 일본 인명, 지명, 서명 등은 일본어 발음 그대로 기술하고 괄호 안에 한자를 병기(倂記)해두었다. 또 각 장의 끝부분에 있는 저자 주(注)와 각 쪽 아래의 역자 주(註)를 설정하여 상세하게 기술해두었다.

어떤 학생에게 어떤 문제가 주어졌을 때, 이것과 관련된 알고리즘을 기억해내고, 거기에 따라 계산과정을 수행하여 답을 맞힌다고 해서, 그 학생이 수학에 대한 참된 이해에 도달했다고 볼 수는 없다. 따라서 이 번역서를 통해 학생들이 수학에 대한 참된 이해와 관심·태도 등을 고취하고, 수학을 선조들의 문화유산으로 인식하기를 바라며, 또한 수학 교사들이 전문성을 갖추는 데 도움이 되기를 간절히 바란다.

이 책이 나오기까지 도움을 주신 경문사 박문규 사장님과 특히 한 글자, 한 문장마다 더 나은 표현을 위해 편집과 교정을 마무리해준 편집부 관계자분들의 노고에 대해, 이 자리를 빌려 감사의 말씀을 드린다.

2011년 6월
역자 일동

수학을 싫어하는 원인

최근 수학을 싫어하는 학생이 늘고 있다고 한다. 얼마 전까지만 해도, 초등학교 시절에는 수학을 좋아했지만 중·고등학교로 학년이 올라감에 따라 싫어하는 학생이 늘어가는 것이 일반적인 경향이었다. 그런데 이제는 초등학교 고학년에서 이미 수학이 가장 싫어하는 교과가 되었다는 것이다. 학년이 올라감에 따라 싫어하게 되는 이유 중 그 첫째는 내용이 점차 어려워져 이해를 못하는 학생이 많아져 간다는 것이다. 이것은 어느 정도 부득이 하다고 말할 수 있지만, 그 곤란의 대부분이 문제를 풀지 못하는 것이라는 데 문제가 있다. 즉 학교수학의 내용이 주어진 문제를 푸는 것과 그 수단으로서의 형식적인 계산 기술이 되어버렸다는 것이다. 초등학교 저학년에서는 아직 아무것도 모르고 선생님이 하라는 대로 계산해서 답이 맞으면 기뻐하기도 하지만, 중·고등학생 정도가 되면 '왜 이런 공부를 하는 것일까?', '수학 학습은 자신에게 있어 대체 무엇일까?'라는 의문을 가지기 시작한다. 그래서 그것에 대한 납득할 수 있는 해답을 얻을 수 없으면, 바로 그 순간 수학을 싫어하게 된다.

학교수학이 문제해법의 계산 기술에 편중되는 것은 입학시험의 영향이 크지만, 학교수학을 수학이라는 학문 체계만으로 보고 편성한 지도요령[1]에도 문제가 있다. 원래 수학 전문가는 미해결 문제를 푸는 것을 연구목적으로 한다. 최근 화제의 국제수학올림피아드 등도 고등학생이 난문(難問)을 푸는 것을 겨루는 대회로, 역시 문제해법이 중심이 된다. 학교수학이 문제 중심이 되는 것은 지도하는 교사 쪽에 원인이 있는 듯하다.

수학은 문명의 거울이라고 일컬어지듯이, 문명의 발생과 동시에 탄생하여 문명의 진보에 따라 함께 발달해온 학문이다. 그런데 학교수학에서는 《백만인의 수학》[2]의 저자인 영국의 호그벤도 지적하는 것처럼 "수학의 사회사(社會史),

1 우리나라의 '교육과정'에 해당.

2 Lancelot Thomas Hogben, *Mathematics for the Million : How to Master the Magic of Numbers*, W. W. Norton & Co., Inc.

우리 자신의 사회생활에서의 수학의 의의, 문명인류가 수학에 얼마나 거대한 의존관계를 가지고 있는지 등을 나타내기 위한 노력은 조금도 기울이지 않는다."는 것이다. 학교수학은 수학에서 그 문화적 내용을 삭제하고, 기술의 골격만을 남겨버린 것이다.

미적분 등도 단지 함수를 미분하거나 적분하는 계산 기술이 되어버렸다. 만약 미적분이 어떠한 경위에서 발견된 것인지, 그것이 인간생활과 사상에 어떻게 관계있는지 가르쳐주면, 계산을 잘 모르는 학생이라도 관심을 가지고 학습할 것이다. 한편, 수학을 입학시험의 수단으로 생각하고 배우는 학생은 이와 같은 지도는 오히려 시간이 걸리고 효율이 떨어지는 학습이라고 생각할지도 모른다. 그러나 발견 과정을 고려한 수업에서는 일반 교과서에서는 잘 볼 수 없는 수학자의 여러 독창적인 발상이 포함되어 있어, 이것들은 문제해법에 있어서도 크게 도움이 되는 것이 많다. 또 이러한 지도를 하면 학생은 수학에 흥미와 관심을 가지게 되고 기술적인 것을 학습할 때 노력하게 될 것이다.

수학자의 발상뿐만 아니라, 단편적인 역사적 지식과 수학자의 전기·일화와 같은 것도 수업에 정감(情感)과 변화를 주는 데에 효과적임은 현장의 많은 교사들도 인정하는 점이다.

수학사라는 것은 인류사라는 거시적 관점에서 수학의 발달과정을 보는 것으로, 수학 교사에게 있어서는 중요한 교양 가운데 하나라고 생각한다. 그러나 일반적인 수학사의 연구서와 통사(通史)를 읽어보아도 그것들은 교육이라는 것을 의식하고 쓴 것이 아니기 때문에, 교사에게 있어서 필요 없는 부분도 적지 않다. 이 책은 수학교육에서의 수학사 역할과 교재의 역사적 연구의 구체적인 예, 그리고 수업에 있어서 수학사의 이용법을 정리한 것으로 교사를 위해 쓴 수학사이다. 이것을 참고로, 교사들이 한층 수학사의 이용에 관심을 가지고, 더 즐거운 수업을 창조하여 수학교육에 힘쓰기를 바란다. 참고한 책은 각 장의 끝에 주(註)로 언급해두었다. 직접 인용한 부분도 있지만 나름대로 요약한 곳도 있다. 가능하면 이들 책도 직접 훑어보았으면 한다.

이 책은 메이지도서(明治図書)의 잡지 〈수학교육〉에 '수학교육과 수학사'라는 제목으로 2년여에 걸쳐서 연재한 것을 대폭 첨삭하여 만든 것이다. 지금까지 메이지도서에서 《교사를 위한 수학사》(1959년), 《수업을 즐겁게 하는 수학 이야기》(1978년), 《산수 수업에 도움이 되는 수학 이야기》(1982년), 《수학 용어의 유래》(1988년) 네 권의 수학교육에 관한 책을 냈기 때문에, 이 책은 다섯 권째에 해당한다. 이 저서들의 출판을 시종 열심히 도와주신 편집부의 타치바나 마사오(立花正夫) 씨에게 지면을 빌려 감사의 뜻을 표하고 싶다.

1992년 4월
가타노 젠이치로(片野 善一郎)

차례

제 1 장

수학교육의 문제점과 수학사

1.1 전통적인 기능훈련주의

메이지(明治) 초기의 수학교육을 비판하여 나카죠우 쵸우세이(中条澄清, 1850~1897)는 다음과 같이 기술하고 있다.(1)

> 수학은 계산 기술이지 이론의 학문은 아니다. 수학 교사가 문제를 주고, 의자에 기대어 파수꾼 역할을 하는 직업이라면, 다른 교과의 교사에 비하여 조금 편해지며, 수학이 기계적인 교과라면, 그 교사는 새로운 책을 조사하는 등의 수고를 하지 않는다.

막부 말에서 메이지에 걸쳐서 서양수학이 가르쳐졌지만 그것은 주로 항해술 등의 군사기술을 중심으로 한 과학기술의 학습수단으로였다. 따라서 수학 이론보다도 계산 기술적인 것이 학습의 주안점이었다.

그런데 에도(江戸) 시대에 발달한 와산(和算)[1]의 학습이라는 것은 어떤 하나를 배우기 위해 관련된 많은 문제를 푸는 것으로, 자연적으로 해법 원리가 되는 수리(數理)를 유추·터득하는 방법인데, 이 전통적인 학습방법이 계산 기술을 중심으로 한 서양수학의 학습에 적용되었다.

생각해보면, 이러한 지도법은 지극히 안이한 방법이다. 어떤 꼴의 이차방정식을 하나 풀어서 보여준다. 다음에, 그것과 같은 문제를 학생들에게 주고 연습시킨다. 이렇게 해서 모든 꼴의 이차방정식을 즉석에서 풀게 되기까지 반복훈련을 한다. 사려 깊은 교사에게는 야단맞을지 모르겠지만, 많은 학교에서는 이러한 지도가 이루어지고 있는 것은 아닐까?

유명한 《백만인의 수학》의 저자인 영국의 호그벤도 수학교육을 다음과 같이 비판하고 있다.(2)

> 수학 전문가는 본래 일개 기술자이다. 그래서 그는 다른 사람을 가르칠 때에도 기술자를 양성하려 한다. 수학 책에는 대개 기술의 숙련을 목표로 한 연습문제가 있다. 그것으로 우리는 실망한다. 현대과학이나 사회통계에 사용되는 수학을 이해하기 위해서 당치도 않은 광대한 영역을 가로질러야 하기 때문이다.

---

1 에도 시대에 일본에서 독자적으로 발달한 수학을 말한다.

실제로 이런 기능훈련적인 지도는 입학시험이 초래한 것이다. 일본 입학시험의 수학문제라는 것은 대부분 형태가 정해져 있어, 일정한 순서를 거치면 풀리는 계산문제로 이루어져 있다.

국립교육연구소의 조사에 따르면, 1981년도 고교입시문제 985개 가운데 계산 영역에 속하는 문제는 447개(45%)나 된다고 한다. 이러한 계산 문제를 푸는 기술을 몸에 익히기 위해서는 반복훈련이 가장 적합하다.

제2회 국제수학교육조사의 결과를 보아도 일본 중·고등학생의 학력은 계산, 이해, 응용, 분석의 네 영역 가운데 계산 영역의 성적이 특별히 뛰어나다. 여기서 계산이라는 것은 '학생이 이미 배운 규칙에 따라 문제의 요소를 직접 조작하는 것으로, 특수한 사실, 용어에 관한 지식이나 알고리즘을 실행하는 능력 등을 알아보는' 영역으로 정의되어 있다.(3)

기능훈련적인 지도는 수학을 싫어하는 원인도 된다. 아집이 있는 학생들은 왜 이런 틀에 박힌 재미없는 연습을 해야 하는지 의문을 가져버려서 수학을 싫어하게 되는 것이다. 중학교에서 가르칠 때, 이차방정식의 해를 구하는 공식을 가르쳐주고 연습문제를 풀라고 하면, 학생 중에는 문제를 풀지 않고 노는 학생도 있다. "왜 안 하니?"라고 물으면, 숫자를 공식에 대입하면 답이 나온다는 것을 알고 있기 때문에 할 필요가 없다고 답한다. 그는 성적이 좋은 학생이었다. 이러한 연습만 반복한다면, 수학에서는 모든 것이 결정적으로 분명하여 더 이상 새로운 사고가 들어갈 여지가 없는 것은 아닐까 하는 생각마저도 하게 된다. 그렇게 된다면 과학교육은 완전히 실패이다.

그리스의 아리스토텔레스는 인간의 행위를 ① 행위 그 자체가 목적인 행위, ② 행위에 의해 생겨나는 결과를 목적으로 하는 행위의 두 가지로 나누어 ①을 활동, ②를 운동이라 부르고, ①과 같은 행위야말로 인간의 참된 행위라고 했다.(4)

예를 들면, 찻잔을 만들 때 제품만을 문제 삼는다면, 자동화된 기계로 기계적으로 만들면 가지런한 꼴의 일정한 품질의 찻잔이 만들어지지만, 완성된 찻잔에는 인간의 정신이 전혀 들어 있지 않다. 하지만 수작업으로 녹로(轆轤, 로구로=고패)를 돌려가며 스스로 여러 가지를 생각하면서 만든 찻잔은 제품이 다소 찌그러진다든지 하는 경우도 있지만, 그것에는 인간의 마음이 담겨져 있다. 수학 문제를 단지 교사에게서 배운 공식에 의해 기계적으로 많이 풀어서 결과만을 문제로 삼는 학습은 운동이지 인간의 활동은 아니다.

1.2 기능훈련주의가 초래한 폐해

전통적인 기능훈련적 지도는 커다란 폐해를 초래하고 있다. 교과서에는 설명이 필요한 최소한의 것만 들어 있고 문제가 많이 들어 있다. 더욱이 실제 수업에는 시판되고 있는 문제집이 병용된다. 예를 들면, 허수의 도입 부분에서는 $x^2=-1$ 은 실수 범위에서는 풀 수 없기 때문에, $i^2=-1$ 을 도입한다는 정도의 설명만 하고, 바로 i 를 포함하는 식의 계산 연습만 한다. i 가 어떤 수학에서의 필요로부터 발견되었는지, 그것이 수학 발전에 있어 어떤 역할을 하였는지, 수학을 어떻게 변화시켰는지 등의 설명은 빠져 있다. 물론 고등학교 1학년 단계에서 이러한 부분을 이해시키는 것은 무리겠지만, 적어도 발견의 과정은 가르칠 수 있다.

교과서의 장(章)의 첫 부분에 수의 확장 역사를 간단하게 설명하는 것도 있어서 이 부분은 반드시 교사가 보충설명을 덧붙여 설명해야 하는 중요한 부분이지만, 대부분의 교사는 이 부분을 무시해버린다. 알고 있다 하더라도 시간이 없다거나 또는 기능훈련을 조금이라도 많이 하는 편이 좋다고 생각하여 그만 생략해버리는 것이다. 그러나 이 부분을 생략해버린다면 수학에 있어서 수의 발견이나 확장 과정·사고 방법이라는 가장 중요한 것을 알지 못하게 되어버린다. 수학을 알지 못하는 원인이 실은 여기에 있는 것은 아닐까? 사려 깊은 학생은 이러한 지도에서 뭔가 아쉬움을 느끼고, 머지않아 수학으로부터 멀어져 갈 것이다.

심리학자 소에지마 요키치로(副島羊吉郎)는 이러한 수학교육의 결함을 다음과 같이 지적하고 있다.(1)

> 필자는 고등사범학교에 입학해서 처음으로 행렬식을 배웠지만, 갑자기 행렬식을 접했기 때문에 적지 않게 당황한 경험을 가지고 있다.
> 지금까지 배워온 수학과 어떠한 관계가 있을까, 그것은 누구에 의해서 또는 어떤 필요에서 생각해낸 것일까, 그리고 수학의 조직 체계 가운데 어떤 위치를 차지하고 있는가에 대해서 어떤 설명도 들을 수 없었기 때문에, 마치 미로 속에 던져진 듯한 기분이었다. 그때 역사와 관련지어 일차연립방정식의 해법의 발달 유래로부터 도입했더라면, 훨씬 흥미 깊게, 동시에 쉽게 이해할 수 있었다고 생각한다. 수학의 목적이 완성된 논리 체계를 가르치는 것이기 때문에 이렇게 되는 것일까? 또 교사도 임박한 대학입시 준비 때문에 시험과 관계가 적은 사항에 시간을 허비할 수 없다고 생각하기 때문일까?

> 어쨌든 학생을 인간적으로 다루려고 생각한다면, 조금 더 접근하기 쉬운 방법으로 가르칠 필요가 있다고 생각한다. 예를 들어, 교과서는 지금 그대로라고 하더라도 교사의 노력으로 그것은 어느 정도 가능하지 않을까?

말하자면, 새로운 사항의 학습에 들어갈 경우, 이전에 배운 사항과의 관계와 발견의 배경 같은 것을 대충 이야기해주면, 어느 정도의 예비지식을 가지고 학습에 들어갈 수 있어 알기 쉽게 될 것이다. 크리스트교 사회사업가로 유명한 카가와 토요히코(賀川豊彦, 1888~1960)는 일찍이 신문의 독서란에 보낸 글에서 다음과 같이 적고 있다.(2)

> 나는 책을 읽을 때 언제나 계통적으로 읽는 것을 좋아하기 때문에, 철학이면 철학사부터, 과학이면 과학사를 서론으로 읽는 버릇이 있다. 수학사를 읽고 나서 고등수학을 시작하면 잘 알 수 있다.

카가와가 어떤 수학사 책을 읽었는지 모르겠지만, 수학사를 읽었기 때문에 수학의 정리를 알 수 있었다든지, 계산을 잘할 수 있었다든지 하는 것은 결코 아니다. 소에지마와 같은 의미로, 수학사를 읽음으로써 학습하려고 하는 수학의 자리매김이나 여러 가지 배경 등을 다각적으로 이해할 수 있어, 흥미를 가지고 학습에 임할 수 있었다는 것이다.

1.3 수학은 고립된 학문이 아니다

수학교육에 있어서 기능훈련주의의 최대 결함은 학생들에게 수학이 고립된 학문이라고 굳게 믿어버리게 한다는 것이다. 수학 교과서는 기술적인 것을 중심으로 편집되어 있으며, 수학 이외의 것은 거의 적혀 있지 않다. 그러나 고등학교에서 다루는 미적분, 확률·통계만 해도 그 대부분은 천문학·역학·물리학 등의 자연과학이나 정치·경제나 인간의 사회생활·사상과 관련되어 탄생한 것이다. 학문으로서 체계화된 수학에서는 이러한 일체의 배경이 배제되어 있다. 실제 수업에서는, 예를 들어 미분을 설명할 때 떨어지는 물체의 예 등을 다루고 있지만, 그것도 처음뿐이고 곧 형식적인 미분 계산이 되어버린다. 연습문제 중에는 역학이나 물리학 등의 관련 문제를 포함하는 경우도 있지만, 그것은 극히 드물다. 현행 교과서의 학습에서는 미적분이라는 것이 어떠한 현상과 관련해서 탄생했는지, 창시자들의 발상으로는 어떤 것이 있었는지 하는 것이 완전히 무시되어 있다.

미적분은 17세기에 근대과학, 특히 동역학의 수단으로 창안된 것이다. 그래서 동역학을 기초로 하여 미적분을 도입하는 것을 생각할 수 있다. 다음 내용은 토오야마 히라쿠(遠山啓)가 메이세이지유(明星自由) 대학에서 6회에 걸쳐 학생·교사·학부모를 대상으로 강의한 것이다.(1)

제1장 중세 유럽 사회와 과학 (르네상스와 과학혁명, 천동설에서 지동설로)
제2장 원뿔곡선과 케플러의 천체법칙 (원뿔곡선과 혹성의 타원궤도, 케플러의 법칙에서 뉴턴 역학으로)
제3장 함수의 발견과 미분적분학의 확립 (함수란 무엇인가, 미분적분학이란 무엇인가)
제4장 뉴턴 역학의 성립 (운동량 보존의 법칙 발견, 뉴턴 역학의 건설)
제5장 미분적분학의 사상과 위력 (미분적분의 의미와 방법, 미분적분의 계산과 미분방정식)

이 강의는 함수를 미분하거나 적분하는 기술의 연습을 목적으로 하는 것이 아니라, 고교 수학의 주요 부분인 미적분이 어떻게 해서 만들어졌는지를 가르치기 위한 것이다. 이와 같은 지도를 하면, 미적분이 추상적인 계산 기술의 학문이 아니라 근대과학과 관련하여 탄생하였다는 것을 잘 이해할 것이다. 서구 근대과학은 근대의 세계상을 낳았고, 근대사상의 근원이 된 것이다. 이러한 배경과 함께 미적분을 도입하면, 학습의 의의도 잘 이해되고, 설령 문제를 푸는 능력이 낮은 학생이라도 수학을 배워보려는 마음이 다소라도 생겨날 것이라고 믿어 의심치 않는다.

세계적인 수학자 타카기 테이지(高木貞治, 1875~1960)도 수학의 지도에서는 사상면을 중시하지 않으면 안 된다고 말하고 있다.(2)

> 수학을 가르치는 입장에서 반성해야 하는 것은 아닐까 생각되는 것이 있다. 그것은 수학의 사상적인 분야인데, 일본어에서 사상이라는 단어는 꺼려하는 경향이 있으므로 임시로 원칙적인 분야라고 하자. 그것과 이제 다른 하나는 기술적인 분야인데, 우리 수학자들은 수학의 원칙적인 분야는 간단명료하고 당연한 것이라고 생각하기 때문에 어쨌든 기술적인 분야에 흥미를 가지고 있지만, 수학을 배우는 입장에서는 원칙적인 분야를 의외로 모르는 것 같다. 간단명료하다고 해도 실제로는 지나

치게 간단해서 명료해보이지 않을 것이다. 거기에 갑자기 기술적인 이야기를 해도, 무엇을 위한 기술인지 납득이 안 되므로 흥미가 일어나지 않는다고 말할 수밖에 없지 않을까?

"일본어에서 사상이라는 단어는 꺼려하는 경향이 있다."라는 것은, 요즘 사상의 통제가 심할뿐더러, 1935년에는 미노베 타츠키치(美濃部達吉)의 천황기관설(天皇機関説)이 문제가 되기도 했고, 중의원에서 국체명징결의(国体明徵決議)가 있었기 때문이다. 1936년에는 유명한 2·26사건이 있었고, 1937년에는 일중전쟁이 시작됐다. 그런데 타카기 선생은 '수학 선생이 사상면은 간단명료하기 때문에 생략해버린 것은 아닐까?'라고 하지만, 사실 잘 모르기 때문에 가르칠 수 없었던 것이 진실 아닐까?

1.4 수학교육은 무엇을 목적으로 하는가?

여기서 앞으로의 논의를 진척시켜가는 데에 아무래도 분명히 해두지 않으면 안 되는 것이 있다. 그것은 일반보통교육으로의 수학교육이 무엇을 지향하는가 하는 것이다.

대체로 수학교육에서는 방정식을 풀거나 함수를 미분하거나 하는 기능으로서 정착시키려고 하지만, 학생의 99%는 졸업하고 나면 그러한 것을 사용하는 일은 없을 것이다. 수학 교사도 아마 학교에서 수학을 가르칠 때 이외에는 거의 수학을 사용하는 경우가 없을 것이다. 그런데도 어째서 그러한 기능훈련을 하는 것일까?

그래서 조금 오래된 이야기라 미안하지만, 메이지 시대의 수학교육 지도자 가운데 한 사람인 후지사와 리키타로(藤沢利喜太郎, 1861~1933)는 《산술조목과 교수법》(算術条目及教授法, 1895년, 大日本図書)에서 초등수학으로서 산술·대수·기하·삼각법을 들고, 그 목적으로 다음의 두 가지를 들고 있다.

1) 초보예비 수학 지식을 부여하는 것
2) 수학 사상을 양성하는 것

그리고 "둘째를 목적으로 할 경우에 있어서, 배우는 사람은 장래에 수학 그 자체를 잊어버릴 수도 있다. 그러나 잊어버리더라도 그 사람은 수학 사상을 가진 사람으로 남을 것이다. 그것은 마치 체조를 전공한 사람이 후에 체조 그 자체를 잊어버려도 여전히 건강한 것과 같다."라고 말하고 있다.

중등학교 수학교육의 목적은 고등학교에서 배우는 수학의 예비지식을 부여하는 것과 수학 사상의 양성이라고 한다. 그러나 전자는 고등학교에 진학하지 않는 사람에게 있어서는 전혀 관계가 없다. 그래서 그러한 사람들에게도 의의를 인식시키기 위해서 수학 학습을 통한 정신도야를 생각하고 있는 것이다.(1) 후지사와의 이런 생각은 현재의 수학교육에도 여전히 살아 있다.

그렇다면 현재 수학교육의 목적은 어떻게 되어 있는가? 《고등학교 학습지도요령 해설 수학 편·이수(理数) 편》(문부성 1979년 5월)의 제2부 '수학과의 목표'에 다음과 같이 쓰여 있다.(2)

> 수학교육의 목표는 단순히 일상생활에 직접 필요한 지식·기능을 부여하는 것만으로 한정되어서는 안 된다. 수학교육의 목표를 일상생활에 직접 필요한 수단을 부여하는 것만으로 한정해버리면, 중·고등학교에 있어서 수학과는 물론이고, 초등학교 산수과[2]의 여러 내용조차도 상당 부분 그 존재 의의를 잃어버릴 것이다. …… 그러나 수학교육은 다음과 같은 이유에서 중요한 의의를 가지고 있다.
>
> 1) 현대인에게 있어서 수학적 지식·기능은 차치하고라도 수학적인 사고방법·태도라는 것이 필수가 되고 있다. 그 때문에 가령 장래에 수학을 특별히 필요로 하지 않는 분야로 나아가는 사람이라도 이와 같은 것을 익힐 수 있는 충분한 기회를 반드시 가지도록 해야 한다.
> 2) 그와 같은 사고방법·태도를 체득시키기 위해서는 일상생활에 직접 도움이 되는 내용과 다른 교과에 필요한 내용만을 가지고서는 불충분하다. 아무래도 더 고도의 내용을 받아들일 필요가 생기게 된다.

이런 수학적인 사고방법·태도 가운데 하나는 수학 학습을 통해서 길러지는 논리적·체계적 사고이며, 또 하나는 현상에 대한 수학 모델을 만들어내는 수학 방법이 인간을 둘러싼 인문·사회·자연의 여러 현상을 처리하는 데 어떻게 도움이 되는지에 대해 이해하는 것이라고 한다.

그러나 이러한 것을 가르치는 데에 왜 그러한 방대한 기능훈련이 필요할까? 게

2 일본에서는 초등학교의 수학을 여전히 '산수'라고 하고 있다.

다가 현재와 같은 과목 편성·이수방법에 의해, 정말로 여기에 언급된 수학적 사고방법·태도를 가질 수 있을까? 나는 현재의 각 과목의 내용이 후지사와가 말하는 '초보예비 수학 지식'과 같은 생각으로 편성된 것이라고밖에 생각할 수 없다. 더욱이 그것은 대학에 있어서 전문가 양성을 위한 커리큘럼을 전제로 한 것이라고도 생각된다.

그런데 지도요령 해설에 기술되어 있는 수학적 사고방법·태도라는 것이 현재 고등학교 수학 내용을 학습함으로써 얻어진다고 하더라도, 현행 교과서에 의한 학습만으로는 다음과 같은 것은 결코 이해시킬 수 없다.

(1) 수학을 학문 체계로서만이 아니고, 각각의 수학 내용이 인간생활이나 자연과학·사회과학·철학사상 등과 어떻게 관련되어 있는가?
(2) 수학자의 사고가 어떻게 움직여서 수학이 만들어졌는가?
(3) 그것이 발견됨으로써 수학의 진보 발전이나 다른 학문 영역이나 사회에 어떻게 영향을 미쳤는가?

단순히 논리적·체계적 사고뿐만 아니라, 여기에서 언급한 내용은 장래 수학을 전공하는 사람에게도, 또 수학과는 무관한 일반사회인의 교양으로서도 중요한 것은 아닐까?

1.5 논리적 사고

수학 학습을 통해 소위 논리적 사고력이 길러진다는 것에 대해서는 매우 많은 이론(異論)이 있다. 형식적인 계산문제를 아무리 반복연습하더라도 논리적 사고력은 길러지지 않는다. 그 증거 가운데 하나는 일본의 중·고등학생이 문장제에 약한 것이다. 국제수학교육조사에서는 매번 이 점이 지적되고 있기 때문에, 전문가인 교사는 충분히 알고 있다고 생각한다. 일본의 중·고등학생에게는 사고력의 양성을 운운하기 전에, 말을 바르게 이해하고 사용하는 것을 훈련하지 않으면 안 된다.

이것을 확실하게 지적하고 있는 사람은 수학자 후지와라 마사히코(藤原正彦)이다.[(1)]

> 미국 대학 신입생들의 수학, 역사, 지리, 과학 일반 등에 관한 지식은 놀랄 정도로 부족하다. 비즈니스 전공 4학년 학생 중에 $(-1)\times(-1)$이 얼마인지 모르는 학생을 만난 적이 있다. 이학부 2학년 어떤 클래스에서는 어느 한 사람도 산술평균이 기하평균보다 크다는 것을 몰랐다.
>
> 그러면 초등학교에서 고등학교까지 학교에서는 무엇을 가르친 것일까? 들은 이야기를 종합하면, 미국 학교에서는 지식을 주입하기보다는 '어떻게 다른 사람과 협조해서 일을 진행할까?', '어떻게 자신의 의사를 논리적으로 표명할까?', '문제에 직면했을 때 어떻게 생각하고, 어떻게 대처해나갈까?', '논의에 있어 문제점을 어떻게 찾아내서 전개할까?' 등의 기본적인 것에 교육의 중점을 두고 있는 것 같다. 그 때문인지 지도 위에서 일본을 필리핀과 착각하는 하이틴 소녀라도 논의를 하게 되면 예외 없이 강하다. 사고가 매우 확실하게 훈련되어 있고, 표현법도 논리적이며, 게다가 상대방의 약점을 찌르는 것이 대단하다. ……
>
> 이런 차이가 학생 사이에만 국한되지 않고 널리 일반인에게도 인정된다. 암산이 제대로 안 되는 주부라도 생각하는 것은 놀랄 정도로 견실하고 확실하며, 정치가와 스포츠 선수 등의 인터뷰를 들어보아도 확실히 명석하고 논리 정연한 이야기를 한다. 평균적인 일본 사람과 미국 사람을 모아 지식에 관한 시험을 치면 미국 사람이 열등하게 보일 것 같지만, 대화를 하게 되면 일본 사람은 전혀 상대가 되지 않을 것이다. 이런 차이가 교육에 의한 것임은 분명하다. 어느 쪽의 교육에도 일장일단이 있지만, 한 가지 느끼는 것은 지식이라는 것은 필요하면 학교에서 배우지 않아도 자연스레 습득할 수 있는 것인 데 반하여, 논리적 사고방법이라든가 표현방법은 젊었을 때 익히지 않으면 나중에는 상당히 어렵다는 것이다.

일본 사람이 서양 사람에 비해 논리적 사고방법이 부족한 것과 수학과는 관계가 없다. 서구 사람의 논의가 논리적인 것은 종교와 초보 철학교육에 의한 것으로, 이것들은 확실히 논리 훈련에 아주 적합하다. 일본 사람의 교육이나 일상생활에는 이런 점이 부족하다.

수학교육의 목표인 논리적 사고방법이 수학이나 다른 학문을 배울 때 도움이 된다고 한정하는 것은 이상하다. 대부분의 학생은 장래 학문과는 무관한 생활을 보내기 때문에 일상생활·사회생활을 영위하는 데 도움이 되어야 한다. 위의 인용에서처럼 논의를 할 때라든가, 당면한 문제를 생각하거나 처리할 경우 등에 도움이 되지 않으면 의미가 없다. 그런데 일본의 고등학생과 대학생은 학교에서 꽤 많은 수학을 배워왔음에도 불구하고 논의 등은 매우 서투르고, 문제의 처리 등도 논리적이라기보다는 감정적인 것에 의존하는 경우가 많다. 수학에서 다루는 논리는 삼단논법과 같은 형식 논리지만, 그러한 것을 아무리 훈련하더라도 현실적인 논리적 사고력은 길러지지 않는다. 논의에 있어서는 정의가 명료한 용어를 사용하고, 공통의 이해사항을 전제로 해야 한다는 것은 생활 경험에서 자연히 배우게 되는 것이다. 특히 기능훈련적인 지도는 역으로 논리적 사고력을 저하시켜 버리는 것은 아닐까? EC(European Communities, 유럽공동체)의 일본연수생으로 온 프랑스 여학생이 일본어 학습에 대해 재미있는 감상을 적은 것을 신문에서 본 적이 있다.

> 일본어학교에서의 교수법은 교과서에서 골라낸 문장을 큰소리로 반복시키고, 암기시키는 방법을 쓰고 있지만, 문장의 의미는 전혀 모르며, 무엇보다도 이러한 반복연습이라면 굳이 교실에서 중요한 시간을 낭비하지 않아도 개인이 얼마든지 할 수 있다. 학교라는 것은 학습자가 혼자서 익힐 수 없는 것을 가르치는 게 목적이다. 그런데 중국어를 배웠을 때, 중국인 선생님은 한자를 외우게 할 때에, 예를 들면 休라면 '이것은 사람(人)이 나무(木) 밑에서 휴식하는 것'이라는 식으로 납득이 가는 설명을 해주었다. 때문에 한자를 논리와 시각의 양면에서 이해할 수 있어 흥미를 돋우어 주었다.
>
> 일본어학교의 선생님은 아마 무도를 단련할 때와 같이, 기술을 뒷받침하는 논리와는 전혀 관계없이, 단지 보고 흉내내는 것을 반복하는 방법을 그대로 교육에 도입하고 있는 것이라 생각한다. 일본인의 교육방법은 결과만 중시하고 과정을 조금도 생각하지 않는다. 논리성이 없기 때문에 이해할 수 없다. 따라서 흥미를 가질 수 없다.

일본 학교에서의 기능훈련적인 수학 지도도 결코 논리성이 있는 것은 아니다. 먼저, 지도자인 어떤 중·고등학교 수학 교사의 직원회의에서의 발언을 들어도 결코 논리적이고 설득력 있는 사람은 많지 않다.

일본의 유명한 수학사 학자인 미카미 요시오(三上義夫)는 수학자의 논리는 틀린 방향으로 밀어붙인 송곳과 같은 것이라고 했다. 한번 방향을 틀린 이상 밀어도 비벼도 결코 바른 방향으로 고쳐지는 일이 없다. 수학자는 전공 이외의 것을 잘 모르기 때문에 판단의 정곡을 찌르는 것이 어렵다. 틀린 전제에서 논리를 전개하기 때문에 아무것도 아닌 것이 된다.

논리는 자신의 생각이 나아가는 방향이나 과정에 대한 반성을 하기 위한 것이며, 그것을 사용하는 기초가 확실히 되어 있지 않으면 통용되지 않는다. 수학을 잘하면 논리적 사고가 뛰어나다고 말하는 것은 옳지 않다. 오히려 올바른 상식을 익히는 것이야말로 올바른 판단력과 논리적 사고력을 기르는 바탕이 되는 것은 아닐까? 또 역으로 수학을 못하면 논리적 사고력이 뒤떨어진다고 생각하는 것도 잘못이다. 문학자인 이토우 세이(伊藤整)는 "문학 분야에서는 수학을 못하는 사람이 메이지 이래 실제로 많다. 나 자신도 그 가운데 한 사람이지만, 수학을 못한다고 해서 반드시 논리적 사고력이 뒤떨어지는 것은 아니다. 사고력이 제멋대로이고 불규칙할 뿐이다."라고 말한다. 경제학자가 수학에 너무 마음을 쏟으면 판단력과 직관력을 퇴화시켜 좋지 않은 결과를 초래한다고 말하는 사람도 있다.

근대적 추리탐정소설의 원조라고 불리는 미국의 에드가 알렌 포(1809~1849)는 수학자의 추리력은 제로이고, 수학으로 길러지는 추리는 일반적으로 통용되지 않는다고 말한다.(2)

> 수학은 형식과 양(量)의 과학이다. 즉, 수학적 추리란 단순히 형식과 양에 관해 이루어진 관찰에만 통용되는 논리에 지나지 않는다. 따라서 소위 순수대수학이라 불리는 것의 진리가 그대로 마치 추상적 또는 보편적 진리인 것처럼 생각되는 것에 대단한 오류가 있는 것이다. 수학자라는 사람은 일종의 습성 때문이겠지만, 유한한 진리를 가지고 마치 그것이 절대 보편의 적용성이라도 갖고 있는 것처럼 논하고 있으며, 세상도 또 그렇게 생각하고 있다.

수학 전문가인 수학 교사 중에는 나츠메 소세키(夏目漱石)의 《도련님》(坊っちゃん)의 주인공3이나 야마아라시(山嵐)4로 대표되는 완고하고 별난 사람이 많다. 철학, 사상은 물론, 정치나 경제 등에 무관심한 사람이 의외로 많다. 이러한 사람에게서 교육을 받는다면 세상에 통용될 만한 논리적인 사고력과 판단력은 길러지지 않을 것이다. 중·고교 교사는 전문가이기 이전에 원만한 상식을 갖춘 사회인일 필요가 있지 않을까?

이와 같이 쓰면, 수학 교사만 자못 비상식적인 것처럼 생각되지만, 학자들은 모두 대동소이하다. 전 동경대학 교수였던 타케우치 히토시(竹内均)는 동경대학 교수들이 '교수회에서 논의를 하거나 학교 분쟁 때의 행동 등을 보거나 들어보면, 의무교육만을 끝내고 산속에서 유유히 농사를 짓고 있는 사람에 비해 훨씬 뒤떨어지는 경우가 많았다'고 적고 있다.(3) 학문에서 얻은 것은 학문 이외에는 거의 도움이 되지 않는다.

---

3 무대포로, 에도 사람의 기질을 소유한 사람이다.

4 수학 주임선생님으로, 정의감이 강한 성격으로 학생의 신망이 높다.

■ 제1장 주

‖ 1.1 전통적인 기능훈련주의 ‖

(1) 잡지 〈数理會堂〉 사설 '小学校算術科' (1889년 1월·2월)

나카죠우 쵸우세이는 카가와현 무사 집안, 후쿠다 리켄(福田理軒)에서 배운 후, 다이가쿠난코(大学南校)[5]에 들어간다. 그 후 오카모토 노리부미(岡本則録)에서도 배웠으며, 동경심상사범학교 교수 등의 교원으로 활약, 1887년 동경에 수리사(数理社)를 세우고, 잡지 〈数理會堂〉을 발간했으며, 교과서, 참고서 등 많은 저서와 역서를 남겼다.

(2) 《百万人の数学》(上), 今野武雄 역, 筑摩叢書 148, 14쪽.

(3) 《中学·高校生の数学の成績》, 国立教育研究所 편, 第一法規, 1981년 10월.

(4) 《ギリシア哲学と現代》, 藤沢令夫, 岩波新書.

‖ 1.2 기능훈련주의가 초래한 폐해 ‖

(1) 《数学学習の心理》, 教育心理学講座 10, 金子書房, 1953.

(2) 《書物と人生》, 1958년 11월 8일, 朝日新聞 조간.

‖ 1.3 수학은 고립된 학문이 아니다 ‖

(1) 遠山啓의 《コペルニクスからニュートンまで》, 太郎次郎社, 1985.

(2) 《一般教育としての数学について》 가운데 '訓練上数学の価値附数学的論理学', 岩波書店, 1936.

‖ 1.4 수학교육은 무엇을 목적으로 하는가? ‖

(1) 이러한 생각은 메이지 시대 수학교육의 대부분의 지도자들이 가지고 있었던 것이다. 제3고등중학교[6] 교장으로 클라인의 《Lehrbuch der Mathematik nach modernen Grundsätzen》[7]을 번역한 모리 호카사부로(森外三郎)는 다음과 말하고 있다. (《数理會堂》 34會, 1892년 12월)

> 세상에는 종종 수학을 설명하려는 사람이 있다. 수학은 보통교육 중 가장 번거로운 것이다. 그것을 배우는 데 많은 시간과 막대한 노력을 해도 몇 년 뒤에는 완

---

5 서양의학을 담당한 다이가쿠토코(大学東校)와 함께, 서양의 사회·인문학을 담당한 관립 서양학교이다.

6 교토에 위치한 구제(旧制) 고등학교로써, 교토대학의 전신 가운데 한 학교이다.

7 '현대원리로서의 수학교과서'라는 뜻인데, 이것을 일본에서는 '신슈기수가쿠(新主義数学)'라 번역했다.

> 전히 그것을 망각해버리게 된다. 때문에 그것을 목적으로 하는 전문학으로서의 수학에 직접 관계가 있는 사람이 아니라면, 수학을 학습하는 효과는 오직 두뇌를 괴롭히는 것에 불과하다고 하는 것은 잘못되었다고 말할 수밖에 없다. 그건 필경 사물의 표면만 보고 이면을 생각하지 않은 견해이다. 그것을 학습한 후 해가 지나감에 따라서 차츰 소실되어 가는 것은 수학 지식뿐이다. 어찌 알까. 언젠가 학자 혹은 정치 사회에 진출하여 혹은 상업사회에 진출하여, 용감하게 어려움에 굴하지 않고, 일에 임하여 갈팡질팡하지 않고, 이해(利害)가 되는 것을 잘 판단할 수 있는 것은 보통교육 중 가장 번거롭게 보이는 수학의 연구에서 얻는 이면의 결과라는 것을. 세상의 문화가 점차 진보함에 따라, 그 하나하나 수학적인 두뇌로부터 나온 것이 아니라면, 완벽한 능력은 없어지게 되는 것, 이것은 자연스러운 기세이다. 그렇게 해서 수학의 연구는 이런 수학적인 두뇌를 기르는 유일한 수단이라고 생각한다.

메이지 초년(1868년)의 기능훈련적인 교육의 반동으로, 메이지 20년대(1887~1896년)가 되면서 이론 중시의 풍조가 일어났다. 테라오 히사시(寺尾寿)는 "이론을 논외로 하고 산술을 강의하려고 하는 것은 역시 해부학을 가르치지 않고 먼저 외과 수술을 가르치려고 하는 것과 비슷하다."고 주장하며, 이론 산술을 제창했다. 그래서 이 무렵의 입학시험에는 '음의 양(量)과 음의 양(量)을 서로 곱하면 양의 양(量)이 된다고 한다. 그 이유는 무엇일까?'라든지, '$5+3=3+5$, $5\times3+7\times3=(5+7)\times3$은 왜 그럴까?'라는 문제가 출제되었다. 수학교육현대화 무렵, '어째서 $2+3=3+2$가 될까?'라는 것이 교실에서 다루어진 것과 비슷하다.

이론 중시의 교육에 대해서, 후지사와 리키타로는 산술에는 이론이 없다고 반론하며, 소위 이론은 대수나 기하에서 지도해야 한다고 주장했다. 특히 기하를 가르칠 때는 논리의 엄밀함을 중요시할 것을 강조하여, 유클리드 기하가 중시되었다. 그래서 유클리드 기하의 학습과 논리적·체계적 사고가 연결지어졌다. 이러한 경향이 쇼와(昭和) 시대까지 이어진다.

(2) 1989년 12월 문부성의 《高等学校学習指導要領解説 数学編·理数編》에는 수학교육의 의의가 다음과 같이 적혀 있다.

> 학생에게 요구되는 수학적 자질은 단순히 수학의 지식이나 기능에 무게를 두는 것이 아니라, 통찰을 가지고 절차를 세워서 생각하는 것을 할 수 있는 능력이다. 수학 학습을 통해서 익힌 수학적인 것에 대한 관점이나 사고방법을 중심으로 한 수학적인 자질은 장래에 걸쳐서 살아 움직이며, 사회생활을 영위하는 데 유효하게 활용된다. 따라서 수학교육에 있어서는 지식이나 기능을 어떻게 많이 충분히 가르칠까가 아니라, 어떤 사고방법 아래에서 어떤 대처방법을 하면 좋을까를 가르치는 것이 중요하다.

또한 1989년 7월 문부성의 《中学校指導書 数学編》에도 다음과 같이 적혀 있다.

> 수학적인 관점과 사고방법이 중요하다고 하는 것은 무엇 때문일까? 본래 수학은 고도로 발달된 문명사회를 살아가는 사람들에게 있어 일상생활을 원활하게, 게다가 능률 있게 영위하기 위해서, 또 발전된 과학·기술이나 사회·경제를 운영하기 위해서 폭넓은 범위에 걸쳐 응용되고 있지만, 동시에 수학은 인류가 창출한 지식의 보편적인 원형이다. 이러한 수학을 바탕으로 한 관점이나 사고방법, 그리고 수학이 구성되어갈 때의 중심이 되는 관점이나 사고방법을 익히는 것은 단순히 수학적인 지식·기능을 가지고 있는 것보다도 가치가 있는 것으로 중시되어, 오늘날 특히 그 필요성이 요구되고 있다.

수학교육의 실태가 이 이념과 얼마나 동떨어져 있는지 반성해볼 필요가 있다.

‖ 1.5 논리적 사고 ‖

(1) 《若き数学者のアメリカ》, 新潮文庫, 209쪽~.

(2) 《盗まれた手紙》, 인용은 《黒猫, モルグ街の殺人事件 외 5편》, 中野好夫 역, 岩波文庫.

하나 더 잊어서는 안 되는 것이 있다. 수학에서 자주 다루어지는 추리는 연역적 추리지만, 데카르트도 지적하고 있는 것처럼 발견에는 역추리인 분석적 추리방법이 유용하다. 셜록 홈즈로 유명한 코난 도일은 사건 해결에 있어서 중요한 것은 과거로 거슬러 올라가서 거꾸로 추리할 수 있는가 아닌가 하는 것으로, 처녀작 《주홍색의 연구》에서 다음과 같이 말하고 있다.

> 일상생활에서는 추리를 미래를 향해 활용하는 것이 중요하다고 생각하여 역추리는 자연히 등한시하게 됩니다. 아니면 종합적 추리를 할 수 있는 50명 중에서 분석적 추리를 할 수 있는 사람은 기껏해야 한 사람 정도겠지요. …… 하나의 결과를 보여주고, 그 결과에 이르는 어떠한 단계가 있었을까를 마음속에서 논리적으로 끄집어낼 수 있는 사람은 거의 없을 겁니다. 내가 역추리라든지 분석적 추리라고 하는 것의 의미는 이것을 할 수 있는 힘인 것입니다.

데카르트의 해석기하는 분석적 추리에 의해 얻어진 것이었다.

(3) 《哲学的思考のすすめ》, PHP 21世紀図書館, 1984.

제 2 장

수학교육에 있어서의 수학사

2.1 수학을 배우는 이유

일본의 중·고등학생은 고학년이 될수록 수학을 싫어하게 된다. 그 이유 중 하나는 무엇 때문에 배우는지를 확실히 이해할 수 없다는 점에 있다. 수학자와 수학 교육자는 수학을 배우는 것을 자명하게 생각하고 있지만, 일반인에게 있어서는 반드시 자명한 것만은 아니다. 논리적 사고력을 키운다고 하지만 현실에서 그것은 수학의 학습과 직접 관계가 없다. 또 수학이 유용하다고 하지만 구체적으로 학생을 납득시킬 수 있는 사례 제시는 어렵기 때문에 설득력이 없다. 수학 그 자체에 흥미·관심을 가지는 학생은 극히 적다.

일반보통교육에 있어서 수학을 배우는 의의는 아무래도 수학의 역사로부터 생각해보지 않으면 알 수 없다. 수학은 인간이 몇천 년에 걸쳐서 완성시켜온 위대한 문화이다. 오늘날에는 수학이 세계 공통의 보편적 지식처럼 여겨지고 있지만, 지구상에 다양한 문화가 있듯이 민족·풍토·사회가 다른 문화권에서는 다른 수학이 탄생했다. 고대 오리엔트, 그리스, 로마, 인도, 아라비아, 중국, 일본 등에서는 각각의 독특한 수학이 존재했다. 그것들은 각각의 사회·문화의 발전과 크게 관련되어 있다. 그런 중요한 인간 문화로서의 수학을 다음 세대를 짊어질 사람들에게 가르치고 계승하는 것은 교육의 책무이다. 학생들도 그러한 것을 꼭 배우고 싶다고 생각할 것임에 틀림없다. 다음에 수학이 서구의 학문·사상과 어떻게 관련되어 있는지 일례를 들어보자.

영어의 수학 mathematics의 어원이 그리스어인 마테마타($\mu\alpha\theta\eta\mu\alpha\tau\alpha$)인 것은 잘 알려져 있다. 그 의미는 수의 학문이 아니라 학과이다. 배워지는 것, 배울 수 있는 것이라는 의미이다. 배울 수 있기 위해서는 그것에 질서를 부여할 수 있어야 한다는 것이 첫째 조건이다. 이것으로부터 마테마타는 수의 학문이라기보다는 세계와 세계의 사물에 대한 수학적 질서를 탐구하는 학문이라는 것이었다. 그러므로 우리가 현재 배우고 있는 수학 내용뿐만 아니라, 음악도 천문학도 근원적으로 수학이라고 해도 좋다.

서구 수학은 최초 이집트, 바빌로니아 등의 고대 국가에서 통치수단으로 발달한 것이지만, 그것의 실용적 지식·기술을 학문으로 만든 것은 그리스 사람들이다. 배울 수 있도록 하기 위해서 지식은 보편화되고 체계화되어야 한다. 수와 도형이 특정 현실의 개체와 결부되어 있는 한, 보편적 지식이라고 할 수 없다. 수학을 현실의 사물에서 분리하여 추상적인 수와 도형으로 다루었던 사람은 피타고라스와 플라톤이었다.

피타고라스 학파는 영혼의 윤회전생(輪廻轉生)을 믿고, 영혼의 정화를 신앙의 중심으로 했는데, 이를 위한 수단의 하나로 수와 음악을 연구했다. 구체적인 사물에서 추상화된 수와 도형을 다루는 것은 영혼의 정화에 도움이 된다. 또 수는 실재의 많은 존재가 공통으로 가지고 있는 존재이다. 수에 의해 많은 존재는 형상적으로 각각의 존재가 된다. 그러므로 수는 실재 해명의 원리이기도 하다. 게다가 그들에게는 신은 수에 의해서 우주의 질서를 부여한다는 생각이 있었다. 조화는 신(神)의 것이고, 수의 비(比)로 이루어진다. 이 세계의 모든 것에는 수의 비례가 존재한다고 생각했다. 이러한 생각에서 세계의 조화를 알아내려고 수의 연구를 행한 것이다. 신약성서 요한복음서의 첫머리에 “태초에 말씀(로고스)이 계시니라. 로고스는 신과 함께 있으며, 로고스는 신이니라.”라고 쓰여 있다. 이 로고스는 ‘언어’라고 번역하지만 여러 가지 의미를 가지는 것으로, 비례, 척도, 논리 등의 의미로도 사용되고 있다. 위의 로고스를 조화라든지, 비례라고 바꿔놓으면 피타고라스 학파의 사상이 된다. 음악은 신비적인 엄숙함을 지니고 있으며, 사람의 마음을 흥분시키거나 평온하게 하는 데 도움이 되지만, 피타고라스는 음계에도 간단한 비례가 존재한다는 것을 발견했다. 유명한 말 “만물은 수이다.”는 이러한 여러 가지 깊은 의미를 지니고 있다.

플라톤은 자신의 학교 아카데미아 입구에 “기하학을 모르는 사람은 입학을 허락하지 않는다.”고 내걸었다고 한다. 플라톤은 왜 이처럼 수학을 중시했던 것일까? 하나는 그의 유명한 이데아(idea)론과의 관련이다. 플라톤에 의하면, 우리들이 눈으로 보는 것은 그것의 참 모습이 아니라 형상에 지나지 않으며, 진실한 것이 있다고 한다면 그것은 그 형상을 낳은 모체(眞實在)가 아니면 안 된다. 그것은 영원불멸하며 절대적 진실재(이데아)이다. 우리가 학문의 대상으로 다루는 것은 늘 존재하는 것의 지식을 위한 것으로, 언젠가 어느 때인가 생성되거나 소멸되는 것의 지식을 위한 것이 아니다. 학문의 대상이 되는 것은 이데아가 아니면 안 된다. 《신약성서》(고린도 신도에게 보낸 편지 Ⅱ)에서 “우리들은 보이는 것이 아니라 보이지 않는 것을 더 눈여겨본다. 보이는 것은 일시적이지만 보이지 않는 것은 영원하기 때문이다.”라고 하는 것과 같은 생각이다.

예를 들어보자. 기하학자는 삼각형을 그리고 성질을 연구하지만, 잘 생각해보면 그려져 있는 삼각형은 진짜 삼각형이 아니다. 왜냐하면 선은 폭이 없는 길이(플라톤이 이와 같은 정의를 했다고 한다)인데, 실제로 그려져 있는 선에는 폭이 있다. 폭이 없으면 볼 수 없다. 삼각형은 세 개의 직선으로 둘러싸인 도형인데, 기하학자는 때로는 자를 사용하지 않고 그린 삼각형을 이용한다. 어쨌든 기하학자가 그려서 이용하는 것은 진짜 삼각형이 아니라 삼각형 같은 것, 삼각형의 형상에 지나지 않는다. 그러면 기하학자가 연구하는 진짜 삼각형은 어디에 있을까? 그것은 기하학자의 머릿속에 그려져 있는 것이다. 그려진 삼각형을 흔적없이 지우더라도 기하학자는 삼각형의 여러 성질들을 언제라도 머릿속에서 생각할 수 있다. 진짜 삼각형은 어딘가에 존재하며, 그것이 기하학자의 머릿속에 떠오른다고 생각하는 것이다. 수에 대해서도 마찬가지다. 다섯 사람의 5, 다섯 개의 사과에서 5는 사람과 사과가 없으면 소멸하지만, 수학자는 머릿속에서 언제라도 5를 생각할 수 있고, 그 5는 영구불멸이다.

이와 같이 생각하면 수학은 영원불멸의 이데아와 밀접한 학문이라고 할 수 있다. 뭔가를 위해서가 아니라 단지 알기 위해서 연구하는 것은 인간의 영혼을 선(善)의 이데아까지 높이게 된다고 한다. 플라톤은《국가》에서 "수론은 영혼을 강하게 위쪽으로 이끄는 힘을 가지고 있으며, 순수한 수에 대해서 문답하도록 강제하는 것으로, 눈에 보이거나 손으로 만질 수 있는 물체의 형태를 취하는 수를 영혼에 보내어 문답하려고 해도 결코 그것을 받아들이려 하지 않는다."고 기술하고 있다.[(1)]

플라톤은 수학을 수론, 기하학, 천문학, 입체기하학의 네 가지로 나누고, 이들을 공부하는 것을 철학자나 이상국가의 통치자의 첫째 조건으로 하고 있다.

이처럼 피타고라스와 플라톤에 의해 수와 도형이 현실과 동떨어져서 추상적인 학문으로의 길을 가게 된 것이다. 이후 유럽에서는 수학을 산술, 음악, 기하학, 천문학의 4과(四科)로 나누고, 여기에 문법, 변증법, 수사학(修辭學)의 3과를 더해 자유7학과라 하여 대학에 있어서 일반교육의 중심으로 삼았는데, 그 바탕은 그리스 시대에 만들어진 것이다.

이 경우 수학은 단순히 수와 도형에 대한 지식을 획득하는 것이 아니라 학문의 전형으로서의 수학을 배우는 것으로, 학문이란 어떠한 것인지, 그 논리적 체계의 구성방법을 배우는 것이 하나의 주안점이었다. 고대 중국에서도 관료의 필수과목인 육예(六藝)—즉 예(禮)·악(樂)·사(射)·어(御)·서(書)·수(數)인데, 이것은 예용(禮容)·주악(奏樂)·궁사(弓射)·마술(馬術)·서사(書寫)·산수(算數)를 의미한다.—의 하나로서 수학이 채택되었지만, 이것은 행정을 위한 기술로서의 계산이어서 플라톤의 수학과는 전혀 다른 것이었다.

피타고라스, 플라톤의 수학 사상은 근대까지 계승된다. 유명한 독일의 천문학자 케플러는 "신은 기하학적 모델에 따라 세계를 창조하셨다. 그러므로 기하학을 배움으로써 신이 생각한 세계의 조화를 발견하며, 신이 창조한 의도를 알 수 있다."

고 생각했다.

그리스 이후의 전통적 세계관을 타파한 것이 17세기의 소위 과학혁명이다.

뉴턴은 미적분을 발명하고, 만유인력 법칙에서 케플러 법칙을 수학적으로 연역함으로써, 인간 정신의 산물인 수학에 의해 신이 지배하는 천상계의 여러 현상을 설명할 수 있음을 보였다. 뉴턴은 천상계에서 신을 근원으로 하는 온갖 초자연적인 것을 추방했다. 그는 신의 존재를 의심하지 않았지만, 일반인들은 수학적 추론이야말로 여러 사상의 가장 순수하고 심원하고 유효한 형식의 현상이며, 인간의 정신능력의 완전한 모양이라고 믿게 되었다.

뉴턴의 《자연철학의 수학적 원리》(2)는 먼저 처음에 질량, 운동량, 힘을 정의하고, 뉴턴의 세 가지 법칙이라 불리는 운동 법칙이 나오며, 지상운동의 여러 현상을 명제로서 증명한다. 마지막으로 우주의 체계로서 운동 원리를 천체운동에 적용하여 만유인력 법칙을 수립한다. 이 방법 및 형식은 유클리드의 《원론》과 마찬가지다. 결국 《원론》은 자연과학의 수단을 넘어서 학문의 전형으로 생각된다.

근대합리사상의 창시자인 데카르트는 "수학은 질서 혹은 계량적 관계에 관련된 학문으로, 수론이라든지 기하학과 같은 특수한 학문이 아니라 더 넓은 대상의 학문이다."라고 생각한다. 그는 그러한 수학을 보편수학이라 부른다. 이 보편수학을 연구함으로써 그것을 많은 학문에 적용할 수 있다고 생각했다. 데카르트는 그리스 수학, 특히 파푸스(3세기경)의 해석에 주목하고, 그것으로부터 학문의 통일적 연구방법을 발견하여 그것을 기상학, 광학, 기하학에 응용해서 큰 성과를 올렸다.(3)

데카르트는 갈릴레이의 《신과학대화》[1](1638년)에 관하여 다음과 같이 감상을 말하고 있다.

> 자연학 문제를 수학적 논거에 의해 검토하려는 것은 상당히 좋은 일이다. 진리의 발견에는 수학보다 좋은 방법이 없기 때문이다. 단지 갈릴레이가 끊임없이 옆길로 나가서 하찮은 일에 미치고, 하나의 문제를 차분하게 그리고 철저하게 연구하지 않는 것은 결점이다. 이것은 그가 질서를 세워서 문제를 검토하지 않고, 또 자연의 첫 번째 원리를 고찰하지 않고 단순히 특수한 결과의 논거만을 구하며, 기초 없이 만들어내려고 하기 때문이다.

1 원명은 《Discorsi e dimostrazioni mathematiche intorno à due nuove scienze attenenti alla mecanica & i movimenti locali》, 영어로는 'Discourses and Mathematical Demonstrations Relating to Two New Science(새로운 두 과학에 관한 논의와 수학적 논증)'인데, 일본에서는 이것을 《신과학대화》(新科學對話)로 출간하였다.

데카르트는 첫 번째 원리로서 신을 생각하고, 신으로부터 모든 존재가 창조되었다고 생각한다. 그의 우주론에서는 신이 만든 실체인 물질의 본성을 공간적 연장이라는 기하학적 성질이라고 생각하고, 게다가 신이 운동을 부여함으로써 세계가 구축되었다고 생각한다. 이렇게 해서 서구에 있어서 근대합리사상이 형성되어간다.

근대과학은 곧 기술과 제휴해서 산업혁명에서 공업문명의 발전으로 전개된다. 이것으로 서구 세계는 다른 문화권을 능가하고, 근대에 있어서 서구 우위를 확립하게 된다.

이상과 같이, 수학은 서구 근대과학뿐만 아니라 서구 사상과도 깊은 관련을 가지고 있다. 그러므로 수학의 역사적인 배경을 배우는 것은 서구 문화, 사상을 이해하는 데에 절대적으로 필요하다. 고등학생 정도가 되면 이런 관점에서 수학 학습의 의의를 강조해도 되지 않을까? 중학교 이상의 수학교육에서는 수학을 인간이 창조한 하나의 문화로서 평가하지 않으면, 그 존재 의의의 대부분은 잃어버린다.

미국의 수학자 단칙(Tobias Dantzig)은 "학교의 수학과정이 수학의 문화적 내용을 깎아내고, 기술의 골격만을 남기고 있기 때문에, 많은 우수한 사람들을 가까이 오게 하지 않았다고 믿고 있다."고 말하는데, 정말 그렇다고 생각한다.(4)

2.2 수학사와 교재연구

수학교육의 교재연구에는 학생의 인지 발달에 관련된 심리학 측면에서의 연구와 현대수학의 체계에서의 수학적 연구 등이 있는데, 수학을 인류사라는 관점에서 그 발전형성의 과정을 보는 역사적 연구도 중요하다. 제2차 세계대전 후의 수학교육 연구에서는, 현대화 운동의 영향도 있어 현대수학의 입장에서 교육내용의 재검토가 한창 행해졌다. 단지 이에 대해서는 상당한 비판이 있으며, 반성이 행해지고 있다. 예를 들면, 집합론은 현대수학의 기초로서 필요하지만, 그것이 수학교육의 기초로서도 필요하다고 착각한 것, 또 학생이 수학 연구 그 자체에 가치를 발견할 것이라는 생각과 저학년 학생이라도 추상적인 수학을 이해할 수 있다고 한 심리학자의 생각을 바탕으로 순수수학을 그대로 도입하려고 한 것 등이 지적되고 있다.(1)

논리적 사고의 구조와 발달과정에 대한 심리학적 연구, 예를 들면 베르트하이머(Wertheimer)의 《생산적 사고》(生産的思考, 矢田部達郎 역, 岩波書店, 1952년), 피아제(Piaget)의 《수의 발달심리학》(数の発達心理学, 遠山啓 외 역, 国土社, 1952년), 부르너(Bruner)의 《교육의 과정》(教育の過程, 鈴木祥蔵 외 역, 岩波書店, 1963년) 등을 읽고 참고하였다.

이들 연구와 비교하면, 역사적 연구는 거의 없었다고 해도 좋다. 교과서 회사가 만드는 지도서에는 교재의 역사를 참고자료로 다루고 있는 경우도 있지만, 그것들을 교재연구와 지도에 어떻게 활용할 것인지에 관한 것은 전혀 적혀 있지 않다. 단순히 여백을 메우는 박스 기사에 지나지 않는다.

수학은 몇천 년의 역사를 가진 인간의 문화이며, 현재와 같은 학문체계로 정리되기 전까지는 많은 우여곡절을 거쳐 왔다. 역사적 연구라고 하는 것은 현재 수학의 발달과정을 되돌아보고, 그 중에서 교육지도에 활용할 수 있는 것을 찾아내는 것이다. 역사는 체계화된 수학에서는 얻을 수 없는 교육상의 시사점을 준다.

수의 계통에 대해서 생각해보자. 수의 확장은 이론적으로는 형식불역의 원리에 의거해서, 양의 정수 → 음의 정수 → 분수(유리수) → 무리수 → 복소수의 순서로 행해지지만, 역사적 순서는 자연수 → 분수(유리수) → 무리수 → 음수 → 복소수로 이론적 순서와는 상당히 다르다.

현재 학교수학의 지도순서가 모두 이론적 순서가 아니라, 일부 역사적 순서로 되어 있는 것은 교육적으로 그 방법이 우수하다고 생각하기 때문이다.

서구에서 음수가 명확한 관념을 가지게 된 것은 겨우 17세기에 이르러서였다. 계산의 대상으로서의 음수는 더 일찍부터 사용하고 있었으며, 인도에서는 7세기에, 중국에서는 더 이른 기원 전후에 나타났다. 이 무렵 이미 중국의 산서(算書)에 양·음이라는 명칭을 사용하고 있었다.

무리수는 중학교에서는 제곱근에 의해 도입되는데, 제곱근의 계산은 이미 기원전 18세기 고대 바빌로니아 시대에서 볼 수 있다. 유리수가 아닌 수로서의 무리수 발견은 그리스의 피타고라스 학파(기원전 6세기)로 거슬러 올라간다. 그러므로 음수보다 상당히 빠르다. 그러나 연속성으로부터 무리수 이론이 확립된 것은 19세기가 되고 나서이다.(2)

교육의 입장에서 생각해야 하는 것은 이들 수가 어떻게 해서 발견되었는가 하는 것이다. 음수의 계산은 중국에서는 연립일차방정식이 되는 문제를 가감법으로 푸는 과정에서 사용하였다. 중국에서는 산반(算盤)에 산가지(算木)를 늘어놓고 계산했는데, 그때 더하는 수와 빼는 수를 빨간색과 검은색의 산가지로 구별해서 나타냈다. 산가지에 의한 계산에서 양수와 음수의 계산규칙을 생각해낼 수 있었다. 교육에서는 부채라든지, 영하의 온도 등 현실의 양을 나타내는 데에 음수를 사용하기도 하지만, 그것은 음수의 성질을 적용한 것일 뿐이므로 그것에서 수로서의 음수를 설명할 수 있는 것은 아니다.

피타고라스 학파의 무리수 발견은 통약불가능(irreducible)이라는 아이디어를 바탕으로 한다. 정사각형의 대각선과 한 변이 공통의 척도를 가지지 않는다는 것을 발견했던 것이다. 발견의 계기는 피타고라스 정리였다고 하는데, 이 발견이 큰 문제가 된 것에는 다음과 같은 이유가 있었다. 중학교 수학교과서(大日本図書)의 제곱근 도입 부분에는 다음과 같이 적혀 있다.

> 기원전 5000년경 그리스에서는 우주의 조화는 모두 정수의 비에 의해 유지된다고 믿고 있었다. 그런데 수학자 가운데 정사각형의 대각선 길이와 한 변의 길이의 비조차 7 : 5라든지, 17 : 12와 같이 정수의 비로 얻을 수 없는 것이 있다는 것을 깨달은 사람들이 있었다. 그들은 이와 같이 정체를 알 수 없는 비를 알로곤(alogon)[2]이라 부르고, 입 밖에 내서는 안 되는 비밀로 해버렸다.

무리수가 정수의 비로 나타낼 수 없는 수라는 의미는 irrational이라는 단어가 나타내고 있다. 단순히 $x^2 = 2$를 만족하는 수로서 가르칠 뿐만 아니라 이러한 발견의 배경을 가르침으로써 수가 인간 사상과도 관련되어 있다는 것을 이해시킬 수 있다.

미적분에 관해서도 생각해보자. 현재 미적분의 형식은 프랑스의 코시(Cauchy, 1789~1857)에 힘입은 것이다.[(3)]

수학 전문가에게는 코시 이후의 미적분이 어떻게 되어 왔는지 관심이 있을 것이다. 그러나 수학교육에 있어서는 역으로 코시에 이르기까지의 과정, 즉 미적분과 같은 수학을 도대체 왜 만들었는지가 중요하다.

미적분이 왜 만들어졌는지를 조사하려면, 우선 17세기의 자연과학, 특히 운동학에서는 어떤 것이 문제가 되고 있었는지, 그것을 연구하기 위해서 어떤 수학이 사용되고 있었는지를 조사해보지 않으면 안 된다. 예를 들면, 갈릴레이의 《신과학대화》에 있는 '떨어지는 물체와 투사체의 연구에 그가 어떠한 수학을 사용했을까?'라든지, '케플러가 유명한 혹성운동의 3대 법칙을 발견하는 데 어떤 수학을 어떻

2 피타고라스 학파에서 발견한 무리수는 당시에 알로곤(not a ratio, 비율이 아님)이라고 했는데, 이 단어는 '말할 수 없음'이라는 뜻도 가지고 있다.

게 사용했을까?' 하는 것을 조사해보면 대충 짐작은 간다. 그들이 사용한 수학에 무엇이 결여되어 있었는지를 잘 생각해본다. 그 부족한 점을 보완하려는 것으로써 새로운 수학이 만들어지는 것이다.

유클리드의《원론》으로 대표되는 그리스 수학은 정적이어서 동적인 것을 다루기에는 적합하지 않았다. 고대 천문학에서는 천체 운동은 등속원운동이라고 생각했기 때문에 속도의 변화는 문제가 되지 않았다. 또 물체의 낙하 속도도 그 물체 고유의 것, 물체의 본성이라고 생각했기 때문에 속도의 변화 등을 생각할 필요가 없었다. 그것이 케플러에 의해 천체의 궤도가 타원이라는 것이 발견되고 나서부터 자연스럽게 궤도 위의 각 점에서의 속도가 문제가 되었다. 고대 그리스 수학은 궤도 위의 어떤 점에서의 속도를 구하는 변화의 기술(記述)이라는 요구에 충분히 부응할 수 없었다. 또 자연낙하운동이 가속운동이라는 것을 알게 되면서 당연히 속도의 변화라는 것이 문제가 되었다. 이러한 단계에서 뉴턴은 운동과 변화를 정확하게 기술하는 수단으로 유율법(流率法)이라는 소위 미분법을 생각해냈다.

이 당시의 미분학은 말하자면 무한소의 대수학이었고, 그 전제에는 당시의 대수학의 발달이 있었다. 현재와 같은 일반적인 문자를 사용하는 대수학은 17세기에 완성되었다. 또 데카르트 등에 의한 변수 개념의 도입, 해석기하의 발견에 따른 함수 개념의 발달도 큰 원동력이 되었다.

이와 같이 교재의 역사적 연구를 위해서는 대발견에 이르는 많은 작은 발견의 전제와의 관계 등 여러 가지 요인을 생각하지 않으면 안 된다. 수학의 체계에서만 바라보면, 새로운 발견은 모두 논리에 의해서만 이루어지고 있는 것처럼 생각되어 현실의 여러 사항의 복잡한 상호관계 등은 전혀 알 수 없다. 실제로 이러한 것을 가르치지 않으면 참된 이해에 도달했다고 할 수 없으며, 법칙을 주고 함수를 미분한다든지 하는 형식적인 기능연습으로는 단조로워서 학생을 끌어당길 수도 지적 호기심을 자극할 수도 없고, 미분의 의미 등도 전혀 알 수 없다.

수학 교사는 이론가이므로 이론적 순서를 중시한다. 미적분의 도입에서는 극한이라든지 연속·불연속 등의 이론이 선행된다. 그러나 앞에서 말한 바와 같이 미적분은 물리학에의 응용으로 만들어진 것으로, 케플러와 뉴턴 시대에는 기술적인 것이 중심이었다. 극한 이론이 애매해도 미적분은 현실 문제를 해결하기 위한 유용한 수단으로 사용되었다. 꼭 이론 체계에만 얽매이지 말고, 미적분의 역사를 고려한 지도순서를 생각하는 것도 좋지 않을까?

2.3 수학사와 지도법

칼 마르크스(Karl Marx)의 《수학에 관한 유고》(数学に関する遺稿, 玉木英彦·今野武雄 역저, 岩波書店, 1949)에서 곤노 타케오(今野武雄)는 다음과 같이 말하고 있다.

> 예비학교(학원)에서 대학입시에 실패한 수험생들을 가르쳤을 때, 그들은 이구동성으로 고등학교에서의 미적분학은 알 수 없고 불친절한 것이라고 호소했다. 어떤 학생의 학교에서는 소위 기초부분에 거의 1년을 허비하고, 본래 부분은 자습할 수밖에 없었다고 한다. 기초는 무엇 때문에 공부하는가? 미적분의 본래 부분을 더 잘 이해하기 위한 것이 아닐까? 기초만 튼튼히 하고 본래 부분을 조잡하게 하는 것은 수영을 배울 때 주로 자기 집 방에서 하는 것과 같은 것이 아닐까? 누구라도 이와 같은 소박한 의문을 가지지 않았던 사람은 없었을 거라고 생각한다. …… 만약 이런 기초부분을 생략하고 직관적인 설명으로 얼버무리는 교사가 있다면, 그 강의는 비과학적이고 편의적인 것이 되며, 그와 같은 태도의 책은 통속적인 책으로서 경시되었던 것이다.
>
> 교사도, 학생도, 사회 전체도 이와 같은 허위 선전 때문에 고심하고 손해를 입었다. 나는 유물론의 입장에 서서 수학이 생활과 생산을 위한 도구임을 확신하게 되었을 때, 이런 수학을 도구로 사용하는 대다수의 사람들에게는 아무런 의미도 없는, 아니 유해하다고 할 수밖에 없는 이론을 올바른 수학이라고 인정할 수 없었다. 그것은 단순히 소수의 수학자들에 의해 신봉되고, 자기의 직업적 특권을 지키기 위해 넓은 세상을 향해 선전하는 하나의 철학에 지나지 않는다고까지 생각하게 되었다.

수학 전문가는 그 학문의 성격상 이론을 중시한다. 이것은 당연한 것으로, 사실 그 아름다운 이론 체계야말로 가치를 인정하지만 이론은 일반사람에게 있어서는 쓸데없고 흥미 없는 것이 대부분이다. 현대화 붐이 일었을 때 집합 이론과 공리주의적 방법을 한창 가르쳤지만, 그것이 도대체 무엇이었는지 상기해보면 된다.

일본의 영어교육이 자주 문제가 되는데, 극히 난해한 문장을 문법, 글자의 의미 등 세세한 점까지 귀찮게 깊이 파고들어서 일본어로 번역하는 훈련을 하지만, 그 결과 대학을 나와도 간단한 일상회화도 할 수 없다. 도대체 그런 하찮은 지식체계가 무슨 도움이 될까?

이것과 똑같은 것이 수학 지도에서도 행해지고 있다. 이런 사람들에게는 꼭 수학을 창조한 사람들의 대담하고 자유로운 발상을 보여주고 싶다. 예를 들면, 뉴턴의 미적분 등은 이론이라는 점에서는 확실히 결함투성이인 것은 틀림없지만, 그런 수학을 사용함으로써 위대한 과학의 발견을 이룩했다는 것을 명심해야 한다.

수학의 역사를 조사해보면, 실제로 훌륭한 선인들의 아이디어를 뜻하지 않게 만나게 된다. 예를 들면, 에도 시대에 발달한 일본의 와산(和算)은 현대수학에서 보면 이론적으로 가치는 없지만 그 착상에는 독특한 것이 많이 보인다. 어떤 수학자는 수학사는 현대수학이 걸어온 발자취이므로, 현대수학과 아무 상관도 없는 것은 그것이 아무리 훌륭하다고 하더라도 보좌 역할(에피소드) 이상의 역할을 할 수 없으며, 와산도 그 중 하나일 것이라고 말한다. 하지만 내가 와산에 관심을 가진 것은 수학사로서가 아니고 수학교육의 소재로서였다. 그것은 단순한 일화로서가 아니라 교육수단으로 이용할 수 있는 소재인 것이다.

예를 들면, 타케베 카타히로(建部賢弘)의 《테츠쥬츠산케이》(綴術算経, 1722년)라는 책이 있다.(1) 그것은 타케베가 원숙한 나이 60세에 이르러 저술한 노작(勞作)이다. 이 책은 수학의 방법에 대해서 쓴 것으로, 수학은 일반적으로 술(術, 해법)을 말하지만, 그 일반 추상적인 운용술의 배후에는 직접 문제에 직면해서 직관으로 생각해야 한다는 것을 제의했다. 시작 부분에 다음과 같이 쓰여 있다.

> 철술(綴術)[3]은 꿰어서 술리(術理=수법)를 탐구하는 것이다. 일반적으로 사물과 수를 한 건으로 해서 술리를 깨닫지 못하면, 두 건으로 해서 탐색한다. 두 건으로 해서 깨닫지 못하면 세 건으로 해서 탐색한다. 만약 술리가 깊게 잠복해 있더라도 탐색하는 것을 여러 번 하면 마침내 숙달하여 탐구할 수 있다. 그런데 그 잠복이라는 것이 한 번에 탐구되는 경우도 있고, 또 쉽더라도 여러 번 탐구해야 되는 경우도 있다. 아마 사람의 소질이 선천적으로 빠르든지 둔하든지 하는 것은 흔히 있는 일이다. 때문에 경우에 따라서는 굴신(屈伸)하며, 펼 때는 통하고, 굽힐 때는 막힌다. (재주가 통할 때는 쉽게 풀리고, 그렇지 않을 때는 더뎌지기도 한다.) 따라서 깨닫는 데에는 빠르고 느림(遲速)의 차이가 생긴다.

사람은 모두 소질이 다르므로 문제에 대한 생각도 다르며, 푸는 방법이 좋은 사람도 나쁜 사람도 당연히 나온다. 머리가 좋은 사람은 간단하게 법칙을 발견할지 모르지만, 문제를 잘 분석하고 직접 하나하나 세심하게 계산해서 그 결과들을 근거로 끈기 있게 관찰하면, 누구라도 법칙을 발견할 수 있다는 의미일 것이다.

이런 사고방법으로 구의 겉넓이 계산법칙을 구해보자. 지름 1.001척(尺)인 구의

3 에도 시대의 와산에서 주로 미분을 지칭하는 용어다.

부피에서 지름이 1척인 구의 부피를 빼면 0.00157236764672강(强)세제곱척이 된다. 이것을 두께 0.0005척으로 나누면 겉넓이 314.473529344강제곱촌(寸)을 얻을 수 있다. 또 지름 1.00001척인 구의 부피에서 지름 1척인 구의 부피를 빼면 0.00001570812034강세제곱척이 된다. 이것을 두께 0.000005척으로 나누면 겉넓이 314.162406984강제곱촌을 얻는다. 게다가 지름 1.0000001척인 구의 부피에서 지름 1척인 구의 부피를 빼면 약 0.000000157079648387강세제곱척이 되기 때문에, 이것을 두께 0.00000005척으로 나누면 겉넓이 314.159296775약(弱)제곱촌을 얻는다.[4]

여기서 $a=314.473529344$, $b=314.162406984$, $c=314.159296775$라고 하고, $a-b$, $b-c$, $\cdots$가 등비급수를 이룬다고 하자. 지금

$$\frac{b-c}{a-b}=\frac{c-d}{b-c}=\frac{d-e}{c-d}=r \quad (r\text{의 값은 } 0.01)$$

로 두면,

$$c=b-(b-c),\ d=c-(b-c)r=b-(b-c)-(b-c)r,$$
$$e=d-(c-d)r=b-(b-c)-(b-c)r-(b-c)r^2$$

이 된다. 이제 수열 $a, b, c, d, e, \cdots$의 일반항을 다음과 같이 추리한다.

$$\begin{aligned}b-(b-c)-(b-c)r-(b-c)r^2-\cdots &= b-(b-c)(1+r+r^2+\cdots)\\ &= b-(b-c)\cdot\frac{1}{1-r}\\ &= b-\frac{(a-b)(b-c)}{(a-b)-(b-c)}\end{aligned}$$

이 식에 위의 a, b, c값을 대입하여 계산하면 314.159265359약을 얻는다.

이 결과를 보면 수열은 점차 원주율 π에 가까이 감을 알 수 있다. 그래서 이

4 강(强)은 어떤 수량에 붙어 그보다 조금 더 됨을 나타내며, 약(弱)은 수량을 나타내는 말에 붙어 끝수의 반올림을 했음을 나타낸다. 척(尺)과 촌(寸)은 척관법에서 사용하는 길이의 단위로서, 일본에서는 메이지 시대에 1척=10/33미터=0.30303미터(약 30.3cm), 1촌=1/10척=3.03cm로 정했으며, 이런 척관법은 1958년 이후 법정단위로는 폐지되었다.

숫자를 원주율로 나누어보면 100제곱촌이 되는데, 이것은 구의 지름의 제곱이다. 이 결과로부터 '구의 겉넓이=지름^2×원주율'이 예상된다. 이 계산은 서양수학에서는 볼 수 없는 진기한 발상으로, 현대식으로 쓰면 다음과 같다.

$$\lim_{\Delta d \to 0} \frac{\frac{\pi}{6}(d+\Delta d)^3 - \frac{\pi}{6}d^3}{\frac{\Delta d}{2}} = \pi d^2$$

그런데 타케베는 이와 같은 계산을 설명한 후 대략 다음과 같이 말하고 있다.

> 세키 타카카즈는 만법(萬法)5을 터득하는 데 형태를 보고 곧바로 계산의 이치를 찾아냈다. 구는 그 표면을 밑면, 중심을 꼭짓점, 반지름을 높이로 하는 원뿔로 보고 '구의 부피$=\frac{1}{3}$×구의 겉넓이×반지름'에서 '구의 부피×3÷반지름=구의 겉넓이'라는 계산법칙을 발견했다. 때문에 내가 한 방법은 수준이 낮다고 평했다. 그러나 나처럼 미련한 사람은 세키처럼 직관적으로 진법(眞法)6을 발견할 수 없기 때문에, 어떤 일이 있어도 위와 같이 조금씩 탐구하여 근거를 발견하고, 그것을 바탕으로 해서 진법을 발견하는 방법을 취하지 않으면 안 된다. 이것이 철술의 본뜻이며 결코 하등의 방법은 아니다.
> 대개 술리라든지 법칙이라는 것은 원래 자연에 갖추어져 있는 것이므로, 그것을 발견한다는 것은 자연의 도(道)를 만난다는 것이다. 이를 위해서는 어떤 난제라도 반드시 풀린다고 믿고 노력해야 한다. 단순히 노력하지 않고 발견하려는 생각을 해서는 안 된다.(2)

타케베의 사고와 방법은 현대수학의 관점에서는 가치가 없지만 교육의 소재·방법으로서는 충분히 의미 있다고 생각한다. 또 수학의 학습과는 별개로, 타케베의 학문에 대한 진지한 태도는 학생의 마음에 강한 감동을 줄 것이다.

5 불교에서 정신적·물질적인 일체의 것을 이르는 말
6 불교에서 진여(眞如)의 정법(正法)을 이르는 말

2.4 수학사와 흥미

흔히 수학의 역사는 학생의 학습에 대한 흥미를 환기시키는 데 도움이 된다고 한다. 계산의 기능훈련과 비교하면 수학자의 에피소드와 발견에 관한 이야기는 인간미가 있어 재미있을 것이다. 그러나 그러한 것은 그 자체가 재미있는 것이지 그것이 곧 수학에 대한 흥미로 연결된다고는 할 수 없다. 피타고라스 정리의 경우 피타고라스 일화를 이야기해주어도 그것 때문에 정리를 잘 알 수 있다거나 수학에 대한 관심이 높아지는 것은 아니다. 단지 정리의 발견 과정을 지도계획에 넣어서 지도에 이용할 경우는 학생들에게 있어 매력 있는 수업이 될 것이다.

수학사와 흥미의 관계에 대해서 타카기 테이지는 다음과 같이 말하고 있다.(1)

> 나는 학생으로부터 수학의 역사를 이야기해달라고 들은 적이 있다. 왜 수학의 역사를 해달라고 했는가 하면, 나는 강의할 때 어떤 문제에 대해서 그 유래나 역사를 이야기해주는데, 그것은 상당히 재미있다. 그래서 수학의 역사를 들으면 재미있을 것이다. 잠깐 덧붙인 역사라도 재미있었기 때문에 역사만 한다면 얼마나 재미있을까 하는 그런 생각이었다. 뭐라고 말하면서 그것을 거절했는지 오래된 이야기라서 생각나지 않지만, 만약 지금 그러한 요구가 있으면 뭐라고 말하며 거절해야 할까? 지금 문득 떠오른 생각인데, 예를 들면 회를 먹는데 고추냉이7를 조금도 먹지 않는 사람이 있었다. 어떤 생각에서 그랬는지 모르겠지만, 아마 고추냉이는 영양이 없다는 이유로 계속 고추냉이를 먹지 않았던 것 같다. 그런데 그런 사람이 우연한 기회에 처음으로 고추냉이를 먹게 되었고, 지금까지 몰랐던 맛을 느꼈다. 고추냉이가 상당히 맛있으므로 이제 고추냉이만 먹는다고 하면 과연 맛있을까? 앞에서 수학사를 하면 수학에 흥미가 생길 거라고 생각하는 것과 지금의 고추냉이 이야기는 같은 것이 아닐까?
>
> '흥미라는 것은 무리하게 사용하지 않아야 한다'고 하는 것은 그렇게 간단한 문제가 아닐지도 모른다. 어쨌든 수학의 역사를 덧붙이면 재미있다고 말하는 것 같지만, 수학을 모르는 사람에게 수학의 역사는 무엇을 말하는지 좀처럼 상상이 되지 않는다. 수학사는 기록을 늘어놓은 것이다. 몇 년에 누가 뭘 했다 같은, 그리고 대개는 오래된 것이다. 현재 살아 있는 수학은 소위 수학사에는 없는 것으로, 그러면 역사라고 하는 것이 일화집과 같은 것이 되고, 일화(anecdote)에서도 수학자로 한정된 일

---

7 겨자. 산규(山葵)

화는 그다지 재미있는 일화집이 아니다. 그러므로 수학사를 따로 다루어서 그것에 흥미를 가지도록 하는 것은 일반적으로 목적과 나아가는 길이 대개 180도 가까이 다른 것으로 여겨진다. 오로지 아무 목적 없이 역사를 한다면 재미있을 것이다. 그러므로 그저 흥미가 생기도록 수학사를 하자는 것도 역시 곤란한 일임에 틀림없다.

학생이 타카기에게 수학사를 이야기해달라고 한 것은 타카기가 문제를 가르칠 때 그 유래나 역사를 이야기한 것이 계기였다고 한다. 실제로 이것은 중요한 것으로, 타카기는 문제를 형식적으로 다루지 않고 그 문제가 어떻게 생겨난 것인지, 지금까지 어떻게 연구되어온 것인지를 이야기한 것이다. 그것이 수학의 통사(通史)와는 달리 직접 학생의 이해를 돕고, 또 흥미를 불러일으키게 된 것이다.

피타고라스 정리를 지도할 때 정리가 어떻게 발견되었는지, 어떻게 연구되어 왔는지를 이야기해주면, 단순히 하나의 수학 정리 이외에 피타고라스의 사상, 당시 철학과 수학 사상, 실생활과의 관계 등 여러 가지를 이해하게 되고, 학습이 다면적으로 이루어져 수학을 못하는 학생도 관심을 가지게 된다.

해석기하를 가르칠 때 단지 그것이 데카르트에서 비롯된 것이라고 할 것이 아니라, 철학자인 데카르트가 왜 수학을 배웠을까, 데카르트는 어떻게 생각해서 해석기하에 도달했을까, 또 해석기하의 발견이 수학의 발달에 어떤 영향을 가져왔을까 하는 것을 학생이 이해할 수 있을 범위에서 이야기해주면, 인문계 학생도 흥미를 가질 것이다.

수학사에는 흥미 있는 이야기만 있는 것은 아니다. 고산서(古算書)에는 학생의 흥미와 관심을 끄는 문제가 많이 있다. 그러한 것을 교재로 이용하면 실제로 즐거운 수업을 할 수 있다.

일본의 와산서(和算書)에 나오는 '삿사타테(さっさ立て)'[8]라는 수 맞히는 놀이가 있다. 상대방에게 바둑돌을 30개 건넨다. 상대는 그것을 한 번에 한 개 또는 두 개씩 가져가는데, 한 개를 가져갈 때는 자신의 왼쪽에, 두 개를 가져갈 때는 자신의 오른쪽에 둔다. 그리고 가져갈 때마다 자! 자! 자! 하고 소리를 지른다. 맞히는 사람은 눈가리개를 하든지 뒤로 돌아선 채 소리의 횟수를 듣는 것만으로 왼쪽에 몇 개, 오른쪽에 몇 개 두었는지를 맞히는 놀이이다.

8 이 퍼즐은 나카네 겐쥰(中根彦循, 1701~1761)이 1743년에 저술한 《간자오토기조우시》(勘者御伽双紙)에 나온다. 이 책은 에도 시대의 대표적인 퍼즐 문헌이다. '삿사타테'는 원리적으로는 문장제를 푸는 가장 유명한 방법의 하나인 츠루카메산(鶴亀算)과 동일하며 기원은 불명확하다. 에도 시대에 잘 알려진 놀이로서 그 이름은 류우테이 타네히코(柳亭種彦, 1783~1842)의 수필 《류우테이기》(柳亭記)에서 볼 수 있다.

맞히는 사람은 바둑돌 개수에서 자! 자! 자! 라는 소리의 횟수를 빼고, 그 나머지를 두 배 하면 두 개씩 놓인 쪽(오른쪽)의 바둑돌 개수가 된다.

한 개씩 놓았을 때의 소리의 횟수를 x, 두 개씩 놓았을 때의 소리의 횟수를 y라고 하면,

$x+y=$ 소리의 횟수 …… (1)

$x+2y=$ 바둑돌 개수 …… (2)

(2)−(1)을 하면, $y=$바둑돌 개수−소리의 횟수

(1)×2−(2)를 하면, $x=$소리의 횟수×2−바둑돌 개수

가 된다.

이러한 놀이를 사용해서 연립방정식 학습을 한다면, 흥미 있는 즐거운 수업이 될 거라고 생각한다. 이야기만으로는 잘 들으려고 하지 않는 학생도 이러한 놀이라면 관심을 보인다.

다음과 같은 주사위 놀이도 있다.

두 개의 주사위를 상대에게 던지게 한다. 맞히는 사람은 뒤로 돌아서 상대에게 다음 (1), (2)의 질문을 해서 나온 눈의 수를 맞히는 놀이이다.

(1) 두 개의 주사위 가운데 한쪽 눈의 수와 다른 쪽의 뒤쪽 눈의 수의 합을 말해주세요.

(2) 두 개의 주사위의 뒤쪽 눈의 수의 합을 말해주세요.

(맞히는 쪽) (1)과 (2)의 두 개의 수의 합을 21에서 빼고 2로 나누면 한쪽 눈의 수가 된다. 또 그것을 7에서 뺀 것을 (1)에서 빼면 다른 쪽의 눈의 수가 된다.

[그림 2.1]과 같이 2와 6이 나왔다고 하자. 지금 한쪽 눈을 x, 다른 쪽 눈을 y 라고 하면 다음과 같은 식이 성립한다.

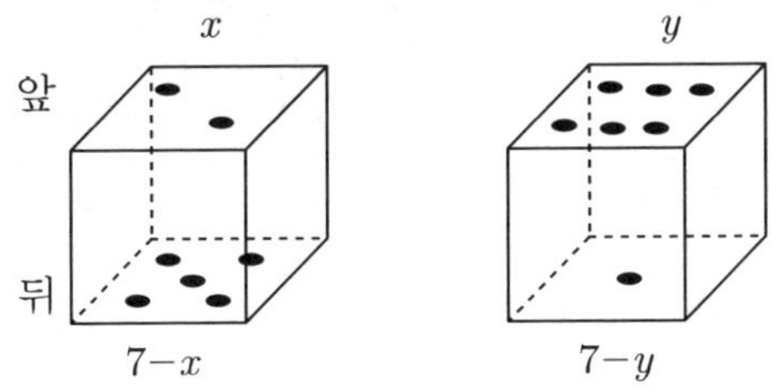

[그림 2.1]

$$\begin{cases}(7-x)+y=11 & \cdots\cdots(1)\\(7-x)+(7-y)=6 & \cdots\cdots(2)\end{cases}$$

(1)+(2)를 하면 $14-2x+7=11+6$ 이 되고, 이것으로부터 $x=\dfrac{21-(11+6)}{2}$ $=2$가 된다.

수학사의 학습에 대한 중·고등학생의 반응을 다룬 드문 조사가 있다. 제2회 국제수학교육조사에서, 학력조사와 동시에 행해진 수학에 대한 의식조사 항목에 '수학의 역사와 수학자의 에피소드에 대한 공부'가 있다.(2)

이 조사항목은 국제적으로 공통된 항목은 아니고, 일본의 독자적인 항목으로서 추가된 것이다. 조사는 아래 표와 같이 5개의 선택지 가운데 하나를 택하도록 되어 있다. 괄호 안의 숫자는 왼쪽이 중학교 1학년, 오른쪽이 고등학교 3학년(조사대상 연령)의 반응이다.

여기서 수학의 역사와 수학자의 에피소드를 '좋아한다', '매우 좋아한다'고 답한 고등학생은 39.6%나 되었다. 이것은 '방정식을 푸는 것'(51.7%), '함수를 미분하는 것'(42.7%), '계산기를 사용하는 것'(42.7%)에 이어 높은 비율이다. 낮은 쪽의 '복소수를 배우는 것'(12.2%), '표본조사로 평균값을 추정하는 것'(9.9%)에 비하면 꽤 평판이 좋다.

그러나 배우는 것의 중요함에 대해서는 최저인 31.7%의 찬성밖에 없다. 이것은 다른 항목 중 가장 낮은 '행렬을 배우는 것'(41.5%), '복소수를 배우는 것'(42.2%)에 비해서도 상당히 낮다. 높은 쪽의 '법칙과 공식을 외우는 것'(88.2%), '문장제를 푸는 것'(84.0%)에 비하면 비교가 되지 않는다. 즉 수학의 역사를 좋아하지만 그 학습은 수학의 학습에 있어서는 그다지 중요한 것이 아니라는 것이다.

A	1. 대단히 중요하다. (12.2%, 8.9%)	2. 중요하다. (23.7%, 22.8%)	3. 정하지 못한다. (40.8%, 34.1%)	4. 별로 중요하지 않다. (16.8%, 23.3%)	5. 전혀 중요하지 않다. (4.2%, 8.8%)
B	1. 대단히 쉽다. (3.0%, 6.6%)	2. 쉽다. (6.8%, 17.1%)	3. 확실히 말할 수 없다. (66.4%, 61.0%)	4. 어렵다. (17.0%, 9.4%)	5. 대단히 어렵다. (4.2%, 3.7%)
C	1. 매우 좋아한다. (8.1%, 12.9%)	2. 좋아한다. (14.4%, 26.7%)	3. 어느 쪽도 아니다. (52.1%, 37.9%)	4. 싫어한다. (16.5%, 12.5%)	5. 매우 싫어한다. (6.3%, 7.8%)

일본이 독자적으로 수학의 역사를 추가한 것은 수학사를 수학 수업에서 가르치고 있다고 판단했기 때문이다. 그러나 현실은 일본의 수학 교과서에는 수학의 역사가 거의 무시되고 있다. 수학사에 관심을 가지는 얼마 안 되는 교사가 수업 중간에 단편적인 역사를 가르치고 있는 것이 현실이다. 그러므로 대부분의 학생은 수학의 역사를 그다지 많이 배우고 있지 않다. 물론 수학사에 대한 올바른 지식도 가지고 있지 않다고 해도 좋을 것이다. 따라서 이 조사대상으로 선발된 학생들도 얼마 안 되는 단편적 지식의 학습경험을 기반으로 답한 것이라고 보아도 좋다. 내가 정말 알고 싶은 것은 지도내용에 계획적으로 수학사를 도입해서 지도한 후의 반응으로, 특히 '왜 수학사의 학습이 중요하다고 생각하는가?', '수학의 역사 가운데 어디에 흥미를 느꼈는가?'이다. 언젠가 어떠한 방법으로든 조사할 수 있기를 바란다.

2.5 와산과 수학교육

와산은 중국에서 전해진 수학을 기초로 에도 시대에 발달한 일본의 독특한 수학이지만 메이지 초기에 이미 없어져 버렸다. 현재의 수학 학습과는 전혀 관계가 없다. 현재 와산을 연구한다고 하면 두 가지 목적밖에 생각할 수 없다고 본다. 하나는 와산을 문화사의 하나의 사실과 현상으로 보고 사회·경제와의 관계 또는 국민성이나 다른 문화와의 관계 등을 연구하는 것, 또 하나는 와산의 문제를 수학교육의 소재로 이용하거나 또는 와산의 연구방법을 지도법에 참고하려고 연구하는 것이다.

와산을 에도 시대의 문화로서 가르치는 것은 상식적으로 역사 영역일 것이다. 지금 고등학교 일본사에서도 다음과 같이 다루어지고 있다.

- 겐로쿠(元禄) 시대9, 세키 타카카즈는 필산식(筆算式)의 대수를 비롯하여 엔리호(円理法, 원호의 길이와 원의 넓이를 구했던 것으로, 그 중에 미적분 사고도 들어 있다)를 발명해서 와산의 기초를 만들었다(清水書院 판).

9 1688~1703년의 기간을 말하며, 당시 천황은 히가시야마(東山) 천황, 에도 막부의 장군은 토쿠가와 츠나요시(徳川綱吉)이다.

- 와산(수학)에서는 겐로쿠 시대에 세키 타카카즈가 원과 원주율의 계산, 행렬식 등의 연구를 달성했다(三省堂 판).

일찍이 고교 입시의 학력검사 사회과목 문제로 다음과 같은 것이 출제된 적이 있었다(1955년 교토부). 와산은 중학교 역사에서도 다루어진 경우가 있었다.

- 에도 시대 초기 와산의 대가였던 세키 타카카즈가 엔리쥬츠(円理術)[10]를 창시했다. 이것은 오늘날의 미분, 적분이라는 고등수학의 사고방법에 속하는 것으로, 그가 그것을 창시한 것은 유럽의 뉴턴 등이 미적분학을 창시한 것과 거의 같은 시대였다. 그러나 와산과 유럽수학은 그 후의 발달에 상당한 차이가 있다. 그것은 왜일까? 아래에서 그 이유에 해당한다고 생각되는 것을 택하시오.
  - (ㄱ) 에도 시대에는 아직 고등수학이 필요 없었기 때문에
  - (ㄴ) 와산은 실용을 주로 하고, 오로지 상인들 사이에서 주판만으로 행해지고 있었기 때문에
  - (ㄷ) 유럽수학은 학자가 실제 필요 등과 관계없이 연구하고 있었기 때문에
  - (ㄹ) 유럽에서는 학자가 서로 타인의 연구를 바탕으로 해서 연구를 진행하고 있었지만, 에도 시대에는 "비법을 전수한다." 등의 관습이 행해지고 있었기 때문에
  - (ㅁ) 에도 시대에는 서당이 있었을 뿐 대학이 전혀 없었기 때문에

세키 타카카즈가 필산식 대수를 발명했다고 하더라도 그것은 현재 학생이 배우고 있는 것과는 전혀 다른 것이므로, 그것이 어떤 것이었는지 설명해주지 않으면 오해를 초래한다. 엔리와 행렬식 등은 역사 교사에게는 무리가 있다.

그런데 세키 타카카즈는 유명한 사람이지만, 문화로서의 와산을 생각할 때는 소위 읽기, 쓰기, 주판으로 대표되는 서민을 위한 수학, 예를 들면《진코우키》(塵劫記)[11]와 같은 것을 잊어서는 안 된다.《진코우키》는 당시의 일상생활 문제, 예를

---

10 와산 산법 가운데 하나로, 원주, 원의 넓이, 구의 부피 등을 계산할 수 있다. 에도 중기 세키 타카카즈의 제자인 타케베 카타히로 때 시작되어 아지마 나오노부(安島直円)에 의해 완성되었다. 엔리(円理)는《일본수학사》(차종천, 교우사, 2006)의 제8장을 참조하면 된다.

11 에도 전기의 와산서로서 요시다 미츠요시(吉田光由)가 1627년에 지었다. 중국의《산포우토우소우》(算法統宗)을 본보기로 하여, 계량법·계산법 등을 알기 쉽게 설명하고 있다. 뒷

들면 쌀, 비단, 솜, 목재 등의 매매, 센(銭)[12], 은, 코반(小判)[13]의 환전, 이자 계산 등을 다룬 것으로, 당시 서민생활의 모습을 알 수 있는 내용의 책이다.(1)

또 《진코우키》는 수학책이라기보다는 예술 작품이라 해도 좋은 것으로, 삽화를 보고 있는 것만으로도 즐거운 책이다. 그 속에 나오는 문제도 네즈미잔(鼠算)[14]과 같이 일상어로 되어 있어 사전에 나올 것 같은 것에서부터 마마코다테(継子立)[15]와 같은 수학 유희의 문제에 이르기까지 학생의 관심을 끌 것 같은 내용이 많이 있다. 이러한 멋진 수학책이 300년도 더 이전에 일본인들의 손에 의해 만들어졌다는 것을 안다면, 학생들은 아마 감탄할 것임에 틀림없다.

세키 타카카즈가 필산식 대수를 발명했다고 하지만 그것은 보우쇼호(傍書法, 방서법) 또는 텐잔쥬츠(点竄術, 점찬술)[16]라 불리는 것으로, 중국에서 전해진 텐겐쥬츠(天元術, 천원술)[17]를 개량한 것이다. 이것은 수학 교사라면 금방 이해할 수 있으므로, 시간이 있으면 대수 기호 전반의 역사를 다룰 때 가르쳐주고 싶다. 그러면 일본인 선조의 수학이 어떤 것이었는지 대강이라도 이해시킬 수 있을 것이다.(2)

이처럼 와산에는 서양수학에서는 찾아볼 수 없는 사상(事象)이 있다. 와산은 쇄국시대에 창조된 유달리 진귀한 폐쇄적 문화 가운데 하나이며, 그것을 상징하는 것이 몇 가지 보인다.

날 산술서의 대명사로 되었다.

12 옛날 화폐 단위

13 에도 시대에 만든 타원형의 얇은 금화

14 와산의 계산문제 가운데 하나. 1월에 암수 2마리의 쥐가 12마리의 새끼를 낳았고, 2월에는 부모와 새끼 쥐 7쌍이 각각 12마리의 새끼를 낳았고, 매월 이렇게 쥐가 증가해가면, 12월에는 몇 마리의 쥐가 될까 하는 문제로, 2×7^{12}, 즉 276억 8257만 4402마리가 된다. 기하급수적으로 불어난다.

15 바둑돌로 하는 유희. 흑백의 돌을 각각 15개씩 총 30개를 어떤 순서로 원형으로 늘어세우고, 미리 정해진 장소에 있는 돌을 기점으로 해서 10번째에 해당하는 돌을 없애고 차례차례 10번째의 돌을 취해 가서, 마지막에 하나 남은 돌을 이기는 것으로 하는 게임이다. 《진코우키》에서는 흑과 백을 각각 전실 소생의 아이와 둘째 부인의 아이로 보고 이 게임을 제안하였으나, 자신의 성공을 확신한 부인이 도중에 자신이 택한 아이로부터 시작해서 순서를 바꾸어 반대 방향으로 진행하기를 제안하였고, 그 결과 전실 소생 한 명이 후계자가 되는 내용이 소개되어 있다.

16 에도 시대의 와산에 있어서 필산식 대수를 말하는데, 서양수학의 대수학과 일치한다. 텐(点)은 새롭게 가필한다는 것이고, 잔(竄)은 삭제해버린다는 것으로, 이 산법에서는 가제(加除)해서 결과를 내므로 이런 이름을 붙였다고 한다.

17 산가지를 이용하여 고차방정식을 푸는 고등 와산이다. 중국의 송(宋)·원(元) 시대에 일어난 대수학이 일본에 도래한 것으로, 미지수인 것을 텐겐(天元)이라고 불렀다. 지금의 제곱근 풀기(開平), 세제곱근 풀기의 종류이다.

와산에는 유파(流派)와 같은 것이 있어서 비밀주의를 받아들여 서로 수학을 독점하려 했다. 유제(遺題) 계승이라는 미해결 문제를 책의 말미에 실어서 해답을 구하는, 말하자면 다른 수학자에게 도전장을 내는 것도 유행했다. 또 신사불각(神社仏閣)[18]의 문제와 해답을 적은 가쿠(額) ― '산가쿠(算額)'[19] ― 를 봉납하는 것도 전국적으로 유행했다. 이것은 수학의 에마(絵馬)[20]라고 생각하면 된다. 이러한 것을 가르침으로써 문화로서의 와산을 더 잘 이해시킬 수 있다고 생각한다.

와산을 수학교육에 이용할 때는 와산의 특징을 잘 알아둘 필요가 있다. 와산에는 유클리드 기하에서 볼 수 있는 증명이 없다. 정의, 공리, 공준, 명제, 증명이라는 사고방법은 전혀 없다. 함수의 개념과 각의 개념도 없다. 와산에서는 도형에 명칭은 붙어 있어도 정의는 적혀 있지 않다. 그림을 보면 알 수 있기 때문이다. 원의 접선은 나와 있어도 그것이 어떠한 것인지는 설명되어 있지 않다. 그러나 문제를 풀 때는 반지름에 수직이라는 성질은 암묵적으로 사용한다. 복잡한 도형을 그리더라도 각 부분의 관계 등은 직관적으로 처리해버린다. 이러한 연유로 서양 학문이 들어왔을 때 일본인들은 그 형식을 잘 이해할 수 없었다. 예를 들면, 유명한 스기타 겐바쿠(杉田玄白)[21]의 《란가쿠코도하지메》(蘭学事始)[22] 가운데, "눈썹이라는 것은 눈 위에 나는 털이라고 하는 글 귀(句)도 방불케 하듯이, 긴 봄날의 하루에는 깨닫지 못하고……"라는 한 구절이 있는데, 네덜란드어를 몰라서 번역에 시간이 걸림과 동시에, 아마 눈썹을 왜 이렇게 정의해야 하는 것일까, 눈썹이라면 그것으로 충분히 알 수 있지 않은가? 라고 이처럼 정의하는 것을 이해할 수 없었음에 틀림없다.

나가사키(長崎) 해군전습소에서 처음 서양수학을 배웠을 때에도 대수는 이해할 수 있었지만 기하는 알지 못했던 것 같다. 네덜란드 교관은 왜 일본 사람이 기하를 잘 못하는지 알 수 없었다고 한다. 와산의 영향이다.[(3)]

와츠지 테츠로(和辻哲郎)는 다음과 같이 말하고 있다.[(4)]

---

18 신사(神社)와 절

19 와산가가 스스로 창안한 수학 문제의 해답과 해법을 적어서 신사(神社)에 봉납한 에마(絵馬)를 말한다.

20 발원(發願)할 때나 소원이 이루어졌을 때 그 사례로 신사(神社)나 절에 말 대신 봉납하는 말 그림의 액자를 말한다.

21 주로 나가사키 데지마(長崎 出島)의 네덜란드 의사 등을 거쳐, 에도 시대의 일본에 전해진 의학인 란가쿠(蘭学=蘭学医学)를 전공한 에도 중기의 의사(1733~1817년)이다.

22 에도 후기의 회상록 2권이다. 1815년 간행되었으며, 1869년 보정되었다. 《카이타이신쇼》(解体新書)를 중심으로 란가쿠 도입의 어려움과 그 흥륭의 기운을 기록한 책이다.

> 일본 사람의 결점은 한마디로 말하면 과학 정신의 결여일 것이다. 합리적인 사색을 경멸하고, 직관적 사실만을 신뢰하며, 추리력에 의한 파악을 중시하지 않는다. …… 추리력에 의해 확실히 인식시킬 수 있는 것조차도 해보지 않고서는 알 수 없다고 느낀다.

와산가의 연구방법이라는 것은 기하학적 직관에 의한 직각적(直覺的)[23] 방법과 특수한 귀납추리의 방법이어서, 서양의 분석적·이론적인 사고방법과는 대조적이다. 그러나 이 두 가지 방법은 어느 것이든 중요하며, 수학에서도 모든 것을 논리일변도로 관철시킬 수 있는 것은 아니다. 흔히 증명은 논리를 따르지만 발견은 직관을 따른다고 한다. 와산가의 연구 중에는 지도에 참고가 되는 것이 많다.

[그림 2.2(a)]는 대소 두 개의 정사각형을 재단하여 하나의 정사각형을 만드는 문제의 해법이며, [그림 2.2(b)]는 피타고라스 정리의 증명을 나타낸 것이다. 이러한 것이 왜 가능한지에 대한 설명은 어디에도 쓰여 있지 않다. 그림을 보면 알 수 있기 때문이다. 우리가 정리를 지도할 경우 가능하면 학생 스스로 정리를 발견할 수 있도록 하는 것이 바람직한데, 그럴 때 와산의 직관적 방법이 도움이 되지 않을까 생각한다.

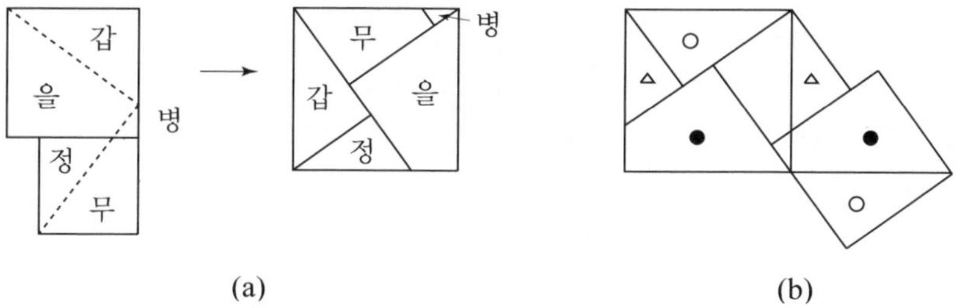

[그림 2.2]

사회주의 국가의 교육에서는 조국의 수학 성과를 알리는 것을 통해 애국주의와 민족적 긍지와 감정을 키운다든지, 혹은 학문에 대한 자존심을 키운다는 주장을 볼 수 있다. 나는 일본의 문화유산으로서의 와산을 자랑하고자 하는 마음은 조금도 없다. 학생들에게 자신들의 조상이 수학을 어떻게 생각하고, 어떻게 연구하고, 어떠한 성과를 남겼는가 하는 것은 더 없이 흥미로울 것이고, 만약 그러한 것이 있다면 아마 그러한 것을 알고 싶어할 것이라고 추찰할 뿐이다. 사회과목의 역사뿐만 아니라 수학과목에서도 기회를 만들어 한 번은 가르쳐 두어야 할 것이다.

23 직각은 곧바로 깨달음을 의미하며, 직관(直觀)과 동의어로 쓰인다.

■ 제2장 주

‖ 2.1 수학을 배우는 이유 ‖

(1) 《国家》(下, 7巻), 藤沢令夫 역, 岩波文庫, 125쪽.

플라톤은 다음과 같이 말하고 있다.

> 선천적으로 계산에 재능이 있는 사람은 모든 학문을 배우는 것에 예민하게 타고났다고 해도 좋고, 또 느리고 둔한 사람도 이 학과에 의해 교육되고 훈련되면, 설령 그 밖에 아무 얻는 것이 없다고 해도 적어도 이전의 자기보다 예민하게 된다는 점에서는 누구나 진보한다는 것이다.

수학에 의한 정신도야를 인정하지만 이런 생각이 수학교육에서 중시되었을 뿐이다.

(2) 《自然哲学の数学的諸原理》, 河辺六男 역, 中央公論社, 世界の名著 26.

(3) 데카르트의 저서 《精神指導の規則》(野田又夫 역), 《方法序説》(落合太郎 역), 《哲学の原理》(桂寿一 역)는 岩波文庫에 있다. 또 《幾何学》(原享吉 역·해설)은 《デカルト 著作集 1》(白水社, 1973년 初版)에, 《宇宙論》은 著作集 4에 수록되어 있다.

(4) 《科学の言葉=数》, 토비야스 단칙(Tobias Dantzig) 저, 河野伊三郎 역, 第1版 序言, 岩波書店, 1943년 初版.

‖ 2.2 수학사와 교재연구 ‖

(1) 《数学教育現代化の失敗 ジョニーはなぜたし算ができないか》, 몰리스 클라인(M. Kline) 저, 柴田録治 감역, 黎明書房, 1976년.

(2) 《数について》(連続性と数の本質, 1872년), 데데킨트(Dedekind) 저, 河野伊三郎 역, 岩波文庫.

(3) 《コーシー 微分積分学要論》, 小堀憲 역·해설, 共立出版.

‖ 2.3 수학사와 지도법 ‖

(1) 《明治前日本数学史》(第3巻), 日本学士院 편, 岩波書店.

타케베 카타히로(1664~1785)는 세키 타카카즈의 제자로, 스승의 저서를 해설하여 《発微算法演段諺解》를 저술하고, 텐잔쥬츠의 사상을 소개했다. 미적분에 필적하는 엔리의 창시자 가운데 한 사람으로, 8대 장군인 토쿠가와 요시무네(徳川吉宗)를 섬기고, 천문역학의 고문으로서도 활약했다.

(2) 《綴術》을 기록한 것은 다음 책뿐이다.

《日本哲学全書第八巻, 第二部自然哲学 天文·物理学家の自然観》, 三枝博音 편찬, 第一書房, 1936년.

‖ 2.4 수학사와 흥미 ‖

(1) 《一般教養としての数学について》, 岩波書店, 1936년. 그 가운데 《訓練上数学の価値附数学的論理学》.

(2) 《中学·高校生の数学成績と諸条件》, 第一法規, 1982년.

‖ 2.5 와산과 수학교육 ‖

(1) 《塵劫記》, 吉田光由 저, 大矢真一 校注, 岩波文庫.

(2) 《和算入門》, 大矢真一, 日本評論社, 1987년.

(3) 《長崎海軍伝習所》, 藤井哲博, 中公新書, 64~65쪽.
와산에서는 도형 문제를 모두 대수적으로 푼다. 계량적 문제가 대부분이고, 도형의 성질은 문제로 하지 않았다.

(4) 《鎖国》(上), 岩波文庫.

제 3 장

지도요령과 수학사

3.1 수학교육에 있어서 국제화 교육과 수학사

신지도요령에서는 정보화와 함께 교육의 국제화가 중요한 과제로 되어 있다. 교육과정심의회 답신의 각 교과·과목의 내용 개선에 있어서의 유의점으로 "국제사회 속에서 살아가기 위해 필요한 자질을 기른다는 관점에서 일본 문화와 전통에 대한 관심과 이해를 깊게 함과 동시에, 세계의 역사와 문화에 대한 이해를 깊게 하는 것을 중시한다."고 쓰여 있다. 국제화 교육은 여기에 적혀 있는 것처럼 다음의 두 가지 교육이다.

(1) 일본 문화와 전통에 대한 관심과 이해를 깊게 한다.
(2) 다른 나라에 대한 이해와 그것에 대한 관용의 태도를 기른다.

일본의 해외 유학생이 대단히 어려워하는 것 중 하나는 외국인에게 일본 문화와 전통에 대해 질문을 받았을 때 확실히 대답할 수 없다는 것이다. 자신의 조국 문화에 대한 지식 이해가 얼마나 빈약했는지를 통감했다고 한다. 자국 문화와 전통이라면 바로 나라 자랑을 생각하는 사람이 있는데 결코 그렇지는 않다. 그것을 이해하고 세계적 관점에서 자기 나름대로 평가해보는 것은 자신의 조국을 이해하는 데 있어서도, 또 그것을 더 멋진 것으로 키워나가기 위해서도 중요하다.

수학에 대해 말하자면 일본에는 에도 시대에 중국에서 전해진 수학을 기초로 해서 발달한 와산이 있다. 현재는 없어져 버렸고, 또 와산의 수학으로서의 평가는 사람에 따라 다르겠지만, 어느 쪽이든 일본 수학 교사로서는 와산을 조금은 이해해둘 필요가 있을 것이다. 현재의 지도요령에서는 와산을 사회과목의 역사 교과 이외에서 다루는 것은 도저히 생각할 수 없지만, 수학교육이라는 입장에서 보면 꽤 이용가치가 있는 것도 찾아볼 수 있기 때문에, 어떤 방법으로든지 수업에서 활용하는 것을 생각해야 한다고 본다.

또한 세계 각국 국민의 생활양식, 풍속, 종교, 문화 등은 상당히 다르기 때문에, 그것들을 잘 이해하고 서로 인정하는 것은 국제교류에 있어서 중요한 것이라고 말할 수 있다. 그러면 수학교육에 있어서 국제화란 무엇일까?

수학이라는 학문은 원래 세계적인 것이라서 이제 와서 국제화 등을 생각할 필요는 없다고 생각하는 것이 보통이다. 현재로는 전 세계 사람이 같은 숫자, 같은 기호를 사용하여 대개 공통된 문제에 몰두하고 있다. 그러나 같은 숫자, 같은 기호를 사용하여 같은 문제를 연구한다고 해도 민족에 따라 사고방식에 차이가 있다. 과거의 수학을 되돌아보면 이런 점을 잘 이해할 수 있을 것이다. 오늘날의 수학의 기초를 구축한 세계 각국, 각 시대의 수학을 보면 수학 그 자체가 가지는 의미와 가치관의 상위(相違), 수학이 달성해온 역할의 상위, 연구방법의 상위, 다루는 문제의 상위 등을 확실히 볼 수 있다.

고대 오리엔트와 중국의 수학은 생활 기술과 밀접하게 관련되어 발달했지만, 그리스는 철학 및 사상과 관련되어 있다. 또 고대 인도의 수학은 생활의 중심이었던 브라만교와 관련되어 있다. 같은 오리엔트 수학이라고 해도, 정사각뿔대의 부피를 계산하는 방법 하나만 보더라도 이집트에서는 $V=(a^2+ab+b^2)\frac{h}{3}$ 이고, 바빌로니아에서는 $V=\left\{\left(\frac{a+b}{2}\right)^2+\frac{1}{3}\left(\frac{b-a}{2}\right)^2\right\}h$로 계산하고 있다. 또 인도에서는 [그림 3.1]과 같은 사각뿔대의 부피를 $V=\frac{h}{6}\{ac+bd+(a+b)(c+d)\}$로 계산하고 있다. 이 식에서 $c=a$, $d=b$로 두면 이집트에서의 식이 된다.

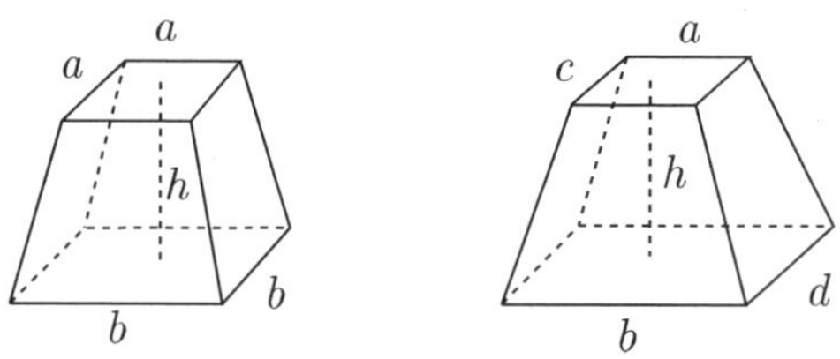

[그림 3.1]

피타고라스 정리는 아마 세계 각국에서 독립적으로 발견된 것이라고 생각되는데, 발견 배경이나 그것이 다루고 있는 문제는 상당히 다르다.

고대 중국에서는 8척의 막대기와 그 그림자, 그리고 태양광선으로 생긴 직각삼각형을 이용해서 태양의 높이와 태양의 크기, 태양까지의 거리를 쟀는데, 이것에 이용하기 위해서 피타고라스 정리를 사용하였다. 고대 인도에서는 브라만교의 제단의 받침대가 되는 직사각형과 정사각형을 만들기 위해서 피타고라스 정리를 사용하였다. 고대 바빌로니아에서는 토목공사의 견적 계산 등에 사용하고 있을 뿐만 아니라, 직각삼각형 세 변의 정수값(소위 피타고라스 수)의 계산까지 행해지고 있었다. 그러나 동시대의 고대 이집트에서는 피타고라스 정리를 사용했다는 증거가 하나도 발견되지 않았다.

16, 17세기 유럽에서 수학은 자연과학의 수단으로서 발달했다. 같은 무렵, 일본에도 시대에 와산은 '호기심 많은 양반들의 심심풀이 같은 것'이라고 혹평받은 일

종의 예도(芸道)[1] 같은 것으로써 연구되었다. 서양수학에서는 유클리드의《원론》에서 볼 수 있는 것처럼 정의, 공리·공준, 명제, 증명이라는 논리적·연역적 방법이 중심이었지만, 와산에서는 직관적·귀납적 방법을 많이 이용하며, 정의라든지 공리 같은 것은 전혀 생각하지도 않았다.

서구수학과 와산은 다른 것이었지만 공통된 발상도 보인다. 서양에서 현재의 10진 소수가 발명된 것은 16세기 후반의 일로, 그때까지 우수리 계산은 모두 분수로 행해졌다. 다만 천문학자들은 복잡한 분수 계산을 꺼려, 그리스의 프톨레마이오스 이후 60진 소수를 이용하였다. 15세기경이 되어 상공업이 활발해짐에 따라 상인들은 세금과 이자 등의 세밀한 계산 때문에 고민했다. 그래서 성가신 분수 계산을 피하고, 우수리 계산을 정수와 마찬가지로 할 수 있는 방법으로 생각해낸 것이 퍼센트이다. 퍼센트는 문자 그대로 '100에 대해 얼마'라는 의미이다. 1/5은 20%이므로 20을 곱해서 100으로 나누면 된다.

실제로 이것과 똑같은 생각이 일본에도 있었다. 일본에서는 서구와 달리 분수와 소수 모두 사용하고 있었는데, 이자 계산에 퍼센트와 같은 생각을 도입한 적이 있었다. 그것은 상업 활동이 번성한 무로마치(室町) 시대의 일이다.

모오리 시게요시(毛利重能)의《와리잔쇼》(割算書, 1622년)[2]에 다음과 같이 쓰여 있다.

> 1몬고(文子)라는 것은 은 100몬메(匁, 돈)[3]에 1개월에 긴스(銀子)[4] 1몬메씩의 이자라고 정하면, 2몬고라는 것은 100몬메에 1개월에 긴스 2몬메씩의 이자가 된다. 2몬메를 두고 개월 수를 곱해 순은(本銀)에 그 계산을 곱하느니라.

350몬메의 은을 2몬고로 6개월 빌리면 $2 \times 350 \times 6 \div 100 = 42$몬메가 이자이다. 이 '몬고'가 바로 서양의 퍼센트와 같은 것이라고 할 수 있다.

이와 같이 과거를 되돌아보면 수학은 결코 하나가 아니었음을 알 수 있다. 그래서 이러한 것을 어떤 방법으로 가르치느냐에 따라 수학을 세계적인 시야에서 보고, 다른 문화를 깊게 이해하는 데 도움이 되도록 할 수 있는 것은 아닐까 생각한

---

1 예능·기예의 도를 말한다.

2 에도 시대 초기를 대표하는 귀중한 와산서이다.

3 에도 시대에 저울로 무게를 달던 칭량(秤量) 화폐인 은화 단위이다. 금 한 냥은 은 50~80돈이다. 한 돈은 1관의 1000분의 1이며, 3.75그램이다.

4 은화

다. 즉 수학교육에 있어서 국제화 교육이라는 것은 교재를 세계사적인 관점에서 봄으로써 다양한 견해, 사고방법이 있다는 것을 이해시키는 것이라고 할 수 있다. 하나의 문제를 세계 각국의 사람들이 어떻게 생각하고, 어떻게 연구했는지를 앎으로써, 각국 국민의 다양한 사고방식을 이해할 수 있어 국제 감각을 키우는 데 도움이 된다고 생각한다. 구체적인 예를 들어보자.

중학교 학습지도요령 2학년 C 수량관계 (1)에는 '수의 표현에 대해서 이해를 깊게 한다'가 채택되어 있으며, 내용 다루기에는 '이진법 등의 기수법을 다룬다'고 쓰여 있다.

이것은 아마 정보화 관점에서 컴퓨터와의 관련 때문에 다룬 것이라고 생각하는데, 나는 여기에서 단지 형식적으로 이진법을 가르칠 것이 아니라, 인간은 어떤 방법으로 수를 표현해왔는지를 세계사적인 관점에서 가르치는 것이 중요하다고 생각한다.

이진법은 확실히 인공적인 기수법이다. 하긴 다른 기수법도 사실은 그러하지만, 우리가 지금 사용하고 있는 십진법 표기는 인간의 손가락이 10개라는 것과 관계가 있다. 인류가 처음에 손가락을 사용하여 헤아린 것은 많은 연구로부터 밝혀졌는데, 이 손가락 개수에서 아주 자연스럽게 생각해낸 것이 십진법이라고 할 수 있다.[1] 그러나 같은 십진법이라도 인도·아라비아 숫자와 중국 한자는 방법이 다르다. 자릿수 정하는 원리의 유무가 구체적으로 수의 표현법에 있어 어떠한 차이를 만들고 있는지를 인식시키는 것도 중요하다.

그런데 현재 십진법이 손가락과 관련 있다고 하면, 인간은 처음에 한 손의 손가락을 사용했기 때문에 한 손을 단위로 하는 오진법이라는 것도 당연히 생각할 수 있었을 것이다. 오진법이라는 수의 표현도 있었다. 로마 숫자가 그것이다.

우리가 손가락을 꼽아서 헤아린다고 하면 손을 벌려서 손가락을 꼽아가지만, 서구 사람들은 손을 쥐고 새끼손가락부터 차례로 손가락을 펴간다. 이 모양이 로마 숫자가 되었다. V는 한쪽 손을 편 모양이다. VI는 모두 편 오른손에 왼손의 새끼손가락 한 개를 편 모양이다.

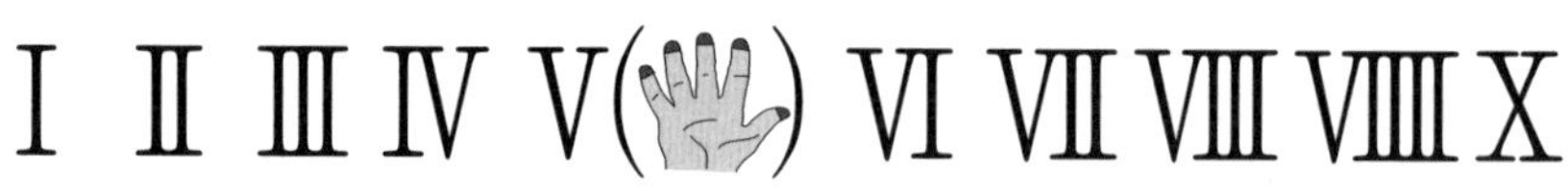

[그림 3.2]

10은 Ⅹ라고 쓰는데, 이것은 $\genfrac{}{}{0pt}{}{\vee}{\wedge}$ 로 모두 펼친 양손을 합친 모양이다. 로마 숫자는 분명히 한쪽 손 5를 의식한 수의 표기로 되어 있다. 물론 이것은 하나의 추리지만 설득력이 있다.

손가락을 사용해서 수를 표현했으므로, 발가락까지 사용한 방법도 있으면 좋겠다고 생각할 것이다. 양 손가락과 양 발가락을 사용하면 20까지 헤아릴 수 있다. 20진법 표기이다. 20진법은 홋카이도의 아이누 민족이 수를 헤아리는 방법과 중앙아메리카의 마야 족의 수 표기에서 볼 수 있다.

이처럼 우리의 수 표현법의 기반에는 손가락 개수가 관계되어 있다. 그러나 우리가 지금 사용하고 있는 수의 표현에서 손가락 개수와 관계지을 수 없는 것도 있다. 그것은 시간과 각도를 나타내는 방법으로 사용하고 있는 60진법 표기이다. 60진법은 메소포타미아가 기원인 것으로 알려져 있는데, 60이라는 단위가 어떻게 만들어진 것인지 이진법을 배울 때 생각해보게 하는 것도 좋은 공부이다.

기원전 18세기, 메소포타미아가 번영했던 무렵 이집트도 번영하고 있었는데, 이집트인은 십진법을 사용하고 있었다. 같은 오리엔트 지역에 있어도 이집트와 메소포타미아는 여러 가지 조건이 달랐다. 이집트는 사막에 둘러싸인 폐쇄적인 사회여서 거의 외적의 침입을 받지 않았다. 평온한 나일 강의 은혜로 풍족한 생활을 보내고 있었다. 그들의 관심은 현세 생활보다 내세 생활에 있었던 것 같다. 흔히 이집트 문화는 분묘 문화라고 말한다.

이에 비해 메소포타미아는 동서무역의 요충지여서 많은 민족이 흥망을 되풀이한 개방적이고 유동적인 사회였다. 이집트가 단일 민족국가인 것에 비해 메소포타미아는 복합 민족국가였다.

티그리스, 유프라테스 강은 북부 산악지대의 융설(融雪)과 페르시아 만에서 불어오는 계절풍으로 갑자기 범람하는 경우가 있었기 때문에 불안정한 생활을 할 수밖에 없어서 미래보다 현실을 중시하는 생활을 했다. 크고 훌륭한 궁전은 만들었지만, 이집트 사람들처럼 멋진 묘는 만들지 못했다.

다민족이 모였던 메소포타미아 사회에서는 일찍부터 상거래가 번성하여 계약사상이 발달했다. 또 돈의 대차에 관한 이자 계산, 게다가 복리 계산도 행해지고 있었다. 유명한 함무라비 법전에는 은과 밀가루를 빌려주었을 때의 이율이 제시되어 있다. 다른 생각을 가진 많은 민족이 공동생활을 해나가기 위해서 도량형과 통화의 통일도 행해졌음은 틀림없다. 당시 통화는 은으로, 중량 단위는 시켈(šekel)이라 불렸으며, 현재 단위로 약 8.36그램이 된다. 또 곡물을 재는 단위는 미나(mine)

라 불리는 현재의 약 500그램에 상당하는 단위가 사용되고 있었다. 일설에 따르면, 두 단위 사이에 관계를 정할 때 1미나=60시켈이라는 관계를 택한 것이라고 한다. 그리고 이 관계를 다른 여러 가지에 적용하였던 것이 현재의 60진법 기원일 것이라고 한다.

또 5, 10, 12, 20 등 여러 가지 수 조직을 사용하는 민족이 통합되는 과정에서 60이라는 단위가 생겨났다고 생각할 수도 있고, 또 십진법, 12진법 등을 사용하는 여러 민족과의 통상과 교류를 생각하여 60이라는 단위를 택했다고도 생각할 수 있는데, 그 근거가 되는 자료는 발견되지 않았다.

그런데 오늘날 수의 표기는 물론 길이와 무게의 단위도 모두 십진법인데, 어째서 시간과 각도 단위만 60진법일까? 프랑스 혁명 후 여러 면에서 합리화가 진행되었는데, 미터법의 제정도 그 가운데 하나이다. 1792년의 공화력(共和曆)에는 1일을 10시간, 1시간을 100분, 1분을 100초로 하는 안(案)과 각도는 직각을 100도, 분초는 도(度)의 소수로 나타내는 안이 채용되었다. 실제로 이러한 단위계에 따른 시계와 측량기기도 만들어졌던 것 같은데, 일반 민중으로부터 외면당하여 실행되지 않고, 몇 년만에 원래의 60진법으로 되돌아갔다(1806년 폐지). 오랜 전통으로 길들어진 습관을 바꾸는 것이 얼마나 어려운지를 나타내는 예라고 할 수 있다.(2)

그런데 이진법에 주목해서 연구한 사람으로 독일의 라이프니츠가 있다. 그는 1679년에 〈이진법에 대해서〉라는 소논문을 적었다.(3) 라이프니츠는 이진법은 0과 1을 가지고 모든 수를 만들어낼 수 있는데, 이것은 0을 무(無), 1을 신(神)이라고 생각하면 완전한 유일자(唯一者)인 신이 무에서 세계를 창조한 것에 대비할 수 있다고 생각했다. 0은 천지창조에서 선행하는 공허(空虛)를 상징한다. 신은 7일만에 천지를 완성했는데, 7은 0 없이 111이라고 쓴다. 이것은 신이 최후에 만들어낸 것이 완전함을 나타내고 있다고 한다. 또 111은 크리스트교의 근본 교리인 신, 예수, 성령이 일체(一體)라고 하는 삼위일체(三位一體)설의 상징이라고도 생각했다.

라이프니츠는 이진법을 연구하고 있을 무렵 중국으로 건너간 선교사로부터 배운 역(易)의 배열이 이진법으로 되어 있다는 것에 주목했다. 8괘(卦)는 음양 두 개의 그림을 우주를 구성하는 천지인(天地人)에 의거하여 세 번 겹쳐서 만든 것이다. 8괘만으로 자연계의 복잡한 물상을 보는 것은 너무나 조잡하여 이후에 8괘를 두 번 서로 겹친 64괘를 생각하게 되었다.

양 ——을 1, 음 — —을 0으로 하여 8괘를 다시 그리면 [그림 3.3]과 같이 되어 이진법의 0에서 7까지의 수와 일치한다.

☷	☶	☵	☴	☳	☲	☱	☰
곤(坤)	간(艮)	감(坎)	손(巽)	진(震)	이(離)	태(兌)	건(乾)

[그림 3.3]

000 001 010 011 100 101 110 111

이진법과 크리스트교, 이진법과 역의 관계로부터 라이프니츠는 중국인의 고대 신앙도 크리스트교와 같다고 생각하고, 이것을 중국인에게 알림으로써 그들을 크리스트교로 개종시킬 수 있다고 생각했다.

그러나 그 생각은 근본적으로 틀렸다. 흔히 중국의 역 배열을 위와 같이 이진법과 대비하지만, 음과 양은 0과 1로 바꿔놓을 수 있는 단순한 것이 아니다. 중국의 역 사상이라는 것은 우주에는 음과 양이라는 반대성을 가진 기(氣) ─ 원기, 능력 ─ 가 충만해 있어 그것들이 성하기도 하고 쇠퇴하기도 하는데, 이 음양의 강약의 변화로 세계는 생성 발전한다고 하는 것이다.(4)

이와 같이 생각하면 역에 있어서 음과 양을 0과 1로 나타내는 것은 옳지 않다는 것을 곧 이해할 수 있다. 역에 있어서 음은 무(無)가 아니다. 음양은 한 개의 기의 양쪽 면을 나타내는 것으로, 어떤 때는 한쪽이, 어떤 때는 다른 쪽이 계속적으로 우세하게 되는 작용 과정을 말한다. '예스'와 '노' 같은 것이 아니라, 양(plus)과 음(minus) 같은 것이 존재한다고 생각하는 편이 낫다. plus가 우세할 때는 plus의 성질이, minus가 우세할 때는 minus의 성질을 나타낸다고 생각하면 된다.

	d	*c*	*b*	*a*
0	0	0	0	0
1	0	0	0	1
2	0	0	1	0
3	0	0	1	1
4	0	1	0	0
5	0	1	0	1
6	0	1	1	0
7	0	1	1	1
8	1	0	0	0
9	1	0	0	1
10	1	0	1	0
11	1	0	1	1
12	1	1	0	0
13	1	1	0	1
14	1	1	1	0
15	1	1	1	1

그런데 라이프니츠는 이진법으로 적힌 숫자 열의 각 자리 숫자에 주기성이 있음에 주목했다. a 열을 보면 010101…로 되어 있어 01이 주기적으로 나타나고 있다. 또 b 열은 0011, c 열은 00001111, d 열은 0000000011111111이 주기로 되어 있다. 이러한 것도 가르쳐주면 흥미를 가진다.

이진법은 옛 시대에 행해진 곱셈에서도 보인다. 러시아의 농민은 64×19를 계산할 때 오른쪽과 같이 곱하는 수(승수)와 곱해지는 수(피승수)를 쓰고, 승수의 19를 차례로 1/2로 해가고(나머지는 끊어서 버린다) 피승수 64는 차례로 두 배 해간다. 이것을 승수가 1이 될 때까지 계속해서 승수의 홀수(기수, 奇數)에 대응하는 피승수를 더하면 그것이 곱(積)이 된다. 이것은 $19 \times 64 = (2^4 + 2 + 1) \times 64$를 하고 있다.

19	64※
9	128※
4	256
2	512
1	1024※
	1216

고대 이집트 사람도 다음과 같이 두 배로 되풀이하여 곱셈을 하고 있는데, 이것도 이진법의 응용으로 볼 수 있다.

1※	64
2※	128
4	256
8	512
16※	1024
19	1216

이상과 같이 이진법을 가르칠 때 수의 표기법과 그 이용을 넓은 관점에서 가르침으로써, 수학에는 많은 민족의 여러 가지 사고방식이 관련되어 있다는 것을 이해시킬 수 있다. 모든 것을 세계사적인 시야에서 보는 것은 앞으로의 사회인에게 있어서 매우 필요한 것이다.

3.2 직관력의 육성과 수학사

신지도요령의 또 하나의 중심은 정보화이다. 정보화 사회에 주체적으로 대응할 수 있는 기초적인 자질을 기르는 것이 강조되고 있다. 이를 위해서는

(1) 정보의 이해, 선택, 처리, 창조 등에 필요한 능력의 육성
(2) 컴퓨터 등의 정보수단을 활용하는 능력의 육성

이 필요하다고 되어 있다.

이에 대응해서 산수·수학 개선의 기본방침에는 "정보화 등의 사회 변화에 대응하고 논리적인 사고력과 직관력의 육성을 중시하는 관점에서 여러 가지 사상(事象)을 고찰할 때, 통찰력을 가지고, 절차를 세워서 생각하고, 수리적으로 처리하는 능력과 태도의 육성을 한층 중시한다."고 쓰여 있다.

수학교육에서 논리적 사고의 육성을 강조하는 것은 최근의 일은 아니지만, 이번에는 거기에 덧붙여 직관력의 중시를 내세우고 있다.

인간 사고에는 직관적 사고와 논리적 사고 두 가지가 있으며, 서로 보완해서 작

용하고 있다. 그런데 수학교육에서는 학문의 성격상 논리적 사고를 중시하고, 직관적 사고는 자칫 경시되어 왔다. 그 때문인지 전체를 직접 감지하는 것과 같은 사고법에는 서툰 사람이 늘고 있다.

논리적 사고는 언어에 의한 사고이고, 이치적으로 따져서 간접적으로 파악해가는 사고법이며, 직관은 언어에 의하지 않는 사고로서 직감력(勘)을 발휘하여 직접적으로 감지하는 사고이다. 일반적으로 인간은 뭔가를 사고할 경우 우선 마음속에서 직관이 일어나고, 다음에 논리가 작용한다. 옛날부터 증명은 논리에 의하지만, 발견은 직관에 의한다고 말해지는 것은 이 경우이다.[5]

그런데 옛날 평면기하의 어려운 문제에서는 하나의 보조선으로 해법의 통찰이 생기는 경우가 있었다. 보조선의 발견은 어떤 종류의 감으로, 훈련에 의하여 어느 정도 할 수 있게 된다. 기하의 어려운 문제의 증명이 단지 하나의 보조선을 그음으로써 알 수 있었을 때의 기쁨은 지금도 잊을 수가 없다. 기하 학습은 직관력의 훈련도 되었던 것이다. 반면, 현대수학은 정의·공리·명제·증명이 정연하게 적혀 있고, 논리의 근거를 더듬어 갈 뿐이다. 직관과는 그다지 관계가 없다. 직관을 필요로 하는 것도 적다.

최근 어느 수학자가 대학의 수학과에 낙오자가 많은 것은 고등학교 때 기하를 하지 않은 것이 하나의 원인이 아닐까 하는 의견을 말한 적이 있었다. 논리적 사고만으로는 발견이 어렵고, 발견의 기쁨과 발견할 때의 감, 요령 같은 것은 기하 학습을 하지 않았던 사람은 알 수 없기 때문이 아닐까? 어느 전문 기사(棋士)가 "아마추어가 바둑에 강해질 수 없는 이유는 논리적 교수법만을 그저 형식적으로 따르기 때문이다."라고 한 것과 공통점이 있다고 생각한다.(1)

그러면 직관력을 기르려면 어떻게 하면 될까? 거기에는 가능한 한 많은 사물을 관찰시켜서 감을 기르거나, 유추시키는 훈련을 한다. 또 먼저 예상하게 하고, 뒤에 그것을 확인시켜서 예측하는 힘을 익히는 연습방법도 있을 것이다.

귀납과 유추는 수학의 지도에서도 곧잘 사용되는데, 나는 과거의 수학자가 새로운 발견을 했을 때의 멋진 발상과 같은 것을 가능한 한 많이 가르쳐주는 것도 하나의 방법이라고 생각한다. 뉴턴이 사과가 나무에서 떨어지는 것을 보고 만유인력법칙을 떠올렸다는 이야기는 그다지 도움이 안 되지만, 과거 수학의 발견 과정에서 보이는 직관은 학생의 학습에 바람직한 자극을 줄 거라고 믿는다.

---

5 직관은 창조에 있어서도 큰 역할을 한다. 창조라는 것은 이질(異質) 소재의 새로운 조합을 만드는 것이지만, 많은 것을 전체로서 받아들여 그 관련성을 찾아내는 것은 직관력이다.

(1) 뉴턴의 급수전개법

수학자가 발견 과정에서 어떤 직관을 활용하고 있는지의 예로, 뉴턴이 이항정리 발견의 힌트를 포착했다고 생각되는 방법을 소개한다.

뉴턴은 복잡한 적분계산에 곧잘 무한급수를 이용했다. $\int(1-x^2)^n dx$ (n은 양의 정수)의 계산을 생각해보자.

$$
\begin{array}{ll}
n=0\text{일 때} & x \\
n=1 & x-\frac{1}{3}x^3 \\
n=2 & x-\frac{2}{3}x^3+\frac{1}{5}x^5 \\
n=3 & x-\frac{3}{3}x^3+\frac{3}{5}x^5-\frac{1}{7}x^7 \\
n=4 & x-\frac{4}{3}x^3+\frac{6}{5}x^5-\frac{4}{7}x^7+\frac{1}{9}x^9 \\
n=5 & x-\frac{5}{3}x^3+\frac{10}{5}x^5-\frac{10}{7}x^7+\frac{5}{9}x^9-\frac{1}{11}x^{11}
\end{array}
$$

이것을 보면 우변은 x의 홀수 거듭제곱(冪, 멱)으로 양수 항과 음수 항이 교대로 나타난다. x의 멱의 지수는 1, 3, 5, 7, 9, 11인 홀수의 등차수열을 이룬다.

제1항은 언제나 x, 제2항 x^3의 계수는 $\frac{1}{3}, \frac{2}{3}, \frac{3}{3}, \frac{4}{3}, \frac{5}{3}$로 분모는 3, 분자는 1, 2, 3, 4, 5이다. 그래서 대담하게 $\int(1-x^2)^{\frac{1}{2}}dx$의 최초의 두 항을 $x-\frac{\frac{1}{2}}{3}x^3 = x-\frac{1}{6}x^3$이라고 추리한다.

다음에 제3항 x^5의 계수는 $\frac{1}{5}, \frac{3}{5}, \frac{6}{5}, \frac{10}{5}$으로 분모는 5, 분자는 1, 3, 6, 10인데, 이것은 피타고라스 학파가 연구한 삼각수이다.

$$1,\ 3=1+2,\ 6=1+2+3,\ 10=1+2+3+4,\ \cdots$$

그래서 일반식은 $\frac{n}{1}\cdot\frac{n-1}{2}$로 쓸 수 있다. 여기서 $n=\frac{1}{2}$로 두면, $\frac{\frac{1}{2}}{1}\cdot\frac{\frac{1}{2}-1}{2} = -\frac{1}{8}$이 된다.

따라서 $\int(1-x^2)^{\frac{1}{2}}dx$의 제3항을 $\dfrac{-\dfrac{1}{8}}{5}=-\dfrac{1}{40}$이라고 추리한다. 여기까지에서

$$\int(1-x^2)^{\frac{1}{2}}dx=x-\frac{1}{6}x^3-\frac{1}{40}x^5$$

이다.

다음에 제4항 x^7의 계수의 분자는 1, 4, 10 인데, 이것은 1, 3, 6, 10 의 앞항을 차례로 더해서 생긴 수열이다.

$$1,\quad 1+3=4,\quad 1+3+6=10,\quad \cdots$$

이 일반항은 $\dfrac{n(n-1)(n-2)}{6}=\dfrac{n}{1}\cdot\dfrac{n-1}{2}\cdot\dfrac{n-2}{3}$로 나타낼 수 있다.

이 식에서 $n=\dfrac{1}{2}$로 두면, $\dfrac{\dfrac{1}{2}}{1}\cdot\dfrac{\dfrac{1}{2}-1}{2}\cdot\dfrac{\dfrac{1}{2}-2}{3}=\dfrac{1}{16}$이 된다. 이것으로부터 $\int(1-x^2)^{\frac{1}{2}}dx$의 제4항은 $-\dfrac{\dfrac{1}{16}}{7}x^7=-\dfrac{1}{112}x^7$이라고 추리할 수 있다.

여기까지 계산해서 뉴턴은 $\int(1-x^2)^n dx$의 제$(m+1)$항 계수의 분자를 단번에 $\dfrac{n}{1}\cdot\dfrac{n-1}{2}\cdot\dfrac{n-2}{3}\cdot\cdots\cdot\dfrac{n-m+1}{m}$이라고 추리한다.

제5항 계수의 분자는 $\dfrac{\dfrac{1}{2}}{1}\cdot\dfrac{\dfrac{1}{2}-1}{2}\cdot\dfrac{\dfrac{1}{2}-2}{3}\cdot\dfrac{\dfrac{1}{2}-3}{4}=-\dfrac{5}{128}$이다. 따라서 제5항은 $\dfrac{-\dfrac{5}{128}}{9}x^9=-\dfrac{5}{1152}x^9$이 된다.

제6항 계수의 분자는 $\dfrac{\dfrac{1}{2}}{1}\cdot\dfrac{\dfrac{1}{2}-1}{2}\cdot\dfrac{\dfrac{1}{2}-2}{3}\cdot\dfrac{\dfrac{1}{2}-3}{4}\cdot\dfrac{\dfrac{1}{2}-4}{5}=\dfrac{7}{256}$이다. 따라서 제6항은 $-\dfrac{\dfrac{7}{256}}{11}x^{11}=-\dfrac{7}{2816}x^{11}$이다.

이상에서

$$\int (1-x^2)^{\frac{1}{2}} dx = x - \frac{1}{6}x^3 - \frac{1}{40}x^5 - \frac{1}{112}x^7 - \frac{5}{1152}x^9 - \frac{7}{2816}x^{11} - \cdots$$

을 얻을 수 있다. 양변을 미분하면 다음 식이 구해진다.

$$(1-x^2)^{\frac{1}{2}} = 1 - \frac{1}{2}x^2 - \frac{1}{8}x^4 - \frac{1}{16}x^6 - \frac{5}{128}x^8 - \frac{7}{256}x^{10} - \cdots$$

$$\int_0^1 (1-x^2)^{\frac{1}{2}} dx = 1 - \frac{1}{6} - \frac{1}{40} - \frac{1}{112} - \frac{5}{1152} - \frac{7}{2816} - \cdots$$

$$= 0.792578688 \cdots$$

좌변은 반지름이 1인 4분원의 넓이이므로 $\frac{\pi}{4}$이고, $\frac{\pi}{4} \fallingdotseq 0.7925$이다. 따라서 $\pi \fallingdotseq 3.17$이다.

(2) 와산에 의한 수열의 연구법

이와 같은 방법은 수학의 발견에 종종 사용되는데, 특히 와산에 많다. 와산가는 특수한 귀납적 추리를 하는데, 그 직관력에는 굉장함이 있다. 뉴턴의 방법에는 수열의 일반항을 구하는 것이 나와 있으며, 다음에 와산가의 방법을 소개한다.(2), 6

와산에서는 1을 늘어놓은 수열을 원수(原数)라고 한다.

원수 1, 1, 1, 1, 1, 1, 1, ⋯

원수의 각 항을 그보다 앞선 모든 항에 더하면, 다음의 저자(底子)열이 생긴다.

저자열 1, 2, 3, 4, 5, 6, 7, ⋯

저자열의 각 항을 그것에 앞선 모든 항에 더한 것을 규타(圭垜[7], 게이다)열이라고 한다.

---

6 이 부분은 세키 타카카즈의 저서인 《카츠요산포》(括要算法)를 주로 소개하고 있는 타케노우치 오사무(竹之内脩)의 《세키 타카카즈의 수학》(関孝和の数学, 共立出版株式会社, 2008년) 제3.4절을 참고하면 된다.

7 이 책에서 저자 가타노 젠이치로(片野善一郎)는 '타'의 한자로 '垜'를 사용하고 있는데, 각주 6의 책에는 '朶'로 되어 있다.

규타열 1, 3, 6, 10, 15, 21, 28, …

규타는 탄알과 같은 것을 평면적으로 겹쳐 쌓아놓은 것이다. '규(圭)'라는 것은 이등변삼각형 모양에 흙을 쌓아올린 것이고, '타(垜)'라는 것은 활의 과녁을 기대어 세워놓기 위해서 △ 모양으로 쌓아올린 흙이다.

규타열의 제n항은 $1+2+3+4+\cdots+n=\dfrac{n(n+1)}{2}$이지만, 와산가는 숫자를 바라보고 직관적으로 이것을 구한다.

$$1=\frac{1\cdot 2}{2},\ 3=\frac{2\cdot 3}{2},\ 6=\frac{3\cdot 4}{2},\ 10=\frac{4\cdot 5}{2},\ \cdots$$

분자는 두 개의 수로 되어 있으므로, 분모 2를 $1\cdot 2$로 해서 일반항을 $\dfrac{n}{1}\cdot\dfrac{n+1}{2}$로 한다.

규타열의 각 항을 거기에 앞선 모든 항에 더한 것을 삼각쇠타(三角衰垜)라고 한다.

삼각쇠타 1, 4, 10, 20, 35, 56, 84, …

삼각쇠타는 탄환과 같은 것을 정삼각형으로 두고, 그 위에 입체적으로 쌓아올린 것의 개수를 나타낸다. 이 일반항을 어떻게 구할까?

우선 늘어놓은 두 항의 비를 계산해본다.

$$\frac{4}{1},\ \frac{10}{4}=\frac{5}{2},\ \frac{20}{10}=\frac{2}{1}=\frac{6}{3},\ \frac{35}{20}=\frac{7}{4},\ \frac{56}{35}=\frac{8}{5},\ \frac{84}{56}=\frac{3}{2}=\frac{9}{6},\ \cdots$$

비가 점점 작아지는데, 이것으로부터 쇠타라는 명칭이 붙여진 것 같다. 이 비를 보면 분모는 1, 2, 3, 4, …, 분자도 4, 5, 6, 7, … 이라는 순서로 늘어서 있음을 알 수 있다. 그래서 삼각쇠타의 각 항을 다음과 같이 써본다.

$$1,\ \frac{4}{1},\ \frac{4}{1}\cdot\frac{5}{2},\ \frac{4}{1}\cdot\frac{5}{2}\cdot\frac{6}{3},\ \frac{4}{1}\cdot\frac{5}{2}\cdot\frac{6}{3}\cdot\frac{7}{4},\ \frac{4}{1}\cdot\frac{5}{2}\cdot\frac{6}{3}\cdot\frac{7}{4}\cdot\frac{8}{5},\ \cdots$$

여기서 쇠타의 분모·분자가 $\dfrac{n}{1}\cdot\dfrac{n+1}{2}$과 같이 2개의 수로 되어 있다는 것을 생각하고, 삼각쇠타의 각 항의 분모·분자를 3개의 수로 맞출 수 있다.

$$\frac{1\cdot2\cdot3}{1\cdot2\cdot3},\ \frac{2\cdot3\cdot4}{1\cdot2\cdot3},\ \frac{3\cdot4\cdot5}{1\cdot2\cdot3},\ \frac{4\cdot5\cdot6}{1\cdot2\cdot3},\ \frac{5\cdot6\cdot7}{1\cdot2\cdot3},\ \frac{6\cdot7\cdot8}{1\cdot2\cdot3},\ \cdots$$

이것으로부터 삼각쇠타의 제n항을 나타내는 식을 $\frac{n(n+1)(n+2)}{1\cdot2\cdot3}$로 가정하자. 그러면 제$n-1$항은 $\frac{(n-1)n(n+1)}{1\cdot2\cdot3}$이므로 여기에 규타의 제$n$항을 더한 것이 삼각쇠타의 제$n$항이 되는지 확인한다.

$$\frac{(n-1)n(n+1)}{1\cdot2\cdot3}+\frac{n(n+1)}{1\cdot2}=\frac{n(n+1)(n+2)}{1\cdot2\cdot3}$$

현재 중·고등학생이라면 $\sum\frac{n(n+1)}{2}=\frac{n(n+1)(n+2)}{6}$와 같이 계산하는 것을 직관을 활용하여 위와 같이 이것을 발견해갈 것이다.

삼각쇠타의 각 항을 거기에 앞선 모든 항에 더한 것을 재승쇠타(再乘衰垜)8라고 한다.

재승쇠타 1, 5, 15, 35, 70, 126, 210, ⋯

재승쇠타의 제n항은 삼각쇠타의 제n항에서 유추하여

$$\frac{n(n+1)(n+2)(n+3)}{1\cdot2\cdot3\cdot4}$$

이라고 구한다.

(3) 피타고라스 정리의 증명

이미 말한 것처럼, 와산에서는 서양수학에서 볼 수 있는 논증은 없다. 그림에서 직관적으로 알아차리거나, 특수한 귀납법을 이용하여 일반법칙을 도출해내고 있다.

와산에서의 피타고라스 정리의 증명을 살펴보자.(3)

[그림 3.4]는 이소무라 요시노리(磯村吉德)9의 《죠우보 산포우케츠기쇼우》(增補

8 각주 6의 책에는 '평방타(平方朶)'로 나와 있다.

9 에도 시대의 굴지의 와산가(?~1710)이다.

算法闕疑抄)에 있는 것으로 "구고현(鉤股弦)[10] 3, 4, 5의 곡척(曲尺)의 근원은 이 그림에서 이해할 수 있어야 한다."고 쓰여 있을 뿐이다.

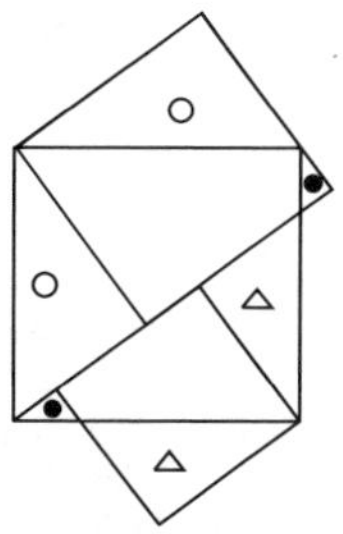

[그림 3.4]

서양수학에서 그림은 논증의 수단으로서 사용되는데, 그림을 보는 것만으로는 알 수 없는 것이 많다. 유클리드의 《원론》에 있는 증명을 보면 알 수 있다. 이에 비해, 와산의 경우는 그림 그 자체가 증명이 되고 있다. 이 그림을 사용해서 엄밀한 증명을 하려고 하면 상당히 어려운 것이 된다.

다음에 와산가의 증명(圖解, 도해)을 몇 개 들어보자. 이것들은 2개의 정사각형을 재단해서 하나의 정사각형으로 만드는 퍼즐과 같은 것이라고 생각할 수 있다. 그러나 이러한 예를 바탕으로 해서 새로운 방법을 생각하게 하는 것도 좋은 학습이 된다고 생각한다.

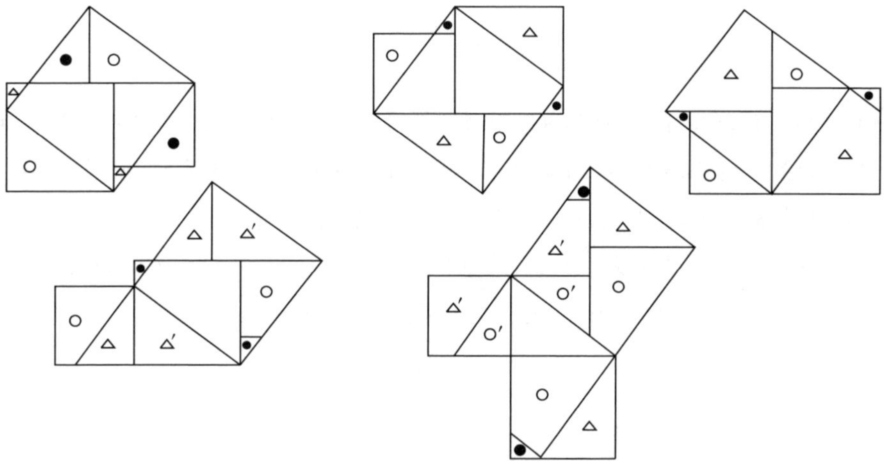

[그림 3.5]

(4) 잘라 맞추기 문제

나카네 겐쥰[11]의 《칸자오토기조우시》에 잘라 맞추기 문제가 나와 있다. 여기에는 그 이유에 대한 설명은 쓰여 있지 않으며, 모두를 감으로 발견할 수는 없지

10 중국의 《주비산경》이라는 책이 기본으로 삼고 있는 원리가 동양의 피타고라스 정리라고 불리는 구고현(鉤股弦) 정리다. 이 정리에서 '구(勾)'는 직각삼각형에서 직각을 낀 두 변 가운데 짧은 변을, '고(股)'는 긴 변을, '현(弦)'은 빗변을 가리키는 말이다.

11 에도 시대인 1701~1761년에 활약한 와산가로서, 法舳은 호(号)이다.

만 방법을 생각하고 이유를 생각하도록 하면 기하학적 직관을 기를 수 있는 좋은 교재라고 생각한다.

직사각형을 재단해서 정사각형으로 만들기

직사각형 ABCD의 긴 변 BC 위에 AB = BE가 되도록 점 E를 잡아 접는 선 EF를 만든다.

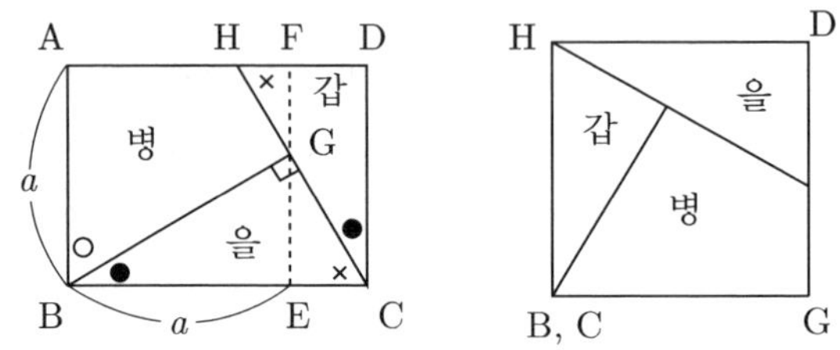

(a) (b)

[그림 3.6]

다음으로 삼각자의 직각인 꼭짓점을 이 접는 선 위에 놓고, 직각을 낀 두 변이 점 B, C를 지나도록 하는 위치 G를 찾아낸다. CGH, BG에 의해 세 개로 재단하여 [그림 3.6(b)]와 같이 늘어놓으면 정사각형이 된다.

두 변이 a, b인 직사각형과 같은 넓이가 되는 정사각형 한 변의 길이는 $\sqrt{ab}$이다. [그림 3.6(b)]에서 CH, BG가 $\sqrt{ab}$인지 확인해본다.

$$\mathrm{GE} = \sqrt{a(b-a)},$$
$$\mathrm{BG} = \sqrt{a^2 + \{\sqrt{a(b-a)}\}^2} = \sqrt{a^2 + ab - a^2} = \sqrt{ab}$$

CH는 어떤가? $\triangle\mathrm{GBC} \backsim \triangle\mathrm{DCH}$에서 GB : DC = BC : CH이므로

$$\sqrt{ab} : a = b : \mathrm{CH}.$$
$$\therefore \ \mathrm{CH} = \sqrt{ab}$$

일반적으로 두 변이 a, b인 직사각형과 같은 넓이를 갖는 정사각형을 생각하면, 한 변의 길이는 $\sqrt{ab}$이므로 $\sqrt{ab}$를 직사각형에서 잘라내는 것으로 생각하면

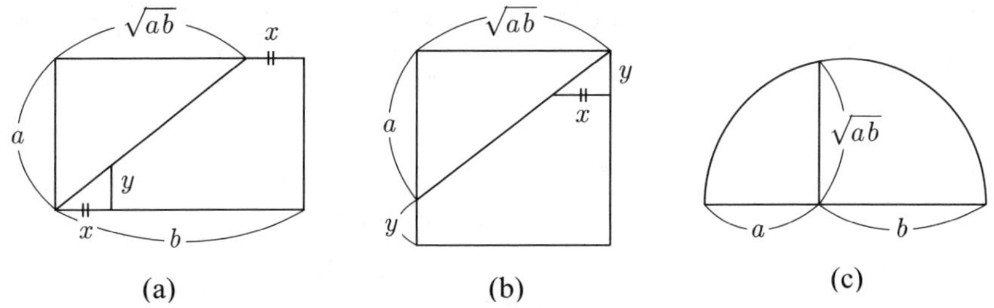

[그림 3.7]

된다. 여기까지는 이론이지만, 지금부터 직관력이 무엇인지를 말한다. 앞에서와 같은 방법도 있지만, [그림 3.7(a)]와 같은 방법도 생각할 수 있다. 이 경우도 이것이 되는 이유를 확인시키는 것이 중요하다. [그림 3.7(b)]에서

$$x = b - \sqrt{ab} = \sqrt{b}\,(\sqrt{b} - \sqrt{a}\,)$$

이다. 또 삼각형의 닮음으로부터 $x : \sqrt{ab} = y : a$ 이므로

$$\begin{aligned} y &= \frac{ax}{\sqrt{ab}} = \frac{a\sqrt{b}\,(\sqrt{b} - \sqrt{a}\,)}{\sqrt{ab}} \\ &= \sqrt{a}\,(\sqrt{b} - \sqrt{a}\,) = \sqrt{ab} - a \end{aligned}$$

가 된다. 따라서 $a + \sqrt{ab} - a = \sqrt{ab}$ 이므로 세로 길이도 $\sqrt{ab}$ 가 되고, 정사각형임을 알 수 있다.

$b = 3a$인 경우라든가, b가 a에 비해 더 긴 경우 등의 재단방법을 생각해보게 하면 좋다. ($b = 2a$인 경우는 너무 간단해서 문제가 되지 않는다.)

이와 같은 흥미 있는 문제로 도형과 친숙해지는 것이 기하학적 직관의 육성에 도움이 되지 않을까 생각한다.

3.3 과제학습과 수학사

1989년 3월에 고시된 중학교 학습지도요령은 교육과정심의회의 답신에 근거하여 작성한 것인데, 답신의 교육과정 기준의 개선 목표 가운데 하나로 '스스로 배울 의욕과 사회 변화에 주체적으로 대응할 수 있는 능력의 육성을 중시하는 것'이라고 나타나 있다. 이것이 구체화된 것이 중학교 과제학습이다. '지도계획의 작성과 내용의 취급' 가운데 "제2학년 및 제3학년에 있어서는 학생의 주체적인 학습을 촉진시키고, 수학적인 견해와 사고방법의 육성을 도모하기 위해 각 영역의 내용을 통합하거나, 일상의 사상(事象)에 관련짓는 적절한 과제를 설정하여 행하는 과제학습을 지도계획에 적절하게 자리매김하여 실시하는 것으로 한다."고 지시되어 있다.

지도서에는 "과제학습을 도입하는 목표는 모든 학생에게 수학을 학습할 의욕을 부여하고, 달성의 기쁨을 체험시키는 것에 두고 있다."고 하기 때문에, "과제학습은 수학적인 지식·기능의 숙달보다도 학생의 수학에 대한 흥미·관심, 그리고 창조력, 활용능력의 육성에 그 목표를 두고 있다."라고 쓰여 있다.(1)

지도서에는 과제를 채택하는 방법, 지도방법, 과제가 충족해야 할 조건이 적혀 있는데, 이들 모두를 만족하는 과제가 그렇게 간단하게 많이 만들어지는 것은 아니다. 게다가 학교 차, 학생의 학력차 등이 있기 때문에, 어느 학교의 어느 학생에게도 적합한 과제라는 것은 생각할 수 없다.

그런데 스스로 배울 의욕을 키우기 위해서는 우선 첫째 흥미·관심을 가지지 않으면 안 된다. 그러기 위해서는 수학 교사의 입장에서 수학적으로 흥미 있는 과제가 아닌, 학생이 흥미·관심을 보일 것 같은 과제를 선택하는 것이 중요하다. 나는 과제 선정에 있어서 다음의 세 가지 조건을 생각하면 된다고 본다.

1. 재미있을 것

최근 교과서에는 만화를 이용하기도 하는데, 학생들은 퍼즐이나 퀴즈와 같은 지적인 재미에 끌린다. 수학 퍼즐이나 수학 유희(遊戲)와 비슷한 것을 과제로 이용하면 효과적이다. 이 책에서도 다루고 있는 방진(方陣)과 삿사타테[12] 등이 그 예이다.

12 삿사타테(佐々立て)는 제2.4절의 각주 7을 참고하면 된다.

2. 유익한 것

요즘 아이들은 극히 공리주의적(功利主義的)이다. 자신에게 뭔가 도움이 되지 않는 것에는 흥미·관심을 나타내지 않는다. 수학을 싫어하는 원인 가운데 하나도 여기에 있다. 만약 입시과목에 수학이 없으면 대부분의 학생은 수학 공부를 하지 않을지도 모른다. 중학교 수학교육의 목표에도 학습으로 몸에 밴 여러 가지 기능과 수학적인 견해·사고방법을 "기꺼이 활용하는 태도를 기른다."라고 쓰여 있는데, 교육 현장에서는 이런 점이 경시되고 있는 것 같다. 과제도 가능하면 현실 문제를 다루는 편이 좋다. '1엔짜리 알루미늄 동전으로 보름달은 가릴 수 있을까?', '철도 레일은 어디에서 교차할까?' 하는 문제 등은 흥미를 가지고 할 것 같은 문제이다. 물론 중학교 수학 문제를 모두 현실 문제와 연결시킬 수는 없지만, 현실감이 있는 것, 정말로 있을 만한 것과 수학을 관련짓는 것도 유효하다.

3. 잘 알고 있는 것

누구라도 그렇겠지만 전혀 모르는 것보다는 자기 몸에 가까이 있어 잘 알고 있는 것일수록 관심이 크다. 과제도 가능하면 학생 주변에 있어 잘 알고 있는 것을 재료로 하는 편이 좋다. 예를 들면, 교과서에서도 자주 다루고 있는 종이 치수, 책 모양 등은 학생이 알기 쉽다. 교과서와 노트라는 규격판뿐만 아니라 신서판[13]의 치수까지 생각하면 황금비와 연결된다. 정다각형으로 평면을 빈틈없이 까는 모자이크 문제[14] 같은 것도 재미있다.

그런데 나는 과제학습의 과제로서 전통적인 수학사 문제와 토픽을 다루면 대단히 재미있는 것을 할 수 있지 않을까 생각한다. 다음에 황금비를 소재로 구체적인 예를 나타내 보았다. 또 이 책의 제4.10절에서는 방진, 작도불능문제, 등주문제를 교재로 만들어보았다. 수학사라고 하면 그저 이야기 같은 것을 생각하는 사람들이 있는데, 이처럼 교재화할 수 있는 것도 꽤 있다. 물론 다소 사실(史實)과는 다르더라도 교재로 적절하게 만들기 위해서 개조해야 된다는 것은 말할 것도 없다. 또 사실(史實)로서는 불확실한 것이라도 이용 가치가 있는 것은 많이 활용해야 한다고 생각한다.

13 신서판(新書判)은 B6판보다 약간 소형이고, 문고본보다는 세로로 긴 판형(判型)의 하나로, 가로 103mm, 세로 182mm의 크기이다.

14 부분으로 전체를 덮는 테셀레이션(tessellation)을 말한다.

황금비의 교재화

유명한 황금비를 교재화해보자. 황금비라는 것은 $1 : \dfrac{\sqrt{5}-1}{2} = 1 : 0.618$ 또는 $\dfrac{\sqrt{5}+1}{2} : 1 = 1.618 : 1$의 비이다. 15세기 이탈리아의 루카 파치올리(Luca Pacioli, 1445~1517)는 신의 뜻에 따라 하늘에서 주어진 비라는 의미로 신의 비라고 부른다. 이 비는 건축물, 미술작품에 자주 사용되는데, 직사각형의 경우 세로와 가로의 비가 이 비로 되어 있을 때 가장 아름답게 보인다고 한다. 국기 치수는 $2 : 3$ 또는 $3 : 5$로 되어 있는 것이 많다. 엽서 치수는 10cm, 14.8cm로 약 $2 : 3$, 종이 치수는 $1 : \sqrt{2} = 1 : 1.414$로 되어 있다. 그러나 종이 규격 치수는 아름다움이라기보다는 생산의 합리화 때문에 1940년부터 생각해낸 것이다.

그런데 황금비의 기원은 《원론》 제2권 명제 11에 있다.(2)

> 주어진 직선을 두 개로 나누고, 그 직선과 나누어진 일부분으로 둘러싸인 직사각형이 나누어진 다른 부분 위의 정사각형과 같아지도록 할 것.

AD를 G로 나누어 $AD \cdot GD = AG^2$이 되도록 하려는 것이다. 즉, [그림 3.8]의 직사각형 GHCD와 정사각형 AEFG의 넓이가 같아지도록 G를 잡으라고 하는 것이다.

이 문제는 $AD \cdot GD = AG^2$에서 $AG : GD = AD : AG$가 되기 때문에 다음과 같이 말할 수도 있다.

> 선분을 둘로 나누고, 긴 쪽과 짧은 쪽의 비가 전체와 긴 쪽의 비와 같아지도록 하세요.

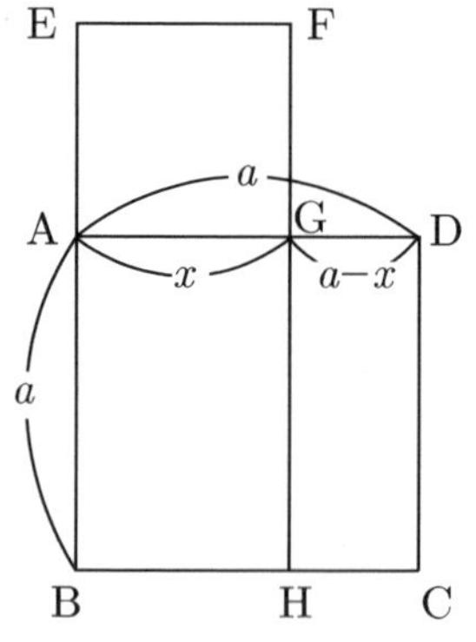

[그림 3.8]

황금비를 구하기 위해서 $AD = a$, $AG = x$라 두면 $x^2 = a(a-x)$이다. 즉 $x^2 + ax - a^2 = 0$이므로 이것을 풀어서 x를 구하면 된다. $x = \frac{\sqrt{5}-1}{2}a$이므로 $AD : AG = 1 : \frac{\sqrt{5}-1}{2}$이다.

《원론》에서는 다음과 같이 기하학적으로 구하고 있다.

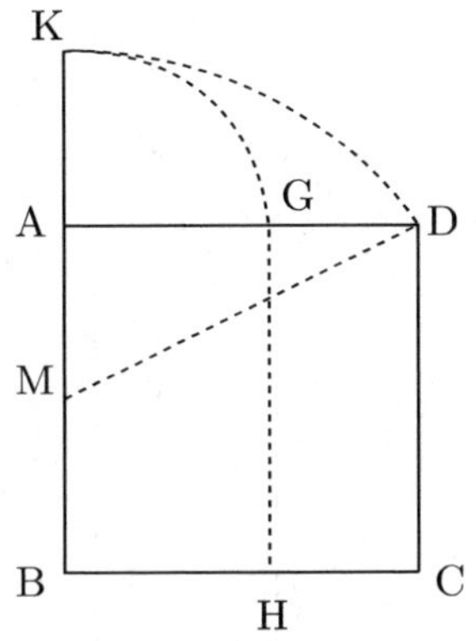

[그림 3.9]

AB의 중점을 M이라 하고, M을 중심으로 하고 MD를 반지름으로 하는 원을 그리고, BA의 연장선과의 교점을 K라고 하자. A를 중심으로 하고, AK를 반지름으로 하는 원과 AD와의 교점을 G라고 하면, G가 AD의 황금분할점이다.

$$MD = MK = \sqrt{a^2 + \left(\frac{a}{2}\right)^2} = \frac{\sqrt{5}}{2}a$$
$$AK = AG = \frac{\sqrt{5}}{2}a - \frac{a}{2} = \frac{\sqrt{5}-1}{2}a$$

그런데 이 황금비를 어떻게 교재화할까? 다음에 하나의 안(案)을 제시해보자.

1. 엽서나 노트, 교과서의 세로와 가로 비를 계산시킨다. 특히 세로와 가로 비가 $1:2$, $3:5$, $1:1.618$, $2:3 = 1:1.5$, $1:\sqrt{2} = 1:1.414$인 직사각형을 보여주고, 어느 모양이 가장 좋다고 생각하는지 고르게 한다.

2. 노트의 세로와 가로 비와 노트를 둘로 접어서 만든 직사각형의 가로와 세로 비를 계산시키고, 비가 같아지는 것을 확인시킨다.

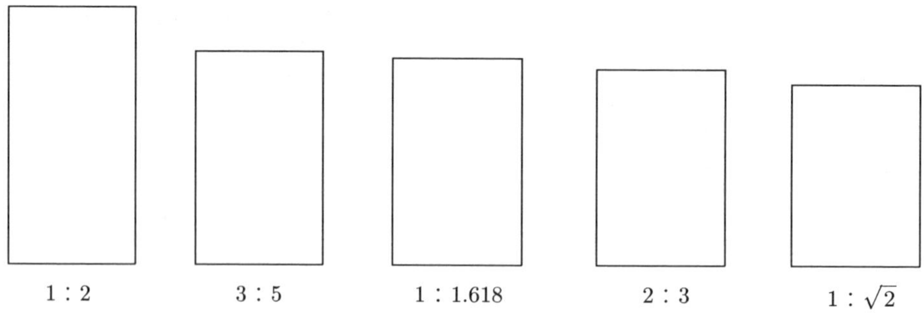

[그림 3.10]

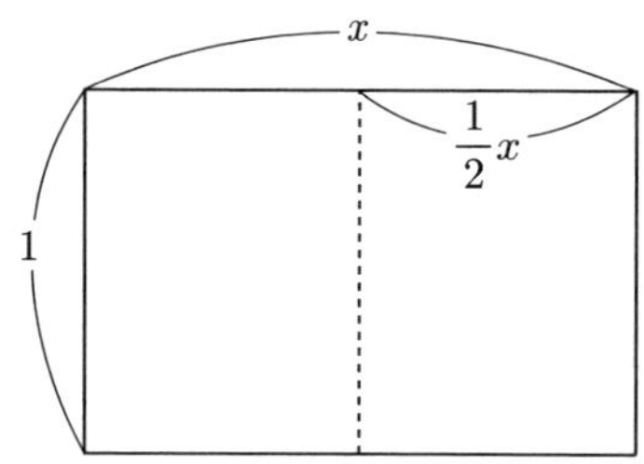

[그림 3.11]

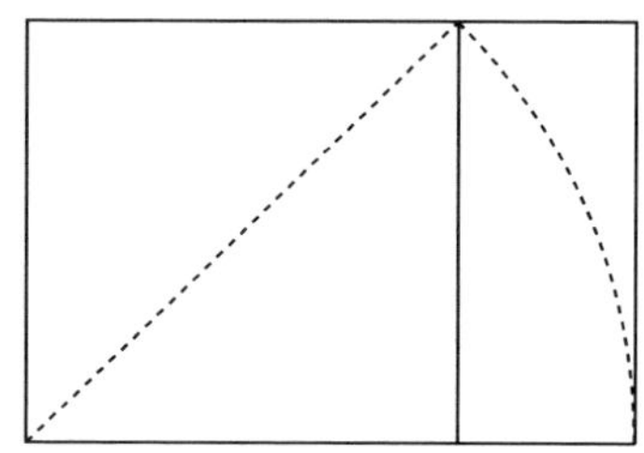

1: $\sqrt{2}$ 인 직사각형 작도

[그림 3.12]

3. (문제) 직사각형 모양의 종이를 둘로 접었을 때, 원래 직사각형과 닮은 직사각형이 생긴다고 하면, 원래 직사각형의 세로와 가로 비는 어떻게 될까?

가로와 세로 비를 $1 : x$ 라고 하면,

$$1 : x = \frac{x}{2} : 1 \text{ 에서 } x = \sqrt{2}$$

이다.

4. 종이 규격 이야기를 한다. 넓이가 1m^2, 세로와 가로 비가 $1 : \sqrt{2}$ 인 것을 A열 0번으로 하고, A열 0번을 둘로 접은 것을 A열 1번, 1번을 둘로 접은 것을 A열 2번이라 한다. 마찬가지로 해서 A열 12번까지 만들어져 있다. 또 넓이가 1.5m^2, 세로와 가로 비가 $1 : \sqrt{2}$ 인 것을 B열 0번으로 하고, B열 12번까지 한다.

A열 0번, A열 5번의 세로와 가로 길이를 구하시오.

A열 0번의 세로를 $a$cm라고 하면, 가로는 $\sqrt{2}\,a$cm, 넓이는 $\sqrt{2}\,a^2\text{cm}^2$가 된다. 그러므로 $\sqrt{2}\,a^2 = 10000$이고, 이것으로부터 $a = 84.08964$, $\sqrt{2}\,a = 118.92 \cdots$ 이다.

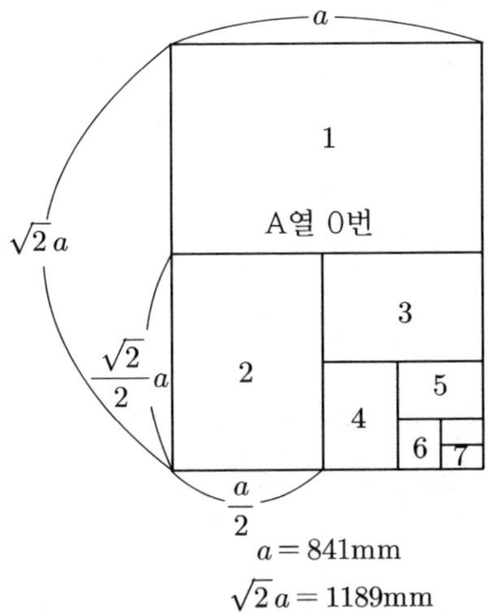

[그림 3.13]

세로와 가로 비가 1 : $\sqrt{2}$ 인 직사각형의 작도법도 확인해 둘 것.

5. 3번 문제와 관련해서 다음 문제를 생각하게 한다. 책과 노트 모양은 대부분 가로와 세로가 1 : $\sqrt{2}$ 로 되어 있다. 그러나 신서판의 가로와 세로 길이는 106×172로 가로와 세로 비는 약 1 : 1.62이다. 이것을 둘로 접으면 86×106으로 가로와 세로 비는 1 : 1.23이 된다.

그런데 신서판 모양에서 짧은 쪽을 한 변으로 하는 정사각형을 잘라내면, 남은 직사각형은 66×106이 되어 가로와 세로 비는 약 1 : 1.6이 된다. 즉, 처음의 신

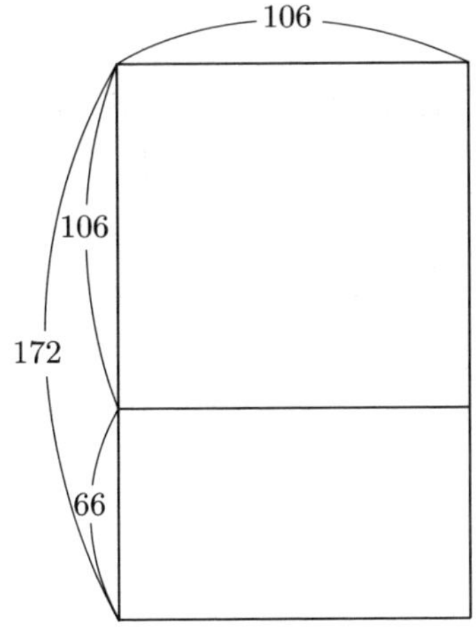

[그림 3.14]

서판과 거의 닮은 직사각형이 된다.

이것을 일반화하면 다음 문제가 된다.

직사각형에서 짧은 변을 한 변으로 하는 정사각형을 잘라냈을 때, 남은 직사각형이 원래 직사각형과 닮은꼴이 된다고 하면, 원래 직사각형의 세로와 가로 비는 얼마일까?

$x : 1 = (1-x) : x$에서 $x^2 + x - 1 = 0$이 된다. 이것을 풀어서 $x = \frac{\sqrt{5}-1}{2}$을 얻는다. 그러므로

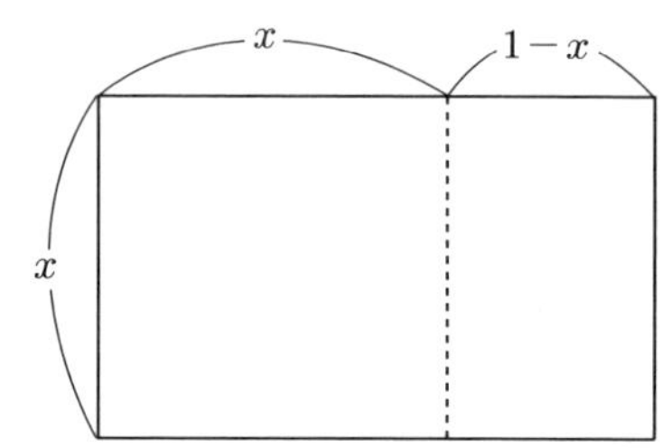

[그림 3.15]

$$\frac{\sqrt{5}-1}{2} : 1$$
$$= \left(\frac{\sqrt{5}-1}{2}\right)\left(\frac{\sqrt{5}+1}{2}\right) : \frac{\sqrt{5}+1}{2}$$
$$= 1 : \frac{\sqrt{5}+1}{2}$$

이 된다.

여기서 황금비의 유래에 대해서 이야기한다. 또 황금직사각형의 작도법을 생각하게 한다. $\frac{\sqrt{5}}{2} + \frac{1}{2}$을 작도하면 되므로 다음의 작도법을 쉽게 알 수 있다.

ABCD가 황금직사각형이라면, FECD와 GECH도 황금직사각형이 된다.

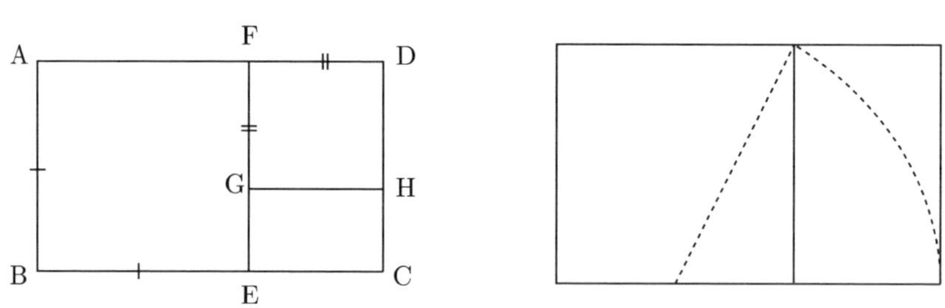

황금직사각형의 작도방법

[그림 3.16]

6. 종이접기로 황금직사각형을 접는 방법

이것은 위의 황금직사각형 작도와 관계가 있는데, 접는 방법을 생각하게 하는 것은 어렵기 때문에 접는 방법을 가르쳐 주고, 이것으로 황금직사각형을 접을 수 있는 이유를 생각하게 한다.

① 정사각형 모양의 색종이를 둘로 접어서 접은 선 EF를 만든다.
② DE에 접은 선을 만든다.
③ DE 쪽으로 DC를 겹친다. 이때 접은 선과 BC와의 교점을 G라고 한다.
④ G에 접은 선 HG를 만들면 직사각형 HGCD가 황금직사각형이 된다.

[그림 3.17]에서 정사각형 한 변을 1이라고 하면,

$$\mathrm{AE} = \mathrm{DF} = \frac{1}{2},\ \mathrm{DE} = \frac{\sqrt{5}}{2},\ \mathrm{EQ} = \frac{\sqrt{5}-1}{2}$$

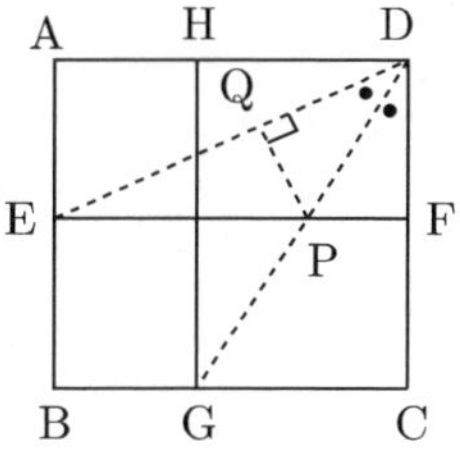

[그림 3.17]

이다. $\triangle\mathrm{AED} \backsim \triangle\mathrm{QPE}$에서 $\mathrm{AE} : \mathrm{QP} = \mathrm{AD} : \mathrm{QE}$이므로 $\frac{1}{2} : \mathrm{QP} = 1 : \frac{\sqrt{5}-1}{2}$을 얻는다. 따라서 $\mathrm{QP} = \frac{1}{4}(\sqrt{5}-1) = \mathrm{PF}$이고, $\mathrm{GC} = 2\mathrm{PF} = \frac{\sqrt{5}-1}{2}$이다.

7. 정오각형과 황금비

(문제) [그림 3.18]에서 ABCDE는 원에 내접하는 정오각형이다. 대각선과 한 변의 비를 구하여라.

$\mathrm{AE} = \mathrm{FE}$가 되므로 $\mathrm{BE} : \mathrm{FE}$를 계산하면 된다.

$\triangle\mathrm{FAB} \backsim \triangle\mathrm{ABE}$에서 $y - x : x = x : y$이므로 $y^2 - xy - x = 0$을 얻는다. 이

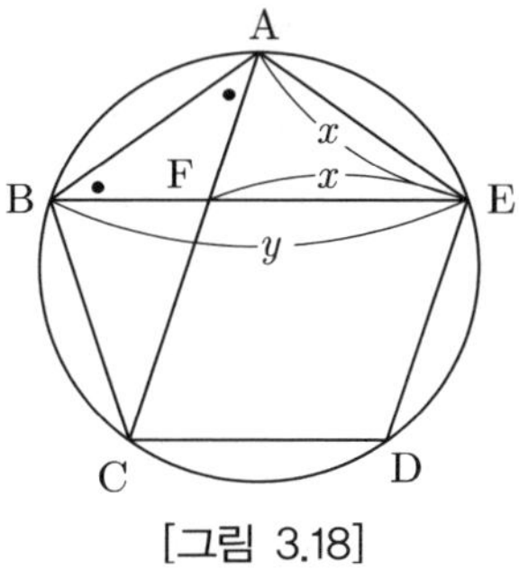

[그림 3.18]

것을 풀면 $y=\dfrac{\sqrt{5}+1}{2}x$가 되므로 $y:x=\dfrac{\sqrt{5}+1}{2}:1$이다.

정오각형의 작도법은 매우 기억하기 어렵지만, 대각선과 한 변의 비가 황금비가 된다는 것을 이해하고 있으면 쉽게 생각해낼 수 있다.

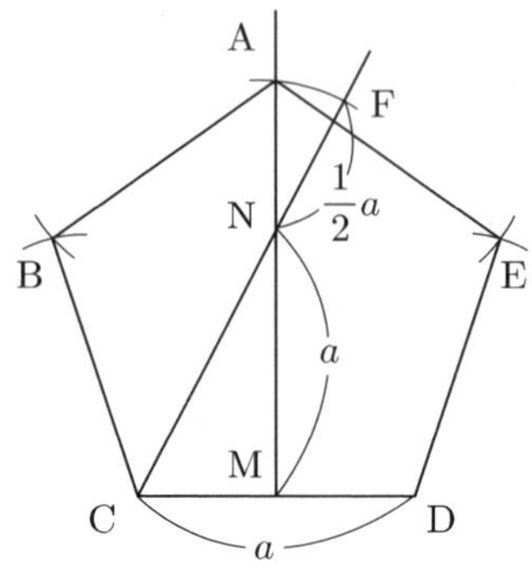

[그림 3.19]

그려야 할 정오각형 한 변을 CD = a라고 하자. CD의 중점 M에서 수선을 세워서 그 위에 MN = a가 되도록 점 N을 잡는다. 점 C와 점 N을 연결하고, 그 연장선 위에 NF = $\dfrac{1}{2}a$가 되도록 점 F를 잡는다. 점 C를 중심으로 하고 CF를 반지름으로 하는 원과 MN의 연장선과의 교점을 A라고 하면, A가 정오각형의 꼭짓점이다.

CF = CA = $\dfrac{\sqrt{5}+1}{2}a$이므로 분명하다.

그러면 원에 내접하는 정오각형은 어떻게 그릴까? 그것을 위해서는 정오각형 한 변과 반지름과의 관계를 분명히 하지 않으면 안 된다.

[그림 3.20]에서 정오각형의 꼭짓점 A를 지나는 지름을 AG라고 하면, 이것은 대각선 BE와 직교한다. 이 교점을 F라고 하자.

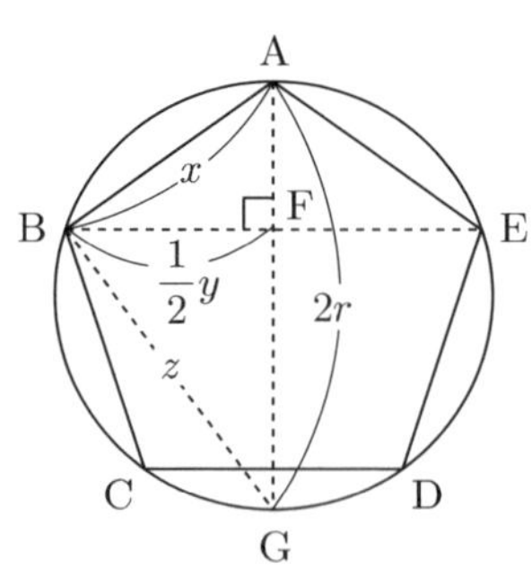

[그림 3.20]

$\triangle$ABF $\backsim$ $\triangle$AGB에서 $x : 2r = \frac{y}{2} : z$이므로 $xz = ry$이다. 여기에 $y = \frac{\sqrt{5}+1}{2}x$를 대입하면, $z = \frac{\sqrt{5}+1}{2}r$을 얻는다. $x^2 + z^2 = (2r)^2$이므로 여기에 z값을 대입하면,

$$x^2 + \left(\frac{\sqrt{5}+1}{2}r\right)^2 = (2r)^2$$

이므로 $x^2 = \frac{5-\sqrt{5}}{2}r^2$이다.

여기서 다음 작도법을 얻을 수 있다.

원의 직교하는 2개의 지름을 AOB, COD라고 하자. OB의 중심을 E라 하고, 점 E를 중심으로 하고 EC를 반지름으로 하는 원을 그려서, OA와의 교점을 F라고 하자. CF가 정오각형의 한 변이 된다. $\mathrm{CE}^2 = r^2 + \left(\frac{1}{2}r\right)^2$이므로 $\mathrm{CE} = \frac{\sqrt{5}}{2}r$이다. 그러므로

$$\mathrm{OF} = \mathrm{EF} - \mathrm{OE} = \mathrm{CE} - \mathrm{OE} = \frac{\sqrt{5}}{2}r - \frac{1}{2}r = \frac{\sqrt{5}-1}{2}r,$$

$$\mathrm{CF}^2 = \mathrm{OF}^2 + \mathrm{OC}^2 = \left(\frac{\sqrt{5}-1}{2}r\right)^2 + r^2 = \frac{5-\sqrt{5}}{2}r^2$$

이다.

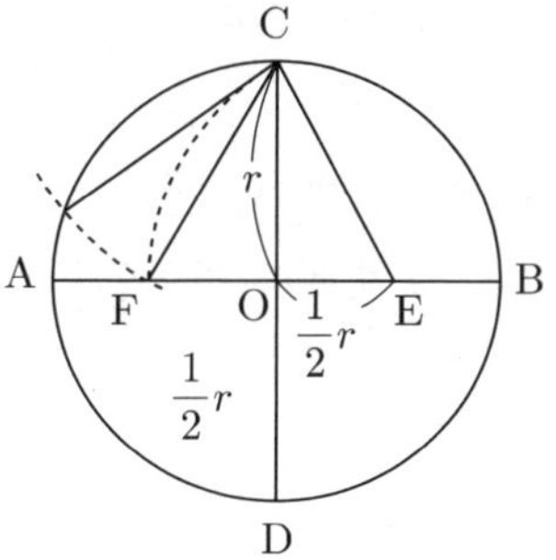

[그림 3.21]

8. 정오각형과 별꼴오각형

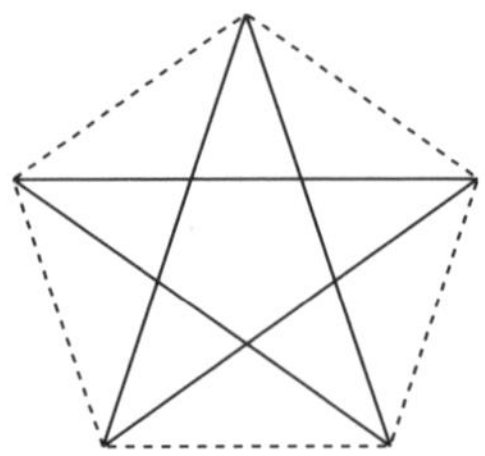

[그림 3.22]

정오각형의 꼭짓점을 이어서 생기는 것이 별꼴오각형이다. 여기에 대해서는 다음과 같은 이야기가 있다.

그리스의 피타고라스 학파는 "2는 여성, 3은 남성, 이것을 더한 5는 결혼이라는 인간의 완전한 형상이다."라고 생각했다. 그들은 이 5를 별꼴오각형으로 나타내고, 교단의 휘장으로 삼아 건강의 심벌(symbol)로 했다고 한다.

별꼴오각형은 한 붓 그리기로 그릴 수 있기 때문에 시작도 끝도 없다. 가장 아름다운 황금비도 이 가운데 포함되어 있다. 그래서 중세 유럽에서는 악마가 이 속에 갇히면 나올 수 없다는 생각에서 부적의 주술(呪術)로 삼았다. 유명한 괴테의 《파우스트》 가운데 파우스트 선생의 서재에 잠입한 악마인 메피스토펠레스가 문턱에 있는 펜타그램(pentagram, 별꼴오각형)의 표시 때문에 밖으로 나오지 못하고 감금되었다는 이야기가 나온다.

오늘날에도 서남아시아와 이슬람권의 중동에서는 펜타그램을 악마로부터 인간을 지켜주는 부적으로 사용하고 있다고 한다.

인간이 양발을 넓게 펴고, 양팔을 좌우로 펴서, 약간 내리는 기미로 서면, 머리, 양 손가락 끝과 발끝이 외접원과 접해서 펜타그램이 되기 때문에, 중세에서는 펜타그램을 소우주의 상징이라고 생각했다고 한다.(3)

9. 피보나치 수열과 황금비

이것도 유명한 문제인데, 황금비가 도형뿐만 아니라 이러한 수열에서도 발견할 수 있다는 데에 흥미를 가질 것이 틀림없다.

(문제) 토끼는 태어난 지 두 달 뒤에 새끼를 낳기 시작해서 매월 반드시 암수 한 쌍씩 새끼를 낳는다고 한다. 그렇게 하면 태어난 한 쌍의 토끼는 1년 후에는 몇 쌍의 토끼가 될까?

x개월 후	0	1	2	3	4	5	6	7	8	9	10	11	12
토끼 수(쌍)	1	1	2	3	5	8	13	21	34	55	89	144	233

이 수열을 보면 각각의 항은 거기에 앞선 두 항의 합으로 되어 있음을 알 수 있다.

$$\{a_n\},\quad a_1 = 1,\quad a_2 = 1,\quad a_n = a_{n-1} + a_{n-2}\ (n \geq 3)$$

이제 이 수열의 서로 이웃하는 항의 비를 계산시킨다.

$$\frac{1}{1},\ \frac{2}{1},\ \frac{3}{2},\ \frac{5}{3},\ \frac{8}{5},\ \frac{13}{8},\ \frac{21}{13},\ \frac{34}{21},\ \frac{55}{34},\ \frac{89}{55},\ \frac{144}{89},\ \frac{233}{144}$$

$$\frac{13}{8} = 1.625,\ \frac{21}{13} = 1.615,\ \frac{34}{21} = 1.619,\ \frac{55}{34} = 1.617,\ \frac{89}{55} = 1.618,\ \cdots$$

서로 이웃하는 두 항의 비는 차츰 황금비에 가까워져 간다는 것을 알 수 있다. 이제 $\dfrac{a_n}{a_{n-1}}$의 극한값을 a라고 하면,

$$\frac{a_n}{a_{n-1}} = \frac{a_{n-1} + a_{n-2}}{a_{n-1}} = 1 + \frac{a_{n-2}}{a_{n-1}} = 1 + \cfrac{1}{\cfrac{a_{n-1}}{a_{n-2}}}$$

이 된다. 이것으로부터 $a = 1 + \dfrac{1}{a}$, $a^2 - a - 1 = 0$, $a = \dfrac{\sqrt{5}+1}{2}$이 얻어진다.

황금비와 직접 관계는 없지만 피보나치 수열에는 재미있는 성질이 있다. 예를 들면, 이웃하는 두 항의 제곱의 합을 만들면 역시 수열의 항이 된다.

$1^2 + 1^2 = 2$ (제3항) $\quad 1^2 + 2^2 = 5$ (제5항)

$2^2 + 3^2 = 13$ (제7항) $\quad 3^2 + 5^2 = 34$ (제9항)

$5^2 + 8^2 = 89$ (제11항) $\quad 8^2 + 13^2 = 233$ (제13항)

피보나치 수열의 수는 자연계에서도 볼 수 있다. 예를 들면, '해바라기'를 잘 관찰해보면 시계 방향과 반시계 방향의 소용돌이 모양이 있는데, 이 소용돌이 모양의 수를 조사해보면 반시계 방향이 21이라면 시계 방향은 34 또는 13이라는 식으로, 피보나치 수열의 한 쌍의 수가 나온다. '솔방울'이나 '파인애플'의 열매도 이

러한 규칙성이 있다. 이러한 관찰은 수학에 있어서 실습으로서 대단히 재미있는 것이다. 그러나 실제로 지도하게 되면 대단한 수고가 필요하다.

이상과 같이 황금비라는 옛날 문제 하나를 가지고도 교재로 많은 면에서 전개할 수 있으므로, 이것들을 학생의 실태에 입각해서 교사가 다시 재구성해준다면 흥미 있는, 게다가 유의미한 학습을 할 수 있다고 믿는다.

■ 제3장 주

‖ 3.1 수학교육에 있어서 국제화 교육과 수학사 ‖

(1) 인류가 십진법을 채용한 것은 단순한 생리적 수반 사건이다. 10이라는 수는 2와 5 이외의 수로는 나누어떨어지지 않는다. 다수의 약수를 가진다고 하는 생각에 서면, 12라는 수를 밑수로 한 12진법 쪽이 유리하다. 18세기 말에 유명한 박물학자 뷔퐁(Georges Louis Leclerc de Buffon, 1707~1788)은 12진법을 채용할 것을 제의했다고 하는데, 계량 단위로는 이미 로마 사람들이 12진법을 실시하고 있었다.
이것에 반대하여 프랑스의 라그랑주는 소수(素數)를 밑으로 사용하면 어떤 소수(小數)도 통약불가능한 분수가 되어, 수를 오직 하나의 방법으로 나타낼 수 있으므로 편리하다고 생각했다 한다.

(2) 세계가 미터법화되어 있는 가운데 미국이 인치·폰트를 고집하고 있는 것도 그러한 예이다. 미국은 현재도 대부분의 주(州)에서 미터법을 가르치지 않고 있다. (AERA, 1990. 7. 31)

(3) 라이프니치의 이진법에 대해서는 에이턴(E. J. Aiton) 저, 《円から楕円へ》(渡辺正雄 감역, 共立出版, 1983) 제8장 'ライプニッツ, 中国と2進法'을 참고하시오.

(4) 《易のはなし》, 高田淳, 岩波新書.

‖ 3.2 직관력의 육성과 수학사 ‖

(1) 《直観力》, 新崎盛紀, 講談社現代新書.

(2) 《東西数学物語》, 平山諦, 恒星社, 1956. 그 가운데 '杉成算' 참조.

(3) 《ピタゴラスの定理》, 大矢真一, 東海大学出版会, 1978.

‖ 3.3 과제학습과 수학사 ‖

(1) 《中学校指導書 数学編》, 123쪽.

(2) 황금분할을 연구한 사람은 그리스의 에우독소스(Eudoxus, 기원전 4세기)라고 한다. 유클리드의 《원론》 제5권 비례론은 그에게 힘입은 바가 컸다고 한다.

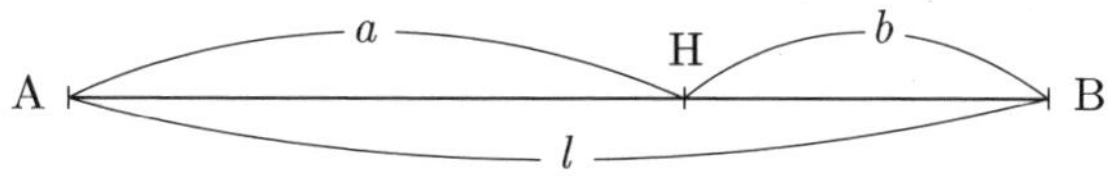

[그림 3.23]

[그림 3.23]에서 AB : AH = AH : HB일 때 AB는 점 H에서 황금분할된다.

이제 AB $= l$, AH $= a$, HB $= b$라고 할 때 유클리드는 다음 관계를 증명했다고 한다.

$$\left(a+\frac{1}{2}l\right)^2=5\left(\frac{1}{2}l\right)^2,\quad \left(b+\frac{1}{2}a\right)^2=5\left(\frac{1}{2}a\right)^2$$

$$l^2+b^2=3a^2,\quad l+a : l=l : a$$

이것들은 $l=a+b$, $a^2=bl$이므로 대수적으로 쉽게 유도된다.

(3) 《数の神秘》, 畔上司 역, 現代出版, 1986.

제 4 장

수학교육을 위한 수학사

4.1 수의 확장

중학교 1학년에서 음의 수, 3학년에서 무리수, 그리고 고등학교 수학 Ⅰ(신지도 요령에서는 수학 B)에서 복소수가 도입된다. 새로운 수를 도입할 때에는 그때까지의 수의 확장 과정을 되돌아보고 도입되는 수가 가지는 의의를 이해시키는 것이 중요하다. 새로운 수는 어떻게 발견되었을까, 그것에 의해서 어떠한 진보가 초래되었을까를 이해시키는 것은 매우 중요하다. 수학에 있어서 수의 확장의 사고방식과 함께 역사적 사실이 어떠했을까를 가르치는 것은 발견의 경위를 이해시키는 데 절대적으로 필요하다.

(1) 음의 수

우리가 수의 개념을 확장해가는 것은 그렇게 함으로써 수의 응용범위를 더 넓히기 위한 것이다. 정수만으로는 분리량밖에 나타낼 수 없지만, 유리수에서 다시금 실수로 확장함으로써 연속량까지 나타낼 수 있게 된다. 수 개념을 확장하는 하나의 효용으로 법칙의 단순화를 생각할 수 있다. 예를 들면, '판매가격 − 원가 = 이익'이라는 식이 있는데, 이 식은 양의 수 범위에서는 판매가격이 원가보다 클 경우에만 이용할 수 있지만, 음의 수까지 확장하면 파는 가격이 원가보다 적을 때, 즉 '원가 − 판매가격 = 손실'이 될 때에도 음의 이익으로서 통용된다. 결국 '판매가격 − 원가 = 이익', '원가 − 판매가격 = 손실'이라는 두 개의 공식을 하나로 통합할 수 있다. 계산법칙도 그러하다. 예를 들면, 분배법칙은 양의 수 범위에서는 $a(b+c)=ab+ac$, $a(b-c)=ab-ac$이지만, 음의 수까지 범위를 확장하면 둘째 식은 $a\{(b+(-c)\}=ab+(-ac)$로써 첫째 경우에 포함해서 생각할 수 있으므로, 공식은 하나로 족하게 된다. 지수법칙 등도 음의 지수까지 확장함으로써 한층 더 적용범위가 확장되어 사용하기 쉽게 된다.

그런데 수 개념을 확장할 때 수학적으로, 예를 들어 분수를 만들어낼 때 $ax=b$를 만족하는 x로, 또 음의 수라면 $a+x=b\,(a>b)$를 만족하는 x로 도입해버리면 간단한데, 그런 상태로는 교육이라고 말할 수 없다. 학생들의 이해력의 발달단계를 고려한 방법을 궁리하지 않으면 안 된다. 그래서 예를 들면 분수라면 단위의 분할이라든지, 음의 수라면 성질과 방향을 반대로 가지는 양을 모델로 해서 구체적인 지도법을 연구하고 있다. 새롭게 수 개념을 확장해갈 경우 지도상의 문제점은 여기에 있다. 음의 수는 원래 계산의 합리화·능률화를 목적으로 고안된 것으로, 현실의 양을 배경으로 창조된 것은 아니다. 그것을 현실의 양을 모델로 해서 설명하려고 하기 때문에 무리가 생긴다.

양음(正負)이라는 용어 및 그것의 가감(加減) 규칙이 기록되어 있는 것은 중국의 《구장산술》(九章算術)로, 제8권 방정(方程)의 제8문(問)은 다음과 같은 문제이다.

> 소 2마리, 양 5마리를 팔아서 그것으로 돼지 13마리를 사면 돈이 1000냥 남는다. 소 3마리, 돼지 3마리를 팔아서 그것으로 양 9마리를 사면 돈은 정확히 맞다. 양 6마리, 돼지 8마리를 팔아서 그것으로 소 5마리를 사면 돈이 600냥 부족하다. 그러면 소, 양, 돼지 가격은 각각 얼마인가? (답: 소 1200냥, 양 500냥, 돼지 300냥)

이 해법은 다음과 같이 쓰여 있다. "푸는 방법을 말하자면, 방정(方程)과 마찬가지로 소 2, 양 5를 양(正)으로, 돼지 13을 음(負)으로, 남은 돈을 양으로 둔다. 다음으로 소 3을 양으로, 양 9를 음으로, 돼지 3을 양으로 둔다. 다음으로 소 5를 음으로, 양 6을 양으로, 돼지 8을 양으로, 부족한 돈을 음으로 둔다. 양음술(正負術)에 따라 계산한다."

소, 양, 돼지 한 마리의 가격을 각각 x, y, z냥이라고 하면 문제의 방정식은 다음과 같다.

$$\begin{cases} 2x+5y-13z=1000 & \cdots\cdots (1) \\ 3x-9y+3z=0 & \cdots\cdots (2) \\ -5x+6y+8z=-600 & \cdots\cdots (3) \end{cases}$$

중국에서 계산은 산가지(算木)와 산반(算盤)으로 했다. 산가지에는 적흑(赤黑) 두 종류가 있고, 적이 양이고 흑이 음이다. 설명에 있는 '둔다'라는 것은 산반에 산가지를 늘어세운다는 것으로, -5라는 것은 검은 산가지로 5를 두는 것이다.

	(3)	(2)	(1)
소	−5	3	2
양	6	−9	5
돼지	8	3	−13
돈	−600	0	1000

이 풀이방법은 (1)의 소의 마릿수 2를 (2)에 곱하여

$$6x - 18y + 6z = 0 \qquad \cdots\cdots (4)$$

을 만든다. 이 (4)식에서 (1)식을 계속 빼 가면((1)식을 3배 하여 (4)식에서 빼는 것) x, 즉 소의 항이 소거되어

$$-33y + 45z = -3000 \qquad \cdots\cdots (5)$$

을 얻을 수 있다.

다음에 (1)의 소의 마릿수 2를 (3)에 곱하여

$$-10x + 12y + 16z = -1200 \qquad \cdots\cdots (6)$$

을 만든다. 이 (6)식에서 (1)을 계속 더해 가면((1)식을 5배 하여 더하는 것) x항이 소거되어

$$37y - 49z = 3800 \qquad \cdots\cdots (7)$$

을 얻을 수 있다. 다음으로 (7)과 (5)를 연립하여 y를 소거해서 z를 구한다.

이 계산과정에서

$$-18 - (+15) = -33, \quad 0 - 3000 = -3000,$$
$$(-10) + (+10) = 0,$$
$$(+16) + (-65) = -49$$

와 같은 계산이 나오기 때문에, 여기서 양·음·0의 수에 대한 가감 규칙이 만들어지게 된다. 이와 같이 양수, 음수는 더하는 수, 빼는 수로 만들어졌으며, 계산의 합리화에 큰 역할을 맡아왔다. 《구장산술》에는 양수와 음수의 승제(乘除) 규칙은 나오지 않는다. 위와 같은 연립일차방정식을 가감법으로 푸는 과정에서는 음의 수를 곱하거나 음의 수로 나누거나 할 필요가 없기 때문이다. 이와 같이 해서 생긴 음의 수를 현실의 양과 연결시키려고 하는 것에 어려움이 있다. 가감승제를 일관

해서 설명할 수 있는 모델이 좀처럼 발견되지 않는다. 재산을 양의 수로, 빌린 돈을 음의 수로 나타낸다고 하는 것까지는 좋은데, '재산과 재산의 곱, 채무와 채무의 곱이 모두 재산이고, 재산과 채무의 곱은 채무이다.'라는 것에 이르면 난센스이다.

인도 사람은 양의 수를 재산(dhana), 음의 수를 부채(rna)라는 단어로 읽었기 때문에 직역하면 위와 같이 된다. 인도 사람은 음의 수의 성질을 역성(逆性), 즉 계산 상대의 성질을 역으로 하는 작용을 가진 것이라고 생각했던 것 같다. 양의 수에 음의 수를 곱하면 양의 수의 역인 음의 수로, 음의 수에 음의 수를 곱하면 피승수인 음의 수를 양의 수로 바꾸는 작용을 한다고 생각했다.

양의 수와 음의 수를 재산과 채무에 비유해서 가르치는 것은 유럽에서도 예로부터 행해진 것 같다. 《적과 흑》, 《파르마의 수도원》 등으로 유명한 프랑스의 소설가 스탕달(Standhal, 1783~1842)은 그의 자전소설 가운데 다음과 같이 쓰고 있다.(1)

> 내가 수학에 열중한 것은 위선에 대한 증오가 주된 원인이었다고 생각한다. …… 내 생각에 위선은 수학에 있어서 불가능했다. 그리고 소년의 단순함에서 수학이 응용된다고 들었던 모든 과학은 모두가 같다고 생각하고 있었다. 그런데 누구도 내게 왜 음수에 음수를 곱하면 양수가 되는지를 설명해주지 않았기 때문에, 나는 어떻게 해야 좋을지 모르는 것은 아닐까?

어떤 선생님은 "그러니까, 이것은 관습인 거야. 누구라도 이 설명을 인정하고 있어. 오일러나 라그랑주도 너희에게 뒤떨어지지 않는 수재이지만 분명히 그것을 인정하고 있어."라고 했다. 또 다른 선생님은 양의 수와 음의 수를 재산과 부채에 비유해서 설명했다. 스탕달은 그것을 '서투른 비교'라고 하며, "음의 양(量)을 어떤 남자의 부채라고 하자. 1만 프랑(Franc)의 부채에 500프랑의 부채를 곱하여 어떻게 해서 이 남자는 500만 프랑의 재산을 얻게 되는 걸까?"라고 쓰고 있다.

스탕달은 13세에서 16세까지 수학에 열중했다. 게다가 그는 중학교에서 수학 톱의 성적으로 당시 프랑스의 이공계 최고학부였던 에콜 폴리텍의 수험 자격을 받았을 정도였다. 우수한 학생에게 어중간한 설명은 통용되지 않음을 알 수 있다. 16세기 독일의 수학자 클라비우스(Christopher Clavius, 1538~1612)조차 "음수의 취급 규칙은 실제에 있어 완전하게 옳은 것이지만, 그러나 이것은 동시에 어떤 이유로 그렇게 되는지를 절대로 이해할 수 없는 것 중 하나이다."라고 말하고 있을 정도였다.

음의 수를 우리에게 확실히 인식시킨 사람은 프랑스의 데카르트로, 그가 수직선 위에 음의 수와 양의 수의 눈금을 새겨 시각화하고 나서의 일이다. 그렇게 함으로써 음수의 이미지가 완성되었지만, 그것은 계산법칙의 설명으로 연결되지는 않는다. 현재 중학교 교과서에도 여러 가지 방법이 궁리되고 있지만, 음의 수와 양의 수로 일상의 사상(事象)을 모두 합리적으로 설명할 수 있다는 착각을 주어서는 안 된다.

(2) 무리수

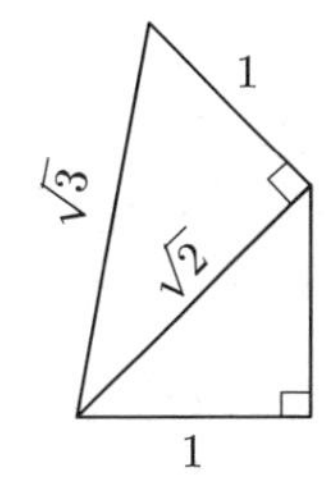

[그림 4.1]

음수와 비교하면 $\sqrt{2}$ 나 $\sqrt{3}$ 과 같은 무리수는 의외로 알기 쉬운데 그것은 현실의 양으로서 확실히 인식할 수 있기 때문이다. 그러나 제곱근에서 무리수라는 개념을 도입해가는 과정에서 음수와는 달리 몇 가지 어려움이 있다. 그 하나는 무리성의 증명인데, 이것에 대해서는 피타고라스 정리를 다룰 때 언급한다. 다른 하나는 무리수의 발견 과정에 대한 이해이다.

피타고라스 학파가 무리수를 강렬하게 의식한 것은 그것이 그들의 철학사상과 양립할 수 없었기 때문이다. 이것은 무리수라는 용어를 통해서 가르칠 수 있다. 무리(無理)라는 것은 '이유와 도리가 서지 않는 것, 불합리'라는 의미이다. 무리수의 영어는 irrational number인데, irrational은 '이성이 없는, 불합리한'이라는 것이다. 또 irrational의 어간은 ratio인데, 이것은 비이다. 그러므로 irrational number는 비로 나타낼 수 없는 수, 무비수(無比數)라는 것이다.

그러면 실재하고 있는 양을 나타내는 $\sqrt{2}$ 와 같은 수가 왜 불합리한 수일까? 영어의 ratio의 어원은 그리스어로 로고스(logos)이다. irratio는 álogos이다. 이 로고스는 철학에서 흔히 사용하는 용어인데, 신약성서의 요한복음서 처음에 다음과 같이 쓰여 있다.

> 태초에 로고스가 있었다. 로고스는 신(하나님)과 같이 있었다. 로고스는 곧 하나님이었다. 만물은 로고스로 말미암아 이루어졌다. 이루어진 것에서 로고스에 의하지 않고 이루어진 것은 무엇하나도 없다.

로고스는 보통 말씀이라고 번역되지만, 이 문장에서도 알 수 있듯이 단순히 말씀이라는 의미가 아니고 말씀 속에 머무는 진리, 그것을 나타내는 빛과 같은 것, 말씀을 통해서 우리에게 속삭이는 신비적인 힘과 같은 것을 가리키고 있다. 로고스는 이성이나 논리라는 의미로 사용되거나, 또 비례라든가 조화라는 의미로 해석되는 경우도 있다. logos를 말씀으로 번역하면, álogos는 '말씀으로는 잘 표현할 수 없다.'가 된다. 유리(有理)의 그리스어는 rheta이고, 이것은 '표현가능'이라는 의미의 말이다. álogos는 또 위에서 말한 것처럼 '논리적이지 않다.', '조화를 어지럽히다.'라는 의미로 해석할 수 있다.

그러면 그리스 사람들은 어째서 $\sqrt{2}$ 와 같은 수를 álogos 등으로 불렀을까? 그들이 생각하고 있던 수는 정수였다. 유클리드의 《원론》 제7권의 정의에 "단위란 존재하는 것 각각이 그것에 의해 1이라 불리는 것이다.", "수(數)란 단위로부터 이루어지는 단위의 많음이다."라고 쓰여 있는 것처럼, 그리스 사람들의 수는 모두 정수이다. 분수는 두 개의 정수의 비라 생각되었다. 수에 있어서 단위 1은 도형에 있어서 점에 대응하고, 점의 모임인 도형은 수와 대응한다. 어떤 두 개의 선분도 단위인 불가분(不可分)의 점으로 구성되어 있기 때문에, 그 길이의 비는 정수의 비로 나타내어야 한다는 것이 그들의 생각이었다. 그런데 그들은 정오각형의 대각선과 한 변, 정사각형의 대각선과 한 변을 정수의 비로 나타낼 수 없다는 것을 발견했다. 그들은 이와 같은 수를 세계의 조화를 어지럽히는 것, 불합리한 것, 단어로 잘 나타낼 수 없는 것이라고 생각해서 이와 같은 수를 아로고스(álogos)라고 불렀다. 교단의 교리에 반하는 이와 같은 수를 비밀로 처리해버리려고 생각했던 것이다.

중학교에서의 무리수 지도는 자칫 제곱근의 계산연습이 중심이 되어버리고 있는데, 이와 같이 무리수의 발견이 철학이나 사상과 크게 관련되어 있었다는 것을 알게 하는 것은 수학이라는 학문과 인간과의 관계를 가르치는 좋은 예라고 말할 수 있다.

그런데 무리수의 발견과정을 가르칠 때 학생에게 하나 더 생각하게 하고 싶은 것이 있다. 그것은 피타고라스를 근간으로 하는 그리스 철학자들이 왜 이와 같은 생활과는 무관한 수와 도형의 연구를 하였는가 하는 점이다. 아리스토텔레스의 《형이상학》[2](제1권 제2장) 가운데 하나의 견해가 쓰여 있다.

> 그들이 이러한 인식을 추구한 것은 분명히 그저 모르기 때문으로, 어떠한 효용 때문도 아니었다. 즉 단순한 생활을 위해서만이 아니라 편안하고 태평스러운 생활과 즐거운 심심풀이에 필요한 여러 가지 것이 거의 완전히 구비되었던 시기에 처음으로 그와 같은 지혜를 찾아 나섰기 때문이다. 그래서 분명히 우리는 이 지혜를 다른 어떠한 효용을 위해서도 아니고, 다른 사람을 위해서도 아니고, 자기 스스로를 위해 사는 사람을 자유인이라고 말하듯이, 그렇게 또 이것만을 모든 학(學) 가운데

유일하게 자유로운 학(學)으로서 사랑하고 있다. 어쩌면 이 지혜만이 스스로를 위해서 존재하는 유일한 학(學)일 테니까.

여기에 '그와 같은 지혜'라고 쓰여 있는 것은 첫 번째 원리와 원인을 연구대상으로 하는 논리적인 학(學)이다. 아리스토텔레스는 생산적인 지(知)보다도 이론적인 지(知) 쪽이 더욱 많은 지혜가 있는 것으로 생각할 수 있다고 주장하는데, 이러한 사람들이 수학을 만들어 왔다.

그런데 무리수의 발견은 그리스 수학에 심각한 영향을 미쳤다. 그것은 정사각형의 대각선, 정오각형의 대각선과 같이 실제로 눈으로 볼 수 있는 양(量)을 수로 표현할 수 없다고 하는 것이다. "만물은 수이다."라는 사상의 붕괴이다. 그래서 그리스 사람들은 정사각형의 대각선을 수로 나타내는 것을 단념하고, 대각선 그 자체로 다루는, 즉 기하학의 세계로 방향 전환을 해간다. 1차의 양을 선분으로, 2차의 양을 직사각형으로 나타내고, 소위 기하학적 대수를 구축한다.

《원론》 제2권의 명제 4는 "만약 선분을 임의로 둘로 나눈다고 하면, 전체 선분 위에 만든 정사각형은 두 부분 위에 만든 정사각형과 두 부분으로 둘러싸인 직사각형의 2배의 합과 같다."인데, 이것은 분명히 $(a+b)^2 = a^2+b^2+2ab$라는 대수식의 표현에 지나지 않는다.

그리스 사람들의 이러한 생각은 수학의 진보에 큰 영향을 미쳤다. x를 선분, x^2은 x를 한 변으로 하는 정사각형의 넓이를 나타낸다는 생각은 대수적 사고의 발달을 지연시키는 요인도 되었다. x^2을 x의 제곱(平方), x^3을 x의 세제곱(立方)이라 부르고, 기하학적 이미지를 배경으로 해서 생각하고 있는 동안, $3x+2x^2$ 또는 $x^3 \times x^2$과 같은 식은 무의미했다. 이러한 차원의 속박에서 해방된 것은 데카르트 시대가 되고 나서부터이다.

2승과 제곱(평방)은 어떻게 다를까? 누구도 깊이 생각하려고 하지 않지만, 그 이면에는 대수학을 비약시킨 발상이 숨겨져 있다는 것을 잊어서는 안 된다. 이와 같은 무리수의 발견이 그리스 수학뿐만 아니라, 그 이후의 수학 발전에 미친 영향에 대해서도 어딘가에서 가르쳐두고 싶다.

(3) 제곱근의 계산

중학교에서 다루는 무리수는 제곱근이다. 실제로 필요한 제곱근의 근삿값은 표나 계산기로 구하게 되어 있는데, 고대 바빌로니아 시대로부터 전해지는 다음 계산법을 가르치면 어떨까?

$x = \sqrt{a}$ 를 구하기 위해서 x의 첫째 근삿값을 a_1이라고 하면, $b_1 = \dfrac{a}{a_1}$도 $\sqrt{a}$ 의 근삿값이다. $a_1 > \sqrt{a}$ 이라면 $b_1 < \sqrt{a}$ 이고, $a_1 < \sqrt{a}$ 이라면 $b_1 > \sqrt{a}$ 이다. 그래서 $a_2 = \dfrac{1}{2}(a_1 + b_1)$을 계산하면 a_2는 a_1보다 더 좋은 $\sqrt{a}$ 의 근삿값이 된다. 또 $b_2 = \dfrac{a}{a_2}$를 구하고 $a_3 = \dfrac{1}{2}(a_2 + b_2)$를 구하면 이것은 a_2보다 더 좋은 근삿값이다.

예를 들면, $a_1 = 1.5 = \dfrac{3}{2}$으로 보면, $b_1 = \dfrac{4}{3}$, $a_2 = \dfrac{1}{2}\left(\dfrac{3}{2} + \dfrac{4}{3}\right) = \dfrac{17}{12} = 1.416\cdots$ 이 된다.

그런데 r이 a와 비교해서 매우 작고, $x = \sqrt{a^2 \pm r}$ 이라고 하면, $a_1 = a$, $b_1 = \dfrac{a^2 \pm r}{a} = a \pm \dfrac{r}{a}$ 이다. 그러므로 $a_2 = \dfrac{1}{2}\left(a + a \pm \dfrac{r}{a}\right) = a \pm \dfrac{r}{2a}$ 이다. 따라서

$$\sqrt{a^2 \pm r} \fallingdotseq a \pm \frac{r}{2a}$$

이다. 이것은 그리스의 헤론 등이 사용한 근사식이다. 예를 들어, $\sqrt{10} = \sqrt{3^2 + 1}$ 이기 때문에,

$$a_1 = 3,\ b_1 = \frac{3^2 + 1}{3} = 3 + \frac{1}{3},$$
$$a_2 = \frac{1}{2}\left(3 + 3 + \frac{1}{3}\right) = 3 + \frac{1}{6} = \frac{19}{6} = 3.166\cdots$$

이 되므로 꽤 좋은 근삿값을 얻을 수 있다.

이 공식은 [그림 4.2]와 같이 설명할 수 있기 때문에 좋은 교재이다.

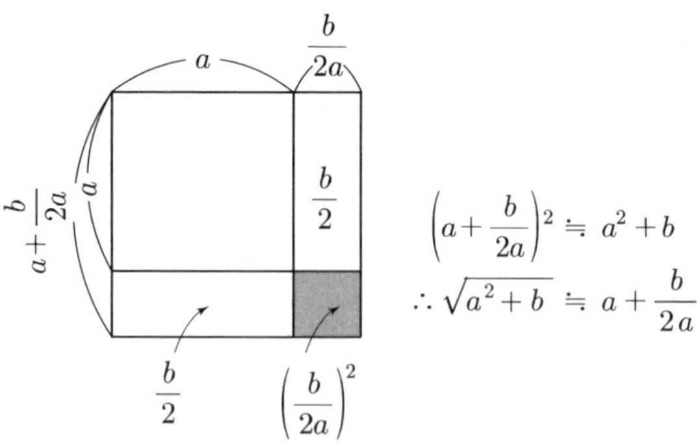

[그림 4.2]

4.2 문자의 사용

(1) 문자 사용의 규칙

문부성의 《중학교 지도서 수학편》(1978년 5월)에 "문자를 이용하여 관계, 법칙 등을 식으로 표현할 때, 곱셈 기호 ×는 문자와 문자 사이, 수와 문자 사이에서는 간결하게 하기 위해 생략하는 것이 보통이다. 이것에 의해 여러 가지 식의 표현이 한층 간결하게 되어 식의 취급을 능률적으로 할 수 있게 된다."라고 쓰여 있다.

수학을 전공한 사람은 수학이 많은 약속 위에서 사고와 추론이 전개된다는 것은 충분히 알고 있으므로 문자 사용의 규칙도 단순히 수학에서의 규약으로 쉽게 받아들일 수도 있지만, 학생 중에는 이것을 좀처럼 이해하지 못하는 사람도 있다. 그 결과 식의 계산에서는 생각하지도 못한 실수를 범한다. 학생 중에는 왜 기호 ×를 생략하는 것인지 생략하는 이유를 궁금해하는 사람도 있는 것 같다.

노무라 타케에(野村武衛)의 《산수·수학교육여담》(算数·数学教育余話, 1956년, 中教出版) 가운데 '$3x=12$를 푸는 이야기'라는 것이 나온다. 이것은 $3\times\square=12$는 풀 수 있지만, $3x=12$를 잘 풀지 못하는 학생의 원인이 3과 x 사이에 ×가 생략된 것을 잘 이해하지 못했기 때문이라는 것을 알았다는 이야기이다. 그래서 노무라는 기호 ×를 생략하는 이유를 다음과 같이 설명하면 어떨까 하고 말한다.

> 현재 계산기호로 +, −, ×, ÷ 네 개를 사용하고 있다. 이들 기호 가운데 하나만 있다면 생략한다면 오류는 일어나지 않는다. 두 개 이상 생략한다면 혼동해서 틀리게 된다. 그래서 어느 기호를 생략할까 하는 경우, 가장 많이 나타나는 기호를 생략하는 편이 좋다. 음수를 생각하면 − 부호는 그다지 사용하지 않으므로 논외로 한다. 분수를 사용한다면 ÷ 기호 없이도 해결된다. 그래서 +, × 가운데 하나를 생략한다. 계산기호로 +와 ×가 가장 많이 나타나지만, 둘 중 하나를 생략하면 그만큼 식을 간단하게 쓸 수 있다. 한편, 가감승제의 계산이 혼합되어 있는 식에서는 곱셈과 나눗셈을 먼저, 덧셈과 뺄셈을 나중에 한다는 규칙이 있다. 이 규칙이 없으면 괄호를 많이 사용하게 되어 번잡해진다. 그래서 먼저 계산해야 하는 기호를 생략하는 것이 편리하다. 이와 같이 생각하면 +보다 ×을 생략하는 쪽이 편리하다.

이상은 기호 ×의 생략에 대해서지만, 숫자와 문자의 곱을 쓸 경우 숫자를 먼저

쓰게 되어 있다. 이에 대해 김바야시 코(銀林浩)는《문화로서의 산수·수학교육》(文化としての算数·数学教育, 明治図書, 1988년)의 '$a\times 2$는 왜 $2a$인가?'에서 다음과 같이 말하고 있다.

> 약속을 잔뜩 가르치면 학생은 수학이라는 것은 인공적 규칙 덩어리라고 생각하게 되는데, 이런 약속의 반은 참이고 반은 거짓이다. 영어로 a의 두 배는 two times of a라고 하기 때문에 $2a$와 어순이 맞다. 때문에 숫자가 문자 앞에 오는 것은 매우 자연스러운 표기법이다. 유럽에서 문자 계산의 기술이 시작된 것은 16, 17세기이므로, 유럽어의 이러한 구성이 반영되어 이런 규칙이 생긴 것이다. 이러한 것을 중학생에게 확실히 설명해주는 것이 학생도 납득시킬 수 있다.

노무라, 김바야시 두 사람의 설명은 모두 그럴 듯하지만, 어느 쪽도 단순한 억지에 지나지 않는다는 것은 문자 사용의 역사를 조사해보면 금방 알 수 있다.

(2) 문자 사용의 역사

디오판토스(3세기경)는 기하학자가 많은 그리스 수학자 가운데 대수학의 연구로 유명한 사람인데, 그의 대수기호는, 예를 들면 현재 우리가 $2x^2$이라 쓰는 것을 $\Delta^{\Upsilon}\overline{\beta}$와 같이 미지수 Δ^{Υ}(x^2, 제곱 dynamis의 머리글자 Δ에 엡실론 Υ를 붙인 것) 뒤에 계수 $\overline{\beta}(2)$를 써서 나타냈다. $40x^3$은 $K^{\Upsilon}\overline{\mu}$이다. K는 세제곱(kubos)의 머리글자이고, $\overline{\mu}$는 40이다. 계수가 미지수 뒤에 쓰여 있는데, 프랑스어 등에서는 명사 뒤에 형용사가 오는 경우가 있기 때문에, 이 표기법이 반드시 부자연스럽다고만은 할 수 없다. $40x^3+2x^2$은 $K^{\Upsilon}\overline{\mu}\Delta^{\Upsilon}\overline{\beta}$라고 쓴다. 디오판토스의 대수기호에는 $\times$ 기호와 $+$ 기호가 모두 생략되어 있다. 그러나 이런 것에 의해 혼란을 일으키는 일은 없다. $40x^3-2x^2$은 $K^{\Upsilon}\overline{\mu}\Delta^{\Upsilon}\overline{\beta}$라고 쓴 것에서는 $40x^3+2x^2$과 혼동하게 되므로 뺄셈 기호 $\uparrow$를 도입해서 $K^{\Upsilon}\overline{\mu}\uparrow\Delta^{\Upsilon}\overline{\beta}$로 썼다. $\dfrac{1}{40x^3}$은 역수의 표시로서 χ를 도입해서 $K^{\Upsilon\chi}\overline{\mu}$로 썼다.(1)

인도의 브라마굽타(7세기경)도 디오판토스와 유사한 방법으로 대수식을 쓰고 있다.(2) 현재의 $x+1$, $2x-8$에 해당하는 것은 ya 1 ru 1, ya 2 ru $\dot{8}$과 같이 썼다. ya는 yāvat-tāvat(미지수, '~만', '그것만'이라는 의미의 단어), ru는 rūpa(기지수)의 생략이다. 여기서도 곱셈 기호와 덧셈 기호는 없다. 계수는 문자 뒤에 쓰여 있다. 뺄셈은 -8을 $\dot{8}$과 같이 숫자 위에 ·를 붙여서 나타내고 있다. 이렇게 하면 계산기호로서의 $-$는 필요 없다. x^2은 ya 뒤에 varga(제곱수)의 첫 음절 va를 붙여서 yāva 1이라고 쓴다. $2x^3$은 ya 뒤에 ghana(세제곱수)의 첫 음절인 gha를 붙여서 yāgha 2라고 쓴다. $2x^3-3x-1=-2x^2+3x+4$와 같은 방정식은 등호를 사용하지 않고 좌우 양변을 상하로 늘어 세워 다음과 같이 쓴다.

yāgha 2 yāva 0 yā $\dot{3}$ rū $\dot{1}$
yāgha 0 yāva $\dot{2}$ yā 3 rū 4

인도·아라비아 숫자에 의한 필산을 유럽으로 소개한 피사의 레오나르도(12세기경)는 방정식을 단어로 나타내고 있는데, 계수는 당연히 미지수 앞에 쓰여 있다.

duo census, et decem radices equantur denariis 30

duo, decem은 라틴어의 2, 10의 수사(數詞), census는 x^2, 이것은 시민과 재산을 등록한다는 의미의 단어, radices(radix)는 근(根)이라는 의미로 x를 나타낸다. denariis는 dīnār와 같은 것으로 화폐 단위인데, 여기서는 기지수를 나타낸다.

et는 라틴어의 '그리고'로서, 영어의 and에 해당하는 단어, et의 휘갈겨 쓰기가 $+$로 된 것이라고 한다. equantur은 equal이다.

다음으로, 독일의 레기오몬타누스[1](15세기)에 이르면 단어가 점차 생략되고 기호화된다. $40x^2+320x=200x+800$은 다음과 같이 쓰여 있다.

40ȼ et 320ꝝ—200ꝝ et 800

ȼ는 census의 앞에 나오는 글자의 ce를 줄인 것, ꝝ는 radix의 r과 x를 축약한 것 같다. 이것이 뒤에 x가 되었다는 설이 있다. 여기서는 계수가 미지수 앞에 쓰여 있는데, 처음으로 일반적인 수 대신 문자를 사용한 프랑스의 비에트(16세기)에 이르면 이것이 또 바뀌게 된다.

---

1 독일의 천문학자인 레기오몬타누스(Regiomontanus, 1436~1476)는 쾨니히스베르크 출생으로, 본명은 Johannes Müller이지만 라틴어 이름이 더 잘 알려져 있다. 《알마게스트》 원전을 라틴어로 번역하였다.

$$A \text{ cubus} + B \text{ in } A \text{ quadr } 3 + D \text{ plano in } A,$$
$$\text{equetur } B \text{ cubo } 2 - D \text{ plano in } B.$$

비에트는 모음 대문자로 미지수, 자음 대문자로 기지수를 나타냈다. A cubus는 A^3, A quadr은 A^2이다. 위의 식을 현대 기호로 적으면 $A^3 + 3BA^2 + D^2A = 2B^3 - D^2B$가 된다. B in A quadr은 BA^2, in은 곱셈기호이므로 B in A quadr 3은 $3BA^2$이다. 계수는 문자 뒤에 쓰여 있다. B cubo 2에 대해서도 마찬가지다. D plano의 plano는 평면으로 D^2을 나타낸다. 이것은 비에트가 그리스의 차원에 대한 생각에 구속되어 있어 양변의 각 항의 차원을 맞추기 위해 의식적으로 더한 것이다. 이것에 의해 양변의 각 항이 전부 3차원으로 통일되어 있다. 비에트는 A quad $+B2$ in A, aequetur Z plano ($x^2 + 2ba = c^2$)와 같은 표기법도 쓰고 있지만, 계수는 문자 앞에는 쓰지 않는다.

대수학의 아버지라 불리는 비에트 단계에서는 아직 완전하게 대수식의 기호화는 이루어져 있지 않았다. 지금까지 볼 수 없었던 'in'이라는 곱셈기호를 사용하고 있지만, 곱셈기호 ×를 처음으로 사용한 영국의 오트레드[2]는 1631년의 책에서 "곱셈을 아름답게 하기 위해 in 또는 ×으로 두 개의 수 또는 문자를 묶는다."라고 쓰고 있다. 비에트가 생략해도 지장이 없는 in을 쓴 것에는 이러한 의미도 있었을지 모른다. 현재의 표기법과 대체로 같게 된 것은 데카르트부터이다.

위와 같이 곱셈기호는 처음부터 사용할 필요가 없었으므로 고안되지 않았던 것이다. 또 숫자가 문자 앞에 쓰인다고 하는 것도 처음에는 오히려 거꾸로였다. 수학교육이 발달해서 청소년에게 계산 과정을 알기 쉽게 설명할 필요가 생겼을 때, 단어 대신 기호를 생각해내게 되는 것이다. 현재의 계산 기호는 15세기에서 17세기에 걸쳐서 만들어진 것이다. 아라비아 숫자에 의한 필산의 보급 영향도 있다. 숫자와 숫자 사이의 연산은 기호를 넣지 않으면 알 수 없기 때문이다.

이와 같이 해서 생각해낸 계산 기호를 현재는 초등수학의 빠른 단계에서 가르치고 있어서, 대수의 단계가 되어 불필요하게 되는 ×을 생략한다고 가르치고 있는 것이다. ×을 생략하는 특별한 이유는 아무것도 없다. 원래 없었던 것이다. 숫자를 문자 앞에 쓰는 것에 대해서도 단어와의 관계는 특별히 없다고 생각한다. 같

2 오트레드(William Oughtred, 1574~1660)는 영국의 수학자이자, 성직자이며, 저술을 통하여 150여 가지 수학 기호들을 제시하고, 또 그것들의 중요성을 강조했다. 이들 중 세 가지만 현재까지 사용하고 있는데, 그것은 곱셈기호 [X]와 비에서 자주 사용하는 4점 [::], 그리고 두 수 사이의 차를 나타내는 데 자주 사용하는 기호 [~]이다.

은 프랑스 사람이라도 비에트와 데카르트는 다르다. 기호화가 발달되어 가면, 계수를 문자 앞에 쓰는 방법이 매우 자연스럽게 보이기 때문일 것이다.

(3) 문자 사용의 장점

문자 사용의 장점으로, 어느 중학교 교과서에 다음과 같이 쓰여 있다. ① 표현이 간단해진다. ② 계산이 간단해진다. ③ 새로운 것을 쉽게 발견하게 된다. ④ 일반적으로 생각할 수 있게 된다.

그런데 1학년의 문자 도입에서 이것들을 모두 이해시킬 수 없기 때문에, 이후의 지도에서 기회 있을 때마다 이것들을 의식해서 구체적으로 가르칠 필요가 있다.

문자의 장점을 처음 인식하는 것은 방정식에서이다. 역사적으로도 문자가 최초로 이용되었던 것은 방정식의 미지수이다. 인도의 바스카라 2세(12세기)는 문자의 사용은 인간의 이지(理知)[3] 활동을 누구에게나 알 수 있게 하는 수단이라고 한다. 이지는 현명한 사람에게는 보이지만, 보통 사람에게는 보이지 않는다. 그래서 이지를 다양한 안목으로 볼 수 있는 문자의 도움을 빌려서 전개한 것이 대수라고 설명하고 있다.

이것은 좋은 예이다. 보통 사람에게는 어떻게 구해야 좋은지 알 수 없는 미지의 것을 x 로 나타내고, 문제를 방정식으로 나타내어 기계적으로 푼다. 예를 들어, 츠루가메산(鶴龜算)을 풀 때 사용하는 '전부 거북이라고 생각해' 하는 발상은 보통 사람에게는 나오지 않지만, 방정식을 사용하면 이 발상을 모르고 이용해도 문제를 풀 수 있다. 이제 머릿수를 35, 다리 수를 94라고 해보자. 학의 마릿수를 x, 거북이의 마릿수를 y 라 하면, 아래와 같은 연립방정식이 생긴다. 이것을 가감법으로 풀 때 (1)을 4배 해서 y 를 소거하여 $2x = 46$ 을 이끌어낸다. 이 (1)을 4배 한다는 것이 사실은 전부 거북이라고 생각한다면, 다리 수가 140개가 된다는 발상이다.

$$\begin{cases} x + y = 35 & (1) \\ 2x + 4y = 94 & (2) \end{cases}$$

$$\begin{array}{lrcl} (1)\times 4 & 4x + 4y &=& 140 \\ & 2x + 4y &=& 94 \\ \hline & 2x &=& 46 \end{array}$$

3 이지는 이성과 지혜를 말하며, 또 본능과 감정에 지배받지 않고 사물을 논리적으로 생각하고 판단하는 능력을 말한다.

문자 이용의 장점을 확실히 지적한 사람은 데카르트이다. 1628년경에 쓴《정신 지도의 규칙》의 규칙 제16에서 다음과 같이 말하고 있다.[(3)]

> 어려움을 해결할 때 한 묶음으로 간주해야 할 것들은 모두 단 하나의 기호로 표시하기로 한다. 이 기호는 임의로 만들어도 좋다. 그렇지만 알기 쉽도록 문자 a, b, c 등을 기지량(既知量)을 나타내는 데 사용하고, A, B, C 등을 미지량(未知量)을 나타내는 데 사용하자. 그리고 자주 그것들의 양(量)의 수를 나타내기 위해 1, 2, 3 등의 숫자를 문자 앞에 붙이고, 또 그들 양(量)이 포함한다고 생각해야 할 관계의 수를 나타내기 위해서 숫자를 문자 뒤에 붙인다. 그래서 예를 들면 $2a^3$ 이라 쓰면, 이것은 a 라는 문자로 표시되고, 동시에 세제곱의 관계를 포함하는 경우의 양(量)의 2배라는 것과 같다.
>
> 이와 같은 수단에 의해서 많은 단어를 짧게 요약할 수 있을 뿐만 아니라, 또 특히 곤란한 모든 항을 아주 순수하게 드러내어 명시하고, 그 결과 그런 어려움 속에서 유용한 것은 하나도 버려지지 않지만 과잉의 것 ― 정신이 대부분을 동시에 총괄해야 할 경우 그 파악력을 무익하게 사용하게 하는 것 ― 은 결코 드러나지 않도록 하는 것이다.

여기에서 $2a^3$ 의 3을 관계의 수라고 부르는 것은 다음과 같은 의미이다. 비에트 등도 그랬지만, 그리스 류의 기하학적 대수의 전통에서는 a를 선분이라고 하면 a^2은 a를 한 변으로 하는 정사각형, a^3은 a를 한 변으로 하는 정육면체를 나타낸다고 생각했다. 그러나 a, a^2, a^3은 다른 양으로 연산되지 않는다. 만약 a를 수라고 하면 a^2도, a^3도 마찬가지로 수이다. 그래서 데카르트는 다음과 같은 비례식으로 a, a^2, a^3을 모두 동질의 양을 나타낸다고 생각하는 방법을 발견했다.

$$(\text{단위}) : a = a : a^2 = a^2 : a^3 = a^3 : a^4 = \cdots$$

만약 a를 선분이라 하면 a^2도, a^3도 모두 선분이 된다. 실제로 [그림 4.3]과 같이 작도할 수 있다. 이처럼 생각하면 a, a^2, a^3을 단순하게 수로써 다룰 수 있게 된다.

데카르트는 문자를 이용하면 “길고 쓸모없는 계산의 지루함을 피할 수 있고, 어려움의 본질과 관계있는 주체 부분이 항상 분명하게 보인다.”는 것을 지적한다. 예를 들면, ‘직각삼각형에서 직각을 낀 두 변이 9와 12일 때 빗변은 얼마일까?’라

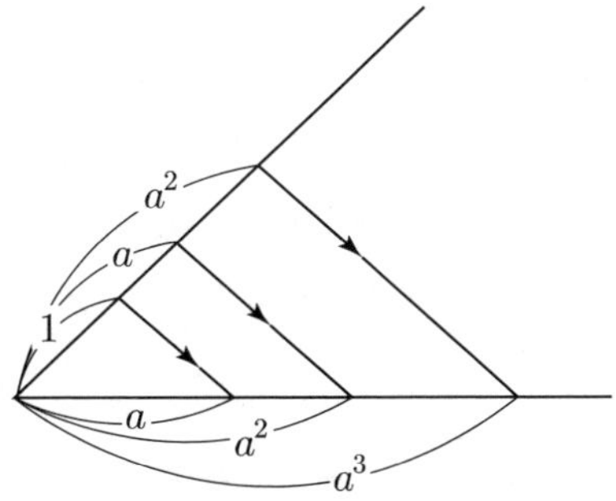

[그림 4.3]

고 할 경우 계산가는 수로써 $\sqrt{225}$, 즉 15라고 답하는데, 이것으로는 가장 중요한 관계가 쓸모없는 숫자로 둘러싸여 있더라도 아무것도 알지 못한다. 그래서 만약 9와 12 대신 a와 b를 이용하면 빗변은 $\sqrt{a^2+b^2}$이 되어 두 개의 부분 a^2, b^2이 어디까지나 분명하게 드러난다.

문자는 일반적으로 생각하거나 식의 변형으로 새로운 발견을 가져온다. 와산에는 서양수학에서 보이는 논증의 사고는 없었지만, 세키 타카카즈가 고안한 텐쟌쥬츠(点竄術)에서는 다음에서처럼 문자를 이용하여 일반적으로 생각하고, 일반적 해법을 찾아내고 있다.

예를 들면, '지금 선 위에 [그림 4.4]와 같이 크고 작은 두 개의 원이 놓여 있고, 큰 원의 지름이 9촌, 작은 원의 지름이 4촌일 때, 子(즉, 두 원주와 선이 만나 생긴 점 사이의 거리를 子(또는 股)라고 한다)는 얼마인가?'라는 문제가 있다.(4)

이 문제는

$$\mathrm{AC}=\frac{9}{2}-\frac{4}{2}=\frac{5}{2},\quad \mathrm{AB}=\frac{9}{2}+\frac{4}{2}=\frac{13}{2}$$

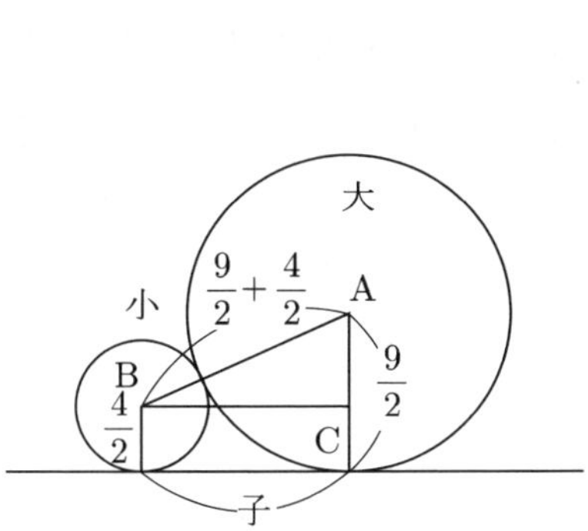

[그림 4.4]

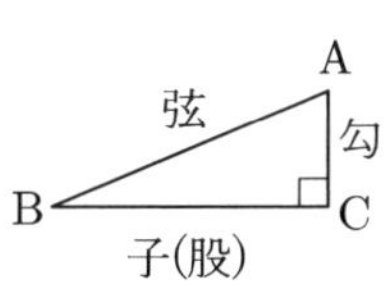

[그림 4.5]

이므로 $\mathrm{BC}=\sqrt{\left(\frac{13}{2}\right)^2-\left(\frac{5}{2}\right)^2}=6$ 과 같이 계산할 수 있다. 그러나 와산가는 곧바로 수를 이용하여 계산하지 않는다. 다음에 그 풀이방법을 지금의 현대식 기호로 써보기로 하자. 와산의 기호는 참고로 써두었다.

$\frac{大}{2}-\frac{小}{2}$ (가)는 勾4이다. 이것을 제곱하면

$$\frac{大^2}{4}-\frac{2\times小\times大}{4}+\frac{小^2}{4} \text{ (나)}$$

은 $勾^2$ 이다. $勾^2$ 과 $子^2$ 을 합치면

$$\frac{大^2}{4}-\frac{2\times小\times大}{4}+\frac{小^2}{4}+子^2$$

은 $弦^2$ 이다. 또 $\frac{大}{2}+\frac{小}{2}$ 은 弦이다. 이것을 제곱하면

$$\frac{大^2}{4}+\frac{2\times小\times大}{4}+\frac{小^2}{4}$$

은 $弦^2$ 이다. (최초의 弦의 식에서 뒤의 弦의 식을 빼면 0이 되므로)

$$\frac{大^2}{4}-\frac{2\times小\times大}{4}+\frac{小^2}{4}+子^2-\frac{大^2}{4}-\frac{2\times小\times大}{4}-\frac{小^2}{4}$$

은 0이다. 이것을 간단히 하면 $-小大+子^2$ 은 0이다.(다) 여기서 子를 구하는 식 $\sqrt{小大}$ (라)를 얻을 수 있다. 때문에 이 문제의 답은 $\sqrt{4\times9}=6$ (촌)이다.

와산은 보통 '問', '答', '術'의 순서로 쓰여 있는데, 術을 구하는 방법은 생략되어 있다. 나쁘게 해석하면 푸는 방법은 비밀이다. 세키 타카카즈가 발명한 텐잔은 術을 구하는 방법이다. 이것에 의해 와산이 급속하게 발달했으므로 문자를 사용하

---

4 '구(勾)'는 직각삼각형에서 직각을 낀 두 변 가운데 짧은 변을, '고(股)'는 긴 변을, '현(弦)'은 빗변을 가리키는 말이다.

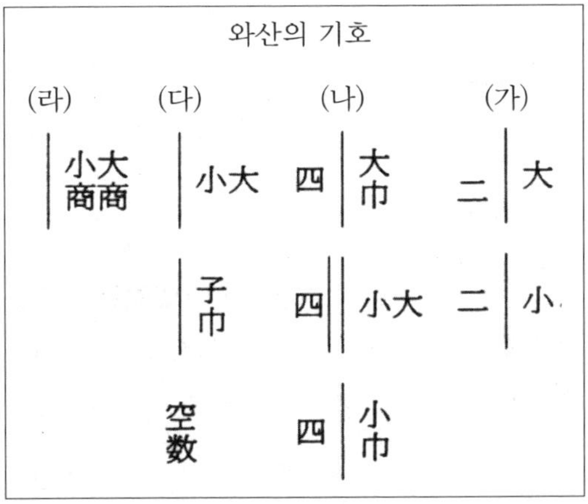

[그림 4.6]

는 것의 뛰어난 효용성을 이해할 수 있다.

4.3 방정식

(1) 방정식의 장점

방정식의 지도는 '방정식과 그 해에 대해 이해시키고, 방정식을 풀 수 있게 한다.'는 것이 목적이다. 수학교육의 현대화와 함께 '집합의 사고를 바탕으로 해서 해의 의미를 이해시킨다.'든지 '미지수를 변수로 보고 방정식을 함수적으로 다룬다.'는 생각이 유행했다. 그러나 원래 방정식이라는 것은 문제해법의 기술로써 생겨난 것으로, 그런 면에서의 가치는 현재에도 변함없다. 방정식의 해법에서 다양한 대수 개념이 탄생했으며, 방정식 역사는 대수학 역사의 주요 부분을 이루고 있다고 해도 과언이 아니다. 방정식에 의한 문제해법 가운데에는 다양한 대수적 사고가 포함되어 있어서 이런 점에서도 함수와는 달리 문제해법의 기술로써 방정식의 지도는 더 철저하게 할 필요가 있다고 생각한다.

그런데 문제해법의 기술로서의 방정식 지도는 우선 '방정식의 장점'이 어디에 있는지를 이해시키는 것이 중요할 것이다. 《적과 흑》, 《파르마의 수도원》 등의 명작으로 알려진 프랑스의 스탕달은 소년 시절 때 수학에 열중하여 에콜 폴리텍의 수험 자격을 얻었을 정도의 사람이지만, 자전 소설[1]에서 "(방정식에 의한 문제해법이) 나의 지성을 열어주고, 대수학이라는 도구를 이용하는 의미를 조금 깨닫게 해주었다."라고 말하고 있다. 그는 방정식을 수학의 형이상학(形而上學)이라 부르고 있다.

일본에서 최초의 노벨상을 수상한, 중간자 이론으로 유명한 유가와 히데키(湯川秀樹)[5]는 자전《나그네》(旅人, 角川文庫)에서 중학교 시절의 수학 학습을 다음과 같이 말하고 있다.

> 대수도 좋아했다. 초등학교의 산술에 츠루가메산(鶴龜算)이라는 것이 있다. 마치 마술 같은 교묘한 궁리를 하지 않으면 답이 나오지 않는 문제이다. 그것이 대수에서는 답을 미지수 x라고 씀으로써 어렵지 않게 풀 수 있다. 논리의 순서를 바르게 더듬어 가면 된다.

그러나 조금 생각해보면 알 수 있지만, 산수로 풀리는 문제를 풀었다고 하더라도 이렇다 할 기술은 아니어서, 역시 산수로는 풀 수 없는 이차방정식과 같은 문제를 풀어보지 않으면 정말로 그 가치를 이해할 수 없는 것이 아닌가라고 생각한다.

그런데 고대 인도에서는 대수를 '비자 가니타(Bijaganita)'[6]라고 불렀다. 비자(Bija)는 종자, 가니타(Ganita)는 수학이기 때문에, 직역하면 종자수학(種子數學)이 된다. 비자라는 것은 인간의 이지, 지력과 같이 사물을 만들어내는 잠재능력을 의미한다. 인간의 이지는 종자와 같이 얼마든지 성장할 가능성을 숨기고 있기 때문일 것이다. 비자는 보통 사람에게는 보이지 않고 이지를 가진 현명한 사람에게만 보인다. 이 눈에 보이지 않는 종자와 같은 이지를 눈에 보이는 문자의 도움을 빌려서 전개해보이는 것이 비자 가니타, 즉 대수(代數)라고 불리는 것이다. 여기서 '문자'라고 번역되어 있는 것은 '색깔(色)'이라는 단어이다. 인도에서는 미지수를 색깔의 약호(略號)로써 나타내었다. 그러므로 여기에서 말하는 문자는 미지수이다. 문자(미지수)는 눈에 보이지 않는 인간의 지력을 끌어내는 역할을 완수하는 것이다. 무한한 가능성을 감춘 종자(이지)를 문자(미지수)의 힘으로 크게 키우는 것이 대수라는 것이다. 문자 x의 힘을 빌려 이지로 미지의 것을 발견하는 것이 방정식이고, 그것이 대수의 중심을 이루는 것이라고 생각했다.[(2)]

---

5 그는 교토 출신으로 1907년에 태어나 1981년에 타계한 일본의 이론물리학자이다. 중간자 이론의 제창 등으로 원자핵·소립자 물리학의 발전에 큰 공적을 남겨, 1949년 일본 사람으로서는 최초로 노벨물리학상을 수상했다.

6 바스카라(Bhāskara, 1114~1185)는 인도의 수학자이자 천문학자이다. 그는 12세기 수학 및 천문학 발전에 큰 업적을 남겼다. 저서로는 주로 산술을 다룬《리라바티》(Lilavati), 수학에 관한 이전 학설을 상세하게 예증·설명한《비자 가니타》(Bijaganita, 대수학), 구면(球面)과 혹성(惑星)의 수학을 다룬《시단타 슈로마니》(Siddhanta Shiromani, 1150년)가 있다.

방정식에 의한 문제해법의 장점을 분석해보면, 첫째 미지의 것을 문자로 나타내고, 그것을 이미 알고 있다고 생각해서 조건을 식으로 나타내는 것이고, 둘째 만들어진 조건식에서 기계적인 처리(대수 계산)에 의해 미지의 것을 구할 수 있다는 것이다.

첫째 방법은 해석(解析)의 방법으로, 해석은 데카르트에 의하면 발견의 방법이다. 보통 기하학 책에는 명제가 가정으로부터 결론을 이끌어내는 증명 방법에 따라 정연하게 써있지만, 도대체 그 증명이 어떻게 해서 발견된 것인가 하는 것은 어디에도 쓰여 있지 않다. 아마 그것이 알려지면 증명의 가치가 줄어든다고 생각되기 때문에, 수학자는 그것을 일반 사람에게 숨겨버린 것이라고 데카르트는 말하고 있다. 데카르트는 여러 수학책을 읽는 중 그리스의 파푸스 책에서 발견의 방법, 즉 해석을 발견한다.(3) 그것은 증명하려고 하는 것이 증명되었다고 하고, 그것을 차츰 기지(既知)의 것과 결부해서 첫째 원리인 가정(假定)에까지 거슬러 올라가는 방법이다.

데카르트는 이 해석의 생각을 방정식에 의한 문제해법에서 발견한다. 방정식에서는 미지의 것을 문자로 나타내고, 그것을 마치 기지의 것처럼 생각하여 조건을 식으로 나타내며, 그리고 기계적인 계산으로 미지의 것을 구한다. 이것이 바로 해석의 방법, 그것이다.

(2) 미지수가 x로 되기까지

방정식이 유용성을 발휘할 수 있는 것은 미지수로서의 문자 사용 때문이다. 구하는 것을 x로 하고 전개해가는데, 미지수를 x라는 문자로 나타낼 수 있기까지 꽤 오랜 여정을 거치지 않으면 안 되었다. 가장 중요한 것은 문자의 질적인 차별을 무시하고, 모두를 동질의 양(量)으로 취급한다는 생각이다.

미지수를 x라고 해도 그리스 사람들처럼 x를 어떤 선분이라고 하면, x^2은 그 선분을 한 변으로 하는 정사각형, x^3은 정육면체를 나타낸다고 하는 것처럼, x, x^2, x^3을 질적으로 차별한 것으로는 조건에 맞는 식을 세우기(立式)가 어렵다. $x+x^2+x^3$ 등이 무의미해져 버리기 때문이다. 그러므로 이와 같은 생각을 철폐했을 때 비로소 조건에 맞는 식을 세우는 것이 가능하게 된다. 그러나 이 생각은 대수학의 아버지라 불리는 비에트조차도 하지 못했다. 겨우 데카르트에 의해서 이루어졌다. 이처럼 미지인 것을 x로 하고 그것을 기지라고 생각하고 식을 세운다고 해도, 거기에 이르기까지 많은 세월을 필요로 했으며, 거기에 이르는 과정을 되돌아보면 선인들의 노력의 흔적을 이해할 수 있고, 방정식의 장점을 한층 선명하게 인식할 수 있는 것은 아닐까 생각한다.

① 그리스의 기하학적 대수 — 대수식을 이용하지 않는 방정식

그리스 사람들은 차원(次元)의 사고에 속박되어 있었기 때문에 대수식을 잘 다룰 수 없었으며, 기하학이 중심이 되지 않을 수 없었다. 예를 들어, 《원론》의 제2권 명제 11에 다음과 같은 작도문제가 나와 있다.

> 주어진 선분을 둘로 나누고, 전체와 한 부분으로 둘러싸인 직사각형을 다른 나머지 부분 위의 정사각형과 같도록 할 것.

주어진 선분을 AB라 하고, H로 둘을 나눈다. 그리고 AB와 HB로 둘러싸인 직사각형과 AH를 한 변으로 하는 정사각형을 같게 해야 한다.

이 작도는 다음과 같이 한다. AB를 한 변으로 하는 정사각형을 그리고, AC의 중점을 E라 하자. 점 E를 중심, EB를 반지름으로 하는 원과, CA의 연장선과의 교점을 F라고 하자. AF= AH라 하면 H가 구하는 점이다.

이 문제는 AB$=a$, AH$=x$라고 하면 $a(a-x)=x^2$을 푸는 것이 된다. [그림 4.7]에서 바로 알 수 있듯이, △AEB에 대해서 생각하면 $\left(\frac{a}{2}\right)^2+a^2=\left(x+\frac{a}{2}\right)^2$이므로

$$x=\sqrt{\left(\frac{a}{2}\right)^2+a^2}-\frac{a}{2}$$

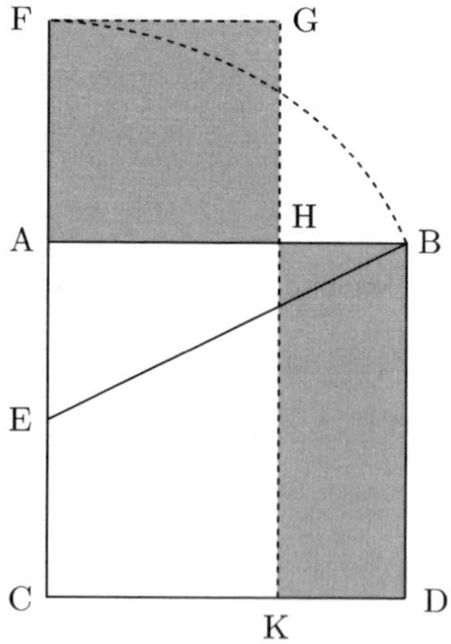

[그림 4.7]

를 구하는 것이 된다. 이것은 확실히 이차방정식 $a(a-x)=x^2$, 즉 $x^2+ax-a^2=0$의 해를 나타내고 있다.

② 아라비아의 수사(修辭)대수

근대 유럽의 대수학에 중대한 영향을 미친 사람은 아라비아 사람들이다. 잘 알려져 있듯이 영어의 대수 algebra의 어원은 9세기 초 아라비아의 수학자 알 화리즈미(al-Khwārizmī)[7]의 《자블과 무카바라의 산법》(al-jabr ẇāl-muqābalah)에서 유래한다. al-jabr의 al은 정관사, jabr의 본래 뜻은 '뼈를 붙인다.'는 의미, 영어로는 restoration이고, '복원, 근원으로 돌아가다.'라는 의미이다. 또 muqābalah는 영어로는 reduction이고, '축소'라는 의미이다. al-jabr은 이항(移項)의 계산이고, al-muqābalah는 동류항의 간약(簡約)[8]이며, al-jabr이 영어의 algebra로 되었다.

이처럼 아라비아의 대수는 유럽의 대수에 큰 영향을 미치고 있지만, 의외로 아라비아의 대수에는 전혀 기호가 사용되고 있지 않다. 다음과 같이 모두 단어로 쓰여 있다.(4)

어떤 마르에 10개의 지드르를 더하면 전체가 39가 될까?

아라비아 사람들은 1차의 양을 지드르(jidr 또는 jadhr(근, 根)), 2차의 양을 마르(māl, 재산)라 불렀다. jidr 이외에 아라비아 사람들은 1차의 양을 샤이(shay, 어떤 것)라는 단어로 부를 때도 있었다. 상수항은 dirham이나 dīnār이라 불렀지만, 이것은 둘 다 화폐 단위이다. 이들 명칭으로 보아도 아라비아의 대수가 상업 계산과 깊은 관계에 있었던 것을 알 수 있다.

이 문제를 현대 기호로 쓰면 $x^2+10x=39$인데, 푸는 방법은 다음과 같이 쓰여 있다.

---

7 이슬람의 수학자·천문학자이며, 힌두-아라비아 수와 대수학 개념을 유럽 수학에 소개했다. 그의 기초수학에 관한 저서인 《적분과 방정식》(Kitab al-jabr wa al-muqābalah)은 12세기에 라틴어로 번역되었고, 여기에서 대수학이란 용어가 유래되었다. 그리고 힌두-아라비아 수에 관한 또 다른 책은 《힌두 계산 기술에 관한 알 화리즈미》(Al-goritmi de numero Indorum)로 라틴어판으로만 보존되어 있다. 이 책의 제목으로부터 알고리즘(algorithm, 산술)이라는 용어가 생겨났다.

8 간략하게 줄인다는 뜻임.

jidr 개수를 반으로 하면 5이다. 그것을 자신에게 곱한다. 그러면 25가 된다. 이것을 39에 더한다. 그러면 64가 된다. 여기서 그 근을 얻는다. 그것은 8이다. 거기에서 jidr 개수의 반, 즉 5를 뺀다. 그러면 3이 남는다. 그것이 구하는 māl의 jidr(근)이고, māl는 9이다.

이 계산을 현대식으로 쓰면 $x=\sqrt{\left(\frac{10}{2}\right)^2+39}-\frac{10}{2}$ 이다. $x^2+ax=b$의 해는 $x=\frac{-a\pm\sqrt{a^2+4b}}{2}$ 이고, 이것은 $x=-\frac{a}{2}\pm\sqrt{\left(\frac{a}{2}\right)^2+b}$ 가 되므로 맞다.

그런데 이 해법은 대수 계산에 의하지 않고 다음과 같이 기하학적으로 구해지고 있다. 알 화리즈미는 두 종류의 도해를 제시하고 있다.

변의 길이를 알고 있지 않는 정사각형의 면을 그리고 이것을 māl이라 하자. 그러면 각 변이 jidr이다. 다음에 jidr가 10개 있으므로 그것의 $\frac{1}{4}$, 즉 $2\frac{1}{2}$을 māl 면의 각 변에 만든다. 이 그림을 정사각형으로 하기에는 4개의 모퉁이에 $2\frac{1}{2}$의 제곱의 4배, 즉 25를 더하면 된다. māl와 jidr 10개의 합은 39이므로 거기에 25를 더하면 64, 그 jidr는 8, 8에서 jidr 개수인 10의 $\frac{1}{4}$을 두 번 합친 5를 빼면 3이 남는다. 이것이 māl의 jidr이다.

이것은

$$\left(x+\frac{10}{4}\times 2\right)^2=39+\left(\frac{10}{4}\right)^2\times 4=64,\quad x+\frac{10}{4}\times 2=8,$$
$$x=8-\frac{10}{4}\times 2=3$$

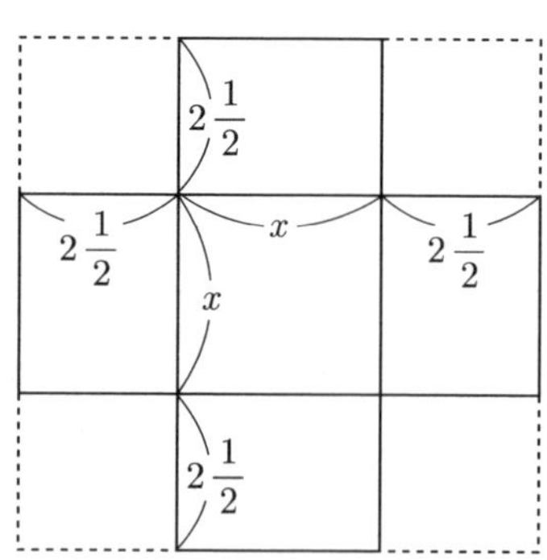

[그림 4.8]

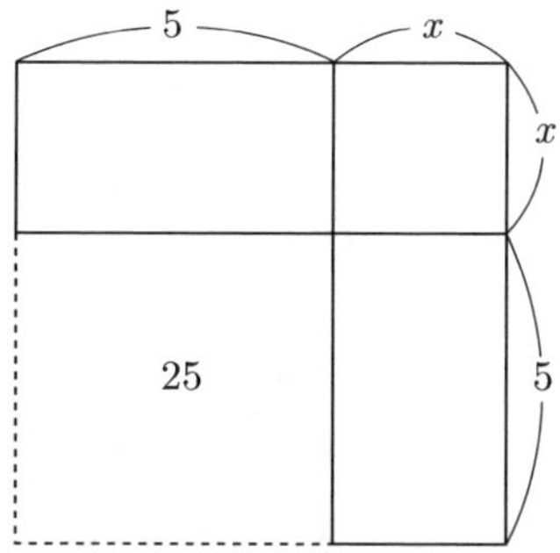

[그림 4.9]

이라는 계산의 도해이다.

또 다른 하나의 도해는 māl 면의 두 변에 jidr의 $\frac{1}{2}$, 즉 5인 변을 가지는 직사각형을 만든다. 그러면 이 합계가 39이다. 빠져 있는 부분의 넓이 $5^2 = 25$를 보충해서 큰 정사각형을 만들면, 그 넓이는 $39 + 25 = 64$이므로 한 변은 8이다. 8에서 5를 빼면 māl의 jidr 3이 구해진다.

이처럼 아라비아 사람들의 대수는 기호를 사용하지 않고 전부 단어로 쓰여 있다. 그리스 사람들은 대수학에 해당하는 기하학 문제를 풀었던 것에 지나지 않지만, 아라비아 사람들은 대수학 문제를 기하학의 도움을 빌려서 풀었다.

③ 유럽에 있어서의 대수 기호의 발달

이와 같이 기호를 사용하지 않는 아라비아의 대수가 유럽에 전해졌다. 유럽 초기의 대수도 처음에는 기호 사용이 거의 없고, 단어의 생략기호를 사용하는 것이 고작이었다.(5)

피사의 레오나르도(1202년)는 $2x^2 + 10x = 30$을 duo census, et decem radices equantur denaries 30과 같이 쓰고 있다. duo, decem은 라틴어의 2, 10의 수사(數詞), census는 국세조사, 라틴어의 시민과 재산을 등록한다는 것, 아라비아 사람들이 x^2을 부(富), 재산을 의미하는 māl이라는 단어로 부르고 있었던 것을 답습한 것 같다. radix는 근, 아라비아 사람들이 1차의 양(量)을 jidr(근)이라 부르고 있었던 것을 라틴어로 번역한 것이다. denaries는 화폐 단위인데, 이것도 아라비아 사람들이 상수항을 dirham 또는 dīnār라 부른 것을 받아들였던 것이다.

삼각법으로 유명한 독일의 레기오몬타누스(1473년)는 $16x^2 + 2000 = 680x$를 16 census et 2000 aequ. 680 rebus라 썼다. rebus는 물건이라는 의미의 라틴어인데, 이것도 아라비아 사람들이 1차인 미지수를 알 샤이(al-shay, 어떤 사물)라 불렀던 것을 모방한 것이다. rebus는 이태리어로 cosa, 독일어로 coss가 되었다. 유럽에서는 대수를 coss의 법칙(regula de la cosa)이라 부르기도 했다.

이와 같이 유럽의 대수는 최초 아라비아의 영향을 크게 받은 수사(修辭)대수(rhetorical algebra)를 출발점으로 해서 점차 기호화가 진행되어 간다. 독일의 루돌프[9]의 대수(1525년)에서는 $x^2 = 12x - 36$은 1ʓaequatus 12ꝛ-36이라고 쓰여 있다. ʓ는 zensus(census)의 머리글자, ꝛ는 radix의 처음의 r과 최후의 x를 축약한 것이라 말해지고 있다. 이 ꝛ에서 힌트를 얻어 미지수 x가 사용되었다는 설이 있다. 이 단계에서는 기호라고 하기보다는 단어의 생략에 의해 기법(記法)을 간소화하려고 한 것이다. 그러나 한편으로는 단어와는 관계없는 기호도 사용하게 된다.

1559년에 간행된 프랑스의 부테오[10] 책에는 미지수가 대문자 A, B, C를 사용해서 3A, 12B, 3C [96(현재의 기호로는 $3x + 12y + 3z = 96$)로 적고 있다. 또 소수(小數)의 발견으로 유명한 벨기에의 스테빈[11]은 1585년의 책에서 ①, ②, ③으로 x, x^2, x^3을 나타내고, $3x^2 + 4 = 2x + 4$를 3②+4 egales à 2①+4와 같이 쓰고 있다.

이처럼 단어의 축약이 아닌, 결국 근과 세제곱이라는 단어와 무관하게 완전한 기호화가 진행되어 왔음을 알 수 있다. 그러나 이들 표기법으로는 아직 일반적인 수까지 문자로 나타내는 것은 생각할 수 없다.

미지수뿐 아니라 일반적인 수까지 문자로 나타낸 사람은 프랑스의 비에트다. 비에트는 프랑스 왕인 앙리 4세의 궁정에서 일한 법률가로, 공무의 여가에 수학을 연구했다고 한다. 그는 미지수를 모음인 대문자 A, E, I 등으로, 기지수를 자음인 대문자 B, G, D 등으로 나타내고, 현재의 $x^2 + 2bx = c^2$을 A quad$+B$2 in A, aequetur Z plano로 썼다. A^2, A^3과 같은 기호까지는 생각하지 않고, A의 제곱, A의 세제곱이라고 적고 있다. quad는 quadratum(제곱)의 생략, A^3은 A cubus라고 쓰고 있다. B2 in A의 in은 '곱셈' 기호이고, B2는 현재의 $2B$인데 프랑스어는 형용사가 뒤에 오기에 B2라고 썼다. Z는 기지수이지만, 그 뒤의 plano는 평면이라는 단어, 좌변의 A quad는 A^2이므로 한 변이 A인 정사각형의

9 크리스토프 루돌프(Christoph Ludolph, 약 1500~1545)의 저작 《미지수》는 근호 $\sqrt{\ }$와 10진 소수를 사용한 최초의 인쇄본이다. 또 그는 bar를 소수점으로 사용하였다.

10 부테오(Joannes Buteo)는 1485~1492년경 Charpey에서 태어나서, 1560~1572년경 Caam에서 죽었다. 두 장소는 프랑스의 Dauphine에 있다. 저술가에 따라 주어진 연대가 매우 다르며, 이름도 Boteo, Jean Bute'on, Bateon, Borrel, Borell이라고 적혀 있는 것도 있다.

11 시몬 스테빈(Simon Stevin, 1548~1620)은 현재의 벨기에에 속하는 브뤼헤에서 태어난 수학자이다.

넓이, 또 $2BA$는 두 변이 각각 B와 A인 직사각형 넓이의 2배를 나타내고 있다. 좌변은 넓이로 2차원의 양(量)이므로 그것과 같은 우변의 Z가 1차원의 양이어서는 안 되기 때문에, 이것을 2차원의 양으로 하기 위해 planum(평면)이라는 단어를 붙여서 균형을 맞추고 있다. 그리스 시대의 전통이 살아 있다. 옛날 차원의 사고들을 불식하고, 현재와 같은 x, y, z를 미지수로 이용하게 된 것은 데카르트부터다. 이와 같이 현재의 기호에 도달하기까지는 상당히 긴 세월을 필요로 했기 때문에, 단순히 이차방정식을 푼다고 하는 대수적 조작을 가르칠 뿐만 아니라 뛰어난 기호 사용이 그 근저가 되어 있음을 충분히 이해시키는 것이 중요하다.

(3) 이차방정식을 어떻게 풀었는가?

중학교에서 이차방정식의 지도는 해를 구하는 공식을 이해하고, 그것을 이용하여 방정식을 푸는 것이 주된 내용이다. 이 지도에서는 해를 구하는 공식을 도출하는 과정의 대수적 사고와 연산에 학습의 의의가 있다. 그래서 교과서에서 볼 수 있는 완전제곱에 의한 방법과는 다른 해법을 들어보기로 한다.

① 인도 사람들의 해법

인도 사람들은 아라비아 사람들과 달리 그림의 도움을 빌리지 않고 이차방정식을 계산으로 풀었다. 바스카라 2세(1114년)의 《비자 가니타》(Bijaganita, 대수)에는 다음과 같이 쓰여 있다.

> 미지수의 제곱 등이 남아 있을 때는 제곱근을 주어진 양이 되도록 양변에 적당한 수를 곱하고 얼마간의 수를 더하면 된다. 나아가 미지수를 포함하는 변의 제곱근과 기지의 변의 제곱근을 같게 둔다. 이렇게 해서 미지수 값을 바르게 얻을 수 있다.

우선 이차방정식을 미지수를 포함하는 변과 기지수만으로 된 변으로 나눈다. 이제 이것을 $ax^2+bx=c$라고 하자. 인도 사람들은 이것을 아래와 같이 표기했다. 위가 좌변, 아래가 우변이다. yā는 yāvattāvat('~만'의 뜻)의 약어, va는 varga(제곱)의 약어, ru는 rūpa(기지수)의 약어이다.

yāva	a	yā	b	rū	0
yāva	0	yā	0	rū	c

이제 '제곱근을 주어진 양이 되도록 양변에 적당한 수를 곱한다'는 것인데, 그 적당한 수로 '제곱의 계수의 4배와 같은 상수'를 택할 수 있다. 또 '얼마간의 수를 더한다'는 것인데, 그것은 '미지수의 계수의 제곱과 같은 상수'라고 쓰여 있다.

	ax^2+bx	$=c$
양변에 $4a$를 곱한다.	$4a^2x^2+4abx$	$=4ac$
양변에 b^2을 더한다.	$4a^2x^2+4abx+b^2$	$=4ac+b^2$
미지수를 포함하는 변의 제곱근은	$\sqrt{4a^2x^2+4abx+b^2}$	$=\sqrt{(2ax+b)^2}$
		$=2ax+b$
기지수를 포함하는 변의 제곱근은	$\sqrt{4ac+b^2}$	
이것을 같게 두면	$2ax+b=\sqrt{4ac+b^2}$	(*)

여기서 이후의 계산법은 다음과 같이 쓰여 있다.

> 만약 미지수를 포함하는 제곱근에 어떤 음의 상수보다도 기지의 변의 제곱근이 작다면, 그것을 음 및 양으로 두고 두 종류의 미지수 값을 얻으면 된다.

즉, $b<0$이고 동시에 $|b|>\sqrt{4ac+b^2}$일 때는 (*)에서 얻어진 $x=\dfrac{\sqrt{4ac+b^2}-b}{2a}$ 외에 $\dfrac{-\sqrt{4ac+b^2}-b}{2a}$라는 해를 얻는다는 것이다. 단, 두 근이 문제의 뜻을 만족한다고는 한정할 수 없다고 말하고 있다. 이와 같이 인도 사람들은 이차방정식이 두 근을 가지는 것을 명확하게 이해하고 있지만, 음의 근은 버리고 있다. 그러나 바스카라가 기호 조작으로 사고를 전개하고 있음은 아라비아의 대수에는 볼 수 없는 것이다.

인도 사람들은 방정식으로 실제 문제를 풀 때 미지수의 선택방법이 아주 훌륭했다. 예를 들어보자.

> 공작벌 무리의 반의 제곱근, 그리고 전체의 $\dfrac{8}{9}$은 쟈스민 꽃 속으로 가버렸다. 한편, 밤의 향기에 이끌려 연꽃 속에 들어간 채 갇혀서 붕붕 약한 날개 소리를 내고 있는 한 마리의 수벌을 따라 한 마리의 암벌이 약한 날개 소리를 내고 있다. 매혹적인 여성이여, 벌의 마릿수를 말하세요.

벌의 수를 x 마리라고 하면, $x=\sqrt{\frac{x}{2}}+\frac{8}{9}x+2$ 와 같은 방정식이 되는데, 바스카라는 벌의 수를 $2x^2$ 으로 두고 방정식을 세운다. 반의 제곱근은 x, 전체의 $\frac{8}{9}$은 $\frac{16}{9}x^2$, 여기에 2를 더하면 전체 $2x^2$과 같게 되므로 $2x^2=\frac{16}{9}x^2+x+2$ 라는 방정식이 된다. 이것을 다음과 같이 푼다.

$$
\begin{aligned}
2x^2 &= \frac{16}{9}x^2+x+2 \\
\frac{18}{9}x^2 &= \frac{16}{9}x^2+\frac{9}{9}x+\frac{18}{9} \\
18x^2 &= 16x^2+9x+18 \\
2x^2-9x &= 18 \\
16x^2-72x+81 &= 225 \\
4x-9 &= 15 \\
4x &= 24 \\
x &= 6
\end{aligned}
$$

이 방정식은 $(4x-9)^2=15^2$ 이 되어 다른 한 근은 $-\frac{3}{2}$이 되는데, 이것은 당연히 무시되었다.

② 비에트의 해법

이차방정식을 해석적 방법으로 푼 사람은 프랑스의 비에트(1540년생)이다. 다음과 같이 계산하고 있다.

A quad+ $B2$ in A, aequatur Z plano ($A^2+2BA=Z^2$)

$A+B$를 E로 두면 ($A=E-B$라 하면)

E quad, aequabitur Z plano+ B quad ($E^2=Z^2+B^2$)

여기서 $\sqrt{Z\,\text{plano}+B\,\text{quad}}-B$는 A와 같다.

($E=\sqrt{Z^2+B^2}$ $\therefore$ $A=\sqrt{Z^2+B^2}-B$)

현재 기호로 써보면 다음과 같이 된다.

$$x^2+2ax=b$$

$x = u - a$로 두면

$$u^2 = a^2 + b$$
$$u = \sqrt{a^2 + b}$$
$$\therefore\ x = \sqrt{a^2 + b} - a$$

비에트는 일반적인 이차방정식을 순수 이차방정식으로 귀착시키는 다음과 같은 방법을 설명하고 있다.

$$x^2 + ax + b = 0$$

$x = u + z$라고 두면

$$(u + z)^2 + a(u + z) + b = 0,$$
$$u^2 + (2z + a)u + (z^2 + az + b) = 0$$

이다. 여기서 $2z + a = 0$, 즉 $z = -\frac{1}{2}a$로 두면 $z^2 + az + b = -\frac{1}{4}a^2 + b$이므로 $u^2 - \frac{1}{4}(a^2 - 4b) = 0$이다.

$$\therefore\ u = \pm\frac{1}{2}\sqrt{a^2 - 4b}$$
$$\therefore\ x = u + z = -\frac{1}{2}a \pm \frac{1}{2}\sqrt{a^2 - 4b}$$

이 정도 식의 계산은 중학생도 이해할 수 있을 것이다.

③ 와산에 있어서 이차방정식의 해법

에도 말기에 출판된 하세가와 히로시(長谷川寬)의 《산포우신쇼》《算法新書》12에는 이차방정식의 재미있는 해설이 나와 있다.(6)

12 막부 말기부터 메이지에 걸쳐서 읽힌, 당시의 수학을 집대성한 책이다. 제1권과 제2권은 산법, 제3권에서 제5권까지는 대수, 무한급수, 정수론, 적분 등 고등수학에 대해서 설명하고 있다.

일차방정식을 다음과 같이 네 개로 나눈다. $a > b > 0$ 라고 하자.

(1) $a - x = 0$ (2) $a + x = 0$ (3) $b - x = 0$ (4) $b + x = 0$

(1), (3)의 해는 양의 수, (2), (4)의 해는 음의 수가 된다. 이제 (1)과 (3)을 서로 곱하면

$$ab - (a+b)x + x^2 = 0 \quad \cdots\cdots \text{(天)}$$

이라는 상수항과 2차항이 같은 부호이고 1차항이 다른 부호인 이차방정식을 얻을 수 있는데, 이 해는 두 개 모두 양이 된다. 또 (1)과 (4)를 서로 곱하면

$$ab + (a-b)x - x^2 = 0 \quad \cdots\cdots \text{(地)}$$

이라는 상수항과 1차항이 같은 부호이고 2차항이 다른 부호인 이차방정식을 얻을 수 있는데, 해는 양과 음이 된다. 게다가 (2)와 (3)을 서로 곱하면

$$ab - (a-b)x - x^2 = 0 \quad \cdots\cdots \text{(人)}$$

이라는 1차항과 2차항이 같은 부호이고 상수항이 다른 부호인 이차방정식을 얻을 수 있는데, 해는 이 경우도 양과 음이다. (2)와 (4)를 서로 곱하면 $ab + (a+b)x + x^2 = 0$ 과 같이 모든 항이 같은 부호인 이차방정식이 되는데, 이 경우 해는 두 개 모두 음이다. 현실 문제에서는 절대로 나타나지 않기 때문에 이것은 대상 외로 해서 다루지 않는다. (人)식은 (地)식에서 a, b를 바꾸어 넣으면 얻을 수 있는 식이므로 (人)식의 풀이방법은 (地)식의 풀이방법과 같다.

다음에 (天)식의 풀이방법을 생각해보자. 이것의 일반형은 $ax^2 - bx + c = 0$ 이므로, 우선 양변을 x^2 의 계수로 나누어 $x^2 - \frac{b}{a}x + \frac{c}{a} = 0$ 으로 둔다.

$\left(x - \frac{b}{2a}\right)^2 = x^2 - \frac{b}{a}x + \left(\frac{b}{2a}\right)^2$ 이므로

$$x^2 - \frac{b}{a}x + \left(\frac{b}{2a}\right)^2 - \left(\frac{b}{2a}\right)^2 + \frac{c}{a} = 0$$

$$\therefore \left(x-\frac{b}{2a}\right)^2=\frac{b^2}{4a^2}-\frac{c}{a}$$

두 근을 α, β $(\alpha>\beta>0)$라고 하면 위의 방정식을 만드는 방법에서 $\alpha+\beta=\frac{b}{a}$, $\alpha\beta=\frac{c}{a}$ 이므로

$$\frac{b^2}{4a^2}-\frac{c}{a}=\frac{(\alpha+\beta)^2}{4}-\alpha\beta=\left(\frac{\alpha-\beta}{2}\right)^2$$

$$\therefore \sqrt{\frac{b^2}{4a^2}-\frac{c}{a}}=\frac{\alpha-\beta}{2}=\alpha-\frac{\alpha+\beta}{2} \text{ 또는 } \frac{\alpha+\beta}{2}-\beta$$

$$\therefore \alpha=\sqrt{\frac{b^2}{4a^2}-\frac{c}{a}}+\frac{b}{2a},\quad \beta=-\sqrt{\frac{b^2}{4a^2}-\frac{c}{a}}+\frac{b}{2a}$$

$\sqrt{\frac{b^2}{4a^2}-\frac{c}{a}}$ 를 계산하기 쉽게 변형하면 다음과 같이 된다.

$$\sqrt{\frac{b^2}{4a^2}-\frac{c}{a}}=\sqrt{\frac{b^2}{4a^2}-\frac{ac}{a^2}}=\frac{\sqrt{\left(\frac{b}{2}\right)^2-ac}}{a}$$

이상에서 $\alpha=\frac{\sqrt{\left(\frac{b}{2}\right)^2-ac}}{a}+\frac{b}{2a}$, $\beta=\frac{b}{2a}-\frac{\sqrt{\left(\frac{b}{2}\right)^2-ac}}{a}$ 가 된다.

같은 방법으로 (地)식의 $ax^2-bx-c=0$ 의 해는 다음과 같이 된다.

$$\alpha=\frac{\sqrt{\left(\frac{b}{2}\right)^2+ac}}{a}+\frac{b}{2a},\quad \beta=-\frac{\sqrt{\left(\frac{b}{2}\right)^2+ac}}{a}+\frac{b}{2a}$$

이것은 현재 우리들이 하는 방법과 다르지는 않지만, 이 설명에서는 근과 계수의 관계를 잘 알 수 있어 고등학교 교재로 사용할 수 있을 것으로 생각한다.

와산에서는 문제를 방정식으로 나타낸 후 계수를 산가지로 산반 위에 늘어 놓아 이것을 풀었다. 이 해법은 호너(Horner, 1786~1837)의 방법이라 불리고 있다. 이 방법은 호너 이전에 중국에서 천원술(天元術)이라 불리는 기계적 대수학에서 사용

하고 있었던 것이다.

$3x^2+24x-720=0$의 풀이방법

우선 목산(어림잡음)으로 $x=10+y$ $(y=x-10)$라고 두면 주어진 방정식은

$$3(x-10)^2+84(x-10)-180=0$$

즉, $3y^2+84y-180=0$이 된다.

다음으로 이 방정식에서 $y=2+z$ $(z=y-2)$라고 두면

$$3(y-2)^2+96(y-2)=0$$

즉, $3z^2+96z=0$이 된다. 여기서 $z=0$이 된다(음의 근은 버린다). 때문에 $y=2$, $x=12$가 된다.

이 방법은 3차 이상의 방정식에도 사용할 수 있으므로 조립제법을 가르칠 때 가르쳐 두면 좋다.

3	24	-720
	$3\times 10=30$	$54\times 10=540$
3	54	-180
	$3\times 10=30$	
3	84	-180
	$3\times 2=6$	$90\times 2=180$
3	90	0
	$3\times 2=6$	
3	96	

④ 고대 바빌로니아의 이차방정식의 해법

고대 바빌로니아의 태블릿(tablet)에 다음과 같은 문제가 나와 있다.

길이와 폭을 더하면 6 ; 30, 넓이는 7 ; 30이다. 길이와 폭을 구하여라.

이 문제는 길이를 x, 폭을 y라고 하면 $x+y=6;30$, $xy=7;30$을 푸는 것인데, 이 연립방정식은 y를 소거하면 $x^2+7;30=6;30x$가 되므로, 일반적으로 $x^2+q=px$라는 이차방정식을 푸는 것이다. 이것을 바빌로니아 사람들은 다음과 같이 풀고 있다.[(7)]

$$\frac{x+y}{2}=3;15,\ \left(\frac{x+y}{2}\right)^2=10;33,\ 45$$

$$\left(\frac{x+y}{2}\right)^2-xy=3;3,\ 45,\ \sqrt{\left(\frac{x+y}{2}\right)^2-xy}=1;45$$

$$\frac{x+y}{2}+\frac{x-y}{2}=3;15+1;45=5$$

$$\frac{x+y}{2}-\frac{x-y}{2}=3;15-1;45=1;30$$

이 풀이방법은 $\sqrt{\left(\frac{x+y}{2}\right)^2-xy}=\frac{x-y}{2}$를 계산해서 $\frac{x+y}{2}+\frac{x-y}{2}=x$, $\frac{x+y}{2}-\frac{x-y}{2}=y$를 구하고 있다.

여기서 $\frac{x-y}{2}$는 $\left(\frac{x+y}{2}\right)^2-\left(\frac{x-y}{2}\right)^2=xy$라는 관계에서 구해지는데, 이 관계는 어떻게 해서 발견된 것일까?

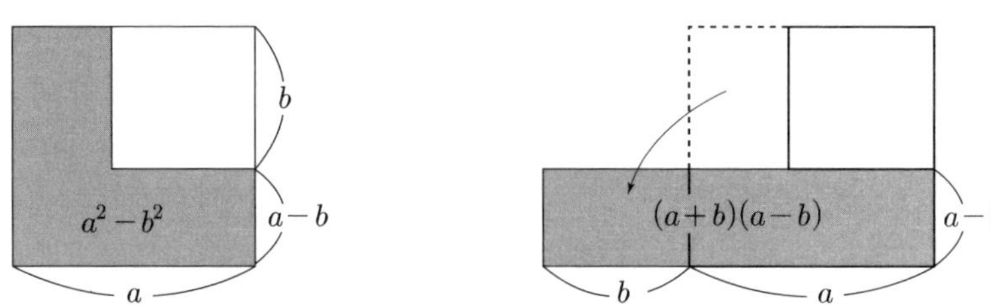

[그림 4.10]

이것은 [그림 4.10]에서 $a^2-b^2=(a+b)(a-b)$임을 바로 알 수 있으므로, 이 식에서 $a=\frac{x+y}{2}$, $b=\frac{x-y}{2}$로 두면 $a+b=x$, $a-b=y$가 되어 위의 관계가 얻어진다.

일반적으로 $x+y=p$, $xy=q$를 풀기 위해서 $\frac{p}{2}+z=x$, $\frac{p}{2}-z=y$라고 두면

$$q=\left(\frac{p}{2}+z\right)\left(\frac{p}{2}-z\right)=\frac{p^2}{4}-z^2,\quad z=\sqrt{\frac{p^2}{4}-q}$$

가 되므로, 여기서 $x=\frac{p}{2}+\sqrt{\frac{p^2}{4}-q}$, $y=\frac{p}{2}-\sqrt{\frac{p^2}{4}-q}$ 라고 계산한다.

$x-y=p$, $xy=q$인 경우 $(x^2-px=q)$는 $z+\frac{p}{2}=x$, $z-\frac{p}{2}=y$라 두면

$$z=\sqrt{\frac{p^2}{4}+q},\quad x=\sqrt{\frac{p^2}{4}+q}+\frac{p}{2},\quad y=\sqrt{\frac{p^2}{4}+q}-\frac{p}{2}$$

가 된다.

바빌로니아 사람들은 $x^2+px=q$ 모양의 이차방정식도 공식 그대로 계산했는데, $ax^2+bx=c$ 모양의 이차방정식에도 이 공식을 적용하고 있다. 예를 들면, $6x^2+7x=20$의 경우 양변에 6을 곱해서 $(6x)^2+7\cdot(6x)=120$으로 해서 $6x=X$를 새로운 미지수라 생각하여 풀고, $x=\frac{X}{6}$로 해서 x를 구하고 있다.

(4) 이차방정식에서 해가 두 개 있는 것

이차방정식의 지도는 '일차방정식과는 달리 일반적으로 해가 두 개 있는 것'을 명확히 하는 것이 하나의 지도내용이다. 실제로 이것은 의외로 가볍게 보이지만 큰 문제 가운데 하나이다. 실제 문제를 방정식으로 나타내고 그것을 풀어서 해가 두 개 나와도, 한 쪽이 음의 수이거나 두 개 모두 양의 근이어도 그것이 조건에 맞지 않으면 그것은 문제의 답이 되지 않으므로 버리게 된다.

$x^2+10x=39$의 해는 $x=3$과 $x=-13$인데, 아라비아 사람들처럼 이차방정식을 도해하면 $x=-13$은 구할 수 없다. 이 x가 '어떤 수'이면 $x=-13$도 당연히 해로써 구해야 하지만, 그것이 돈이나 현실의 어떤 양(量)과 같은 것을 가정한다고 하면 음의 해는 전혀 필요 없으므로 구할 필요가 없다.

에도 시대의 와산가 중에는 문제가 이차방정식이 되어 그것을 풀어도 정답은 하나밖에 없다는 관념을 가지고 있던 사람도 있었던 것 같다. 그래서 만약 정답이 두 개 있었다고 하면 그것은 문제가 이상하다 ― 혼쿄우(飜狂) ― 고 불렀다. 그렇게 하여 문제의 수치를 바꾸거나 조건을 추가하거나 해서 답이 하나가 되도록 했다. 예를 들면, '직사각형이 있는데 한 변의 두 배와 다른 변의 합이 28, 넓이가 96일 때, 두 변을 구하라'는 문제는 한 변을 x라고 하면, $x(28-2x)=96$, 즉

$x^2-14x+48=0$인 이차방정식이 된다. 이것은 $(x-6)(x-8)=0$으로부터 다음의 두 개의 답이 나온다.

(한 변 6, 다른 변 16), (한 변 8, 다른 변 12)

이 문제의 답을 하나로 하기 위해서는 어느 변도 15 이하라는 조건을 붙인다든지 혹은 넓이를 98로 고치면 된다. 넓이를 98로 하면 답은 (한 변 7, 다른 변 14)로 하나가 된다.

유명한 세키 타카카즈는 정답이 없는 문제를 '뵤다이(病題)'라고 불렀다. 그리고 뵤다이를 고쳐서 정답을 구할 수 있게 하는 것을 '뵤다이 메이치(病題明致)'라고 불렀다. 하나의 예를 들어보자.

지금 아랫변>윗변인 사다리꼴이 있는데 아랫변−윗변=4, 높이−윗변=10, 넓이=9이다. 윗변과 아랫변을 구하여라.

아랫변을 x라고 하면 윗변$=x-4$, 높이$=x+6$이므로 다음 방정식이 생긴다.

$$\{(x-4)+x\}(x+6)=2\times 9,\ x^2+4x-21=0,\ (x-3)(x+7)=0$$

그러므로 $x=3$이다. 그러나 긴 쪽인 아랫변을 3이라 하면 짧은 쪽인 윗변은 $3-4=-1$이 된다. 이것은 확실히 뵤다이이다.

그래서 이제 아랫변−윗변$=x$라 두고 윗변$=0$인 극값을 생각하면, 이때 높이는 10이므로 $x\times 10\times\frac{1}{2}=9$가 된다. 여기서 $x=1.8$을 구할 수 있다. (차를 1.8로 하면 윗변은 0이고 아랫변은 1.8이 된다.) 그러므로 아랫변과 윗변의 차를 1.8보다 작게 하면 이 문제는 뵤다이가 아니게 된다.

방정식의 지도에서는 단지 방정식이 풀리기만 하면 된다고 하는 것이 아니라, 그 과정을 통해서 여러 가지 수학적 사고방법을 배우는 것이 학습목표이기도 하다. 이와 같은 관점에 서서 지도할 때, 과거 수학자들의 발상이 큰 도움이 되는 것은 아닐까 생각한다.

4.4 피타고라스 정리

(1) 문제점

피타고라스 정리의 지도라고 하면 정리 및 그 역이 성립하는 것의 이해와 그것을 이용하여 문제를 푸는 것의 두 개로 국한되어 있다. 그러나 그것으로 피타고라스 정리의 지도가 충분하다고 말할 수 있을까? 뭔가 부족한 것은 없을까? 중요한 것 가운데 하나는 이 정리가 도대체 누구에 의해, 언제, 어떠한 것에서, 어떻게 해서 발견된 것인가에 대한 이해이다.

교사 가운데 그런 것은 불필요한 것으로, 어쨌든 정리를 이해하고 그것을 문제해법에 사용할 수 있으면 충분하지 않는가 하는 사람도 있을 것이다. 그러면 무엇 때문에 정리를 가르칠까? 그것은 정리가 매우 유용하기 때문이라고 할지도 모른다. 그러나 어떨까? 그 유용은 수학 학습에 있어서의 유용성으로 생활에 있어서의 유용성은 아니다. 수학 교사는 학교에서 그것을 가르칠 때 이외에 사용한 적이 있을까?

그래서 정리가 왜 유용한 것인지를 이해시키는 하나의 방법으로, 이 정리가 2000년도 더 전에 세계 각국에서 발견되어, 각 나라의 다양한 문제를 처리하기 위해 어떻게 사용되어 왔는지를 구체적으로 보여주는 것을 생각할 수 있다.

정리를 가르치는 이유로, 이 정리가 초등기하의 정리 중 가장 아름다운 정리이고, 이러한 정리를 가르침으로써 수학의 아름다움을 가르칠 수 있다고 하는 사람이 있을지도 모른다. 그러나 이 정리의 아름다움에 감동하는 학생은 도대체 몇 명이나 있을까?

아름다운 기하도형에의 동경과 같은 것은 고대 사람들의 토기 무늬 등에서도 미루어 생각할 수 있다. 그러나 구체적인 사물과 결부된 도형에서 추상적인 도형을 추출하고, 그것에 관심을 갖고 그 성질을 연구한 사람은 어떤 사람들이었을까? 그것은 정말 소수의 특수한 사람이 아니었을까? 잘 알려져 있듯이 기하학은 그리스에서 생겨났지만, 그리스 기하학을 연구한 사람은 일반 시민이 아니라 피타고라스와 플라톤 같은 철학자라 불리는 사람들이다.

피타고라스 정리의 아름다움에 감동하는 학생들도 있을지 모른다. 피타고라스 자신도 정리를 발견했을 때 신에게 소를 제물로 올리며 감사의 뜻을 표했다고 전해진다. 그러나 피타고라스 학파는 수업(修業)을 위해 엄한 금욕생활을 하며 육식 등을 하지 않았다고 하므로 이 이야기는 그다지 신용할 수 없다. 그러나 이것이 가령 거짓이라고 해도 수학의 정리를 발견하고, 왜 신에게 감사의 뜻을 표했는지 생각해볼 필요는 있다. 이것을 명확히 하기 위해서는 피타고라스가 어떻게 해서 수학 연구를 했는지, 그것으로부터 무엇을 얻으려고 했는지를 조사해봐야 한다.

그런데 피타고라스 정리의 도입 부분에 고대 이집트에서는 측량사가 3 : 4 : 5의 비율로 매듭을 만든 줄을 사용해서 직각을 만들었는데, 이 세 변 사이의 관계로부터 정리가 발견되었다고 하는 것이 적혀 있다. 고대사회에서는 직각삼각형을 다루는 일은 거의 없었다고 생각한다. 고대에 직각을 만들 필요가 있는 경우는 직사각형과 정사각형을 만들 때이다. 그것은 건축물의 토대와 전답의 모양 등에 잘 나타난다. 그리고 직각삼각형은 직사각형과 정사각형의 반으로 인식되는 형태이다. 그러므로 고대 인도 책에는 피타고라스 정리가 '직사각형의 대각선은 긴 변과 짧은 변이 각각 만드는 넓이를 모두 합친 것을 만든다'고 쓰여 있다.

한편, 직각삼각형은 고대사회에서도 인간의 고도의 인식 가운데 나타난다. 그것은 지면에 수직으로 세운 막대와 그 그림자와 태양광선으로 생기는 직각삼각형이다. 이 삼각형은 눈으로 볼 수 없는 상상 속의 삼각형이다. 이와 같은 삼각형을 이용해서 중국 사람은 천문의 계산을 했는데, 이 계산에는 반드시 직각삼각형의 세 변 사이의 관계가 필요했다. 《주비산경》(周髀算經)이라는 천문서의 첫 부분에 피타고라스 정리의 증명이 적혀 있다. 이런 종류의 직각삼각형은 그리스의 탈레스가 피라미드 높이를 그림자를 이용하여 측정했을 때에도 사용되고 있다. 이때의 계산에서는 닮음의 사고가 사용되었다고 한다. 이러한 추상적인 삼각형을 생각하게 된 것은 인간의 지혜가 꽤 진보되고 나서의 일임을 알 수 있다.

피타고라스 정리는 하나의 직각삼각형을 단지 바라보고 있는 것만으로는 결코 발견할 수 없다. [그림 4.11]과 같은 것이 있으면 생각해내는 것이 가능할 지도 모르지만, 이와 같은 특수한 경우에서 일반적인 경우를 생각해내는 것은 쉬운 일이

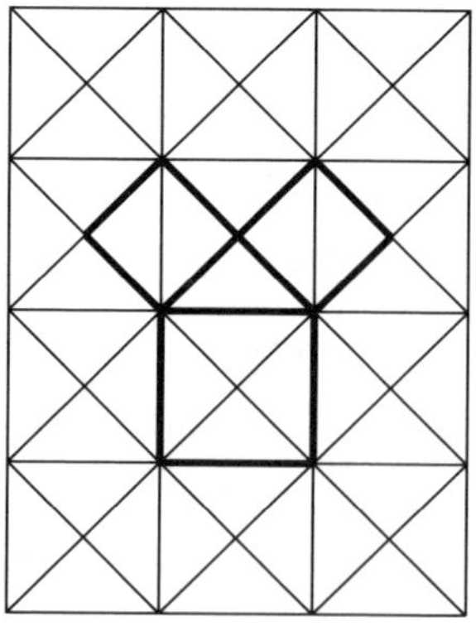

[그림 4.11]

아니다. 그러면 피타고라스는 어떤 방법으로 정리를 발견했을까? 이러한 의문에 현재의 수학교육은 조금도 답하고 있지 않다.

(2) 정리는 언제 발견되었는가 — 바빌로니아의 점토판

티그리스, 유프라테스라는 두 개의 큰 강에 낀 비옥한 평원 메소포타미아(현재의 이라크 영역)에 일찍부터 농경이 발달하고, 도시국가가 출현했다. 기원전 3500년경 수메르(Sumer) 사람들이 통일국가를 만들었다. 그 후 아카드13 사람들, 그리고 기원전 1800년경 바빌로니아 사람들이 메소포타미아를 통일했다. 기원전 18세기 바빌로니아의 왕 함무라비는 신에 의해 왕으로 임명되었다고 칭하고, 유명한 함무라비 법전 등을 만들어 국가를 운영했다.

도시의 중심은 신전이고, 그곳은 막대한 물자의 집적소가 되었다. 시민으로부터 신에게 헌납된 조세(租稅)였다. 신관(神官)들은 신의 재산을 보관할 뿐만 아니라 그것들을 시민에게 높은 이자로 대출해서 늘렸다. 그리고 신의 재산의 수입과 지출을 정확하게 기록하기 위해서 문자와 계산이 발명되었다.

> 초기의 신전 문서는 경작인에게 신이 빌려준 종자나 가축, 소작인에게 빌려준 밭, 주조인(酒造人), 조선공, 방적인(紡績人), 그 외의 사용인에게 지불한 임금과 행상인에 대한 곡물 또는 금은 덩어리의 가불 등을 기록하고 있다.(1)

메소포타미아는 동북부 산악지대의 융설(融雪)14과 페르시아 만에서 부는 계절풍에 의해 갑자기 홍수를 당하는 일이 있었기 때문에 제방공사와 관개를 위한 운하의 개설, 생활용수 확보를 위한 우물 굴착 등이 행해졌다. 그와 같은 토목공사 견적에 기하학 지식을 사용하였다. 또 신관들은 천체 관측을 하고, 점성술에 따라 신의 뜻을 점쳐서 행정 판단을 내렸다. 그것을 위해 많은 계산을 필요로 했다. 이러한 사회, 경제를 배경으로 해서 수학이 생겨났다.

그런데 고대 바빌로니아 시대의 점토판에 다음과 같은 문제가 나와 있다.(2)

> 벽에 수직으로 기대어 세워진 길이 15인 막대의 끝을 3만큼 내리면, 막대의 하단과 벽과의 거리는 얼마인가?

---

13 아카드(Akkad)는 메소포타미아 남부를 점하고 있는 바빌로니아의 북반부 지역 또는 그곳에 세운 고대 제국이다. 남쪽에는 수메르가 인접해있고, 북서쪽에는 아시리아(Assyria)가 인접해있다. 수메르 문명을 정복하고, 티그리스 강과 유프라테스 강 사이를 중심으로 번영했다.

14 눈에 섞인 얼음이 물로 변하는 현상.

이 계산은 $\sqrt{15^2-(15-3)^2}=9$ 와 같이 이루어지는데, 이것은 분명히 피타고라스 정리를 이용해서 계산하고 있는 것이다.

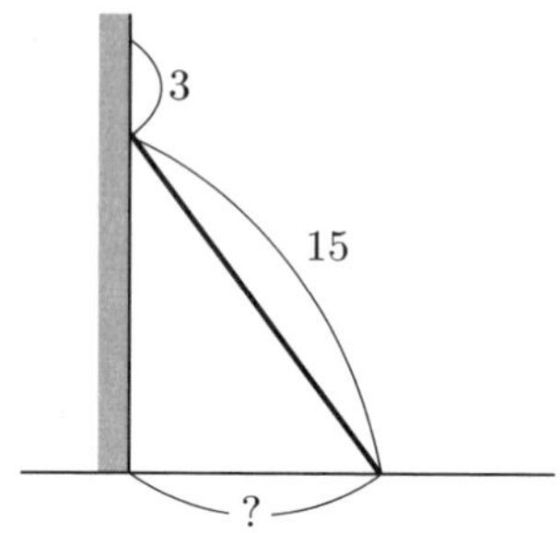

[그림 4.12]

게다가 다음과 같은 문제도 있다.

원둘레가 60, 현의 중심과 원주와의 거리가 2일 때, 현의 길이는 얼마인가?

이 계산은 $\sqrt{20^2-(20-2\times 2)^2}=12$ 와 같이 이루어지는데, 여기에도 피타고라스 정리를 사용하고 있다. 바빌로니아 사람들은 원주율로 3을 사용하고 있으므로, 원둘레가 60이면 지름은 20이다. 더욱이 이 계산에서는 반원의 원주각이 직각인 것도 암묵적으로 사용하고 있다.

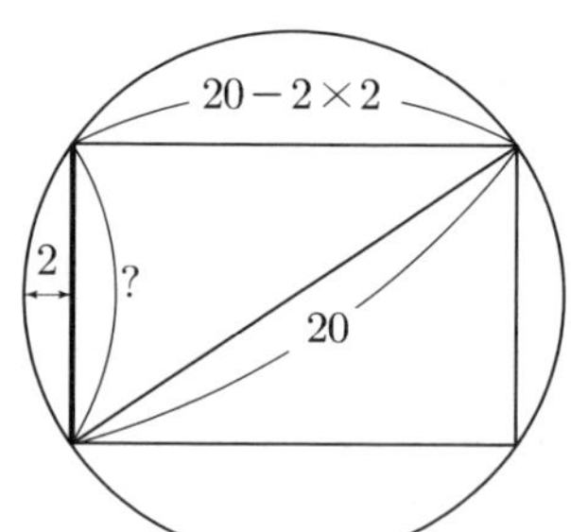

[그림 4.13]

또 중학교 교과서에도 자주 게재되는, 한 변이 30인 정사각형의 대각선은 60진법으로 42 ; 25, 35 로 계산하며, 대각선과 한 변의 비를 1 ; 24, 51, 10으로 계산한 점토판도 발견되었다.

$$(1\ ;\ 24,\ 51,\ 10)^2 = 1\ ;\ 59,\ 59,\ 59,\ 38,\ 1,\ 40$$

이므로 이것은 $\sqrt{2}$ 의 근삿값이다. 1 ; 24, 51, 10 은 십진법으로 약 1.414가 되어 꽤 정밀한 값이다.

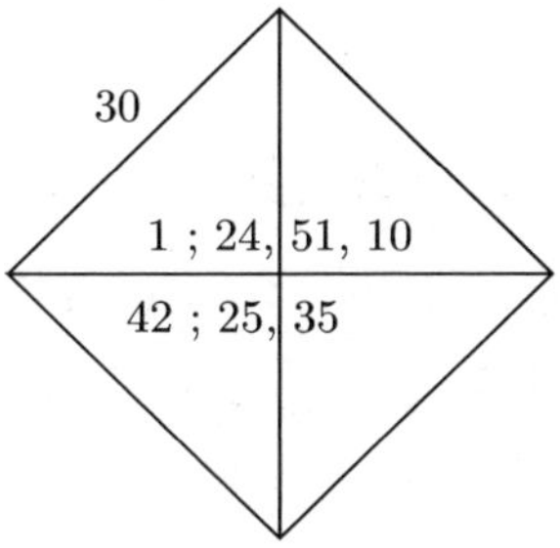

[그림 4.14]

더욱이 놀랄 만한 것은 $a^2 + b^2 = c^2$ 을 만족하는 양의 정수표마저 발견되었다는 점이다.

괄호 안은 십진법으로 환산한 숫자인데, 여기서 인용하는 모든 것은 본래 자료를 교육현장에서 사용하기 쉽도록 바꾼 것임을 말해둔다.

a		b		c	
1, 59	(119)	2, 0	(120)	2, 49	(169)
56, 7	(3367)	57, 36	(3456)	1, 20, 25	(4825)
1, 16, 41	(4601)	1, 20, 0	(4800)	1, 50, 49	(6649)
3, 31, 49	(12709)	3, 45, 0	(13500)	5, 9, 1	(18541)
1, 5	(65)	1, 12	(72)	1, 37	(97)
5, 19	(319)	6, 0	(360)	8, 1	(481)
38, 11	(2291)	45, 0	(2700)	59, 1	(3541)
13, 19	(799)	16, 0	(960)	20, 49	(1249)
8, 1	(481)	10, 0	(600)	12, 49	(769)
1, 22, 41	(4961)	1, 48, 0	(6480)	2, 16, 1	(8161)
45		1, 0	(60)	1, 15	(75)
27, 59	(1679)	40, 0	(2400)	48, 49	(2929)
2, 41	(161)	4, 0	(240)	4, 49	(289)
29, 34	(1771)	45, 0	(2700)	53, 49	(3229)
28		45		53	

그런데 이와 같은 표가 도대체 무엇 때문에 어떻게 해서 만들어진 것일까? 분명하지 않지만 이미 바빌로니아 사람들이 정수론적인 것에 관심을 가지고 있었다는 것을 미루어 생각할 수 있어, 그들의 수학 정도에 놀랄 뿐이다.

이상과 같은 많은 사실로부터, 피타고라스 정리가 바빌로니아 사람들에 의해 발견된 것은 틀림없다고 할 수 있다. 실로 피타고라스보다 1200년 전의 일이다.

(3) 고대 인도에서는 피타고라스 정리가 브라만교 경전에 나온다.

현재 인도문명의 기초를 구축한 아리아인(Aryan)[15]은 기원전 1500년경 코카사스 지방(현재의 아프가니스탄)에서 서북 인도에 침입하여 원주민을 정복해서 노예로 삼고, 정주해서 농경 목축을 했다. 아리아 사람들은 하늘(天空), 태양, 달의 천체라든가, 비바람, 천둥, 불 등의 자연현상을 신격화하여 신으로 숭배했다.

아리아 사람들은 안정된 사회를 구축하기 위해 많은 신들을 신앙하는 종교를 정치의 중심에 두고, 제사(祭司)계급이 주도권을 쥐었다. 제사들은 신들에게 드리는 찬가나 제사 때 외우는 단어를 계속 만들었는데, 그것들을 모은 것이《리그베다》[16]로 기원전 1000년경에 만들어졌다고 한다.

'베다'라는 것은 본래 '알다'라는 의미의 단어로《리그베다》는 종교적인 지식을 의미하며, 후에 그것을 정리한 성전(聖典)의 총칭이 되었다.

고대 인도의 다신 숭배는 곧 우주의 창조주, 최고신인 브라마(Brahmā)[17]의 신앙을 낳고, 브라만(바라문)교가 된다. 이 무렵이 되면, 성전인 베다도 한층 더 자세하고 복잡한 것이 되어 제사 장소를 만드는 방법, 베다의 시 구절(詩節)을 일정한 선율에 실어 노래하는 방법, 공양물의 조리 방법, 재앙을 제거하는 주법(呪法) 등이 상세하게 규정되었다. 이렇게 해서 제식(祭式)을 실시할 때는 제사계급이 주도했으므로 그들의 권위는 점점 더 높아져 갔으며, 인도에서는 브라만(祭司)을 정점으로

15 선사시대에 이란과 인도 북부지역에 살던 민족이며, 이들의 언어인 아리아어에서 남아시아의 인도유럽어가 비롯되었다. '고귀한'이라는 뜻의 산스크리트 '아리아(ārya)'에서 유래한 이 말은 오늘날 인도아리아어족을 가리키는 말로만 쓰인다.

16 인도문화의 근원을 이루는 중요한 문헌인《리그베다》(Rig veda)는 인도의 가장 오래된 문헌으로, 브라만교의 근본 성전(聖典)이다. 총 10권, 1028개의 시구(詩句)로 되어 있으며, 자연신 숭배의 찬미가를 중심으로 혼인·장례·인생에 관한 노래, 천지창조의 철학시(哲學詩), 십왕전쟁(十王戰爭)의 노래 등을 포함하고 있다.

17 브라만교(婆羅文教)의 교조인 조화의 신, 우주 만물의 창조신으로 사바 세계를 주재한다고 하며, 범천(梵天)으로 번역한다. 우파니샤드 사상의 최고 원리인 '브라만(중성형)'을 신격화한 것이다.

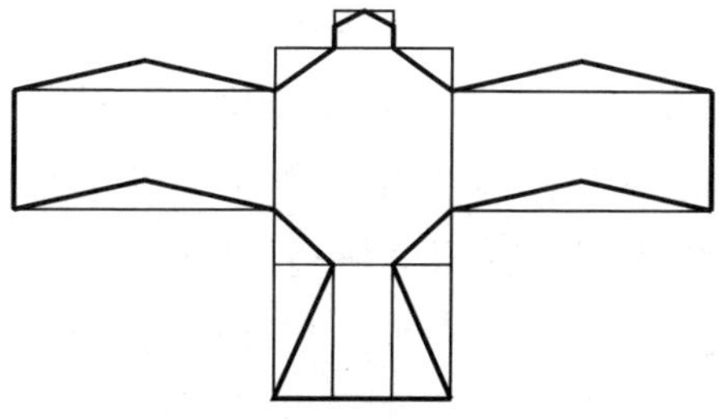

[그림 4.15]

해서 크샤트리아(왕족 무사), 바이샤(서민), 수드라(노예)의 카스트 제도가 생겼다.

제식은 베다의 많은 보조학문에 의해 규정되었다. 보조학문은 베다의 이해, 제식의 실행에 필요한 학술을 쓴 것으로, 음성학, 제식의 규정, 문법학, 어원학, 운율학(韻律學)18, 천문학 등이 있다. 이 중에서도 가장 중요한 것은 제식의 규정을 적은 《칼파수트라》(Kalpa-sūtra)19로, 이 가운데 하나로 《슈르바 수트라》가 있다. 슈르바는 측량한다는 말에서 나온 것으로, 그물이나 밧줄을 의미한다. 수트라는 경서(經書)이므로 《슈르바 수트라》는 《측량술경전》(測量術經典)이라고도 번역할 수 있다. 이 책은 제사장소·제단·제화(祭火)의 설치에 관한 측량법을 나타낸 것으로, 이 중에 고대 인도의 기하학적 지식이 사용되고 있다.(3)

《슈르바 수트라》가 언제쯤 성립되었는지 불분명하지만, 기원전 6세기경에는 완성되었다고 한다. 그리스의 피타고라스 시대이다.

《슈르바 수트라》에는 여러 가지 제단을 만드는 방법이 쓰여 있는데, 마지막에 매(鷹) 모양을 한 제단을 만든다. 인도에서는 천계(天界)에 오르는 것을 바라는 사람은 매 모양의 제단에서 빌면 매가 되어 승천한다고 한다. 사람들은 혼의 윤회전생을 믿고, 영원히 다시 태어나는 것이라고 생각했다. 그 때문에 베다를 배우고, 신을 향한 신앙을 쌓고, 카스트의 의무를 지키고, 내세로의 재생을 원하는 것을 믿고 있었다.

---

18 시작법(詩作法)을 말하며, 운율(韻律)·운(韻)·연(聯)의 원칙과 실제를 체계적으로 연구하는 학문.

19 인도 최고의 성전 '베다'를 중심으로 한 제사에 관한 요강서로서, 《제사경》(祭事經)이라고 하며, 기원전 400~200년 무렵에 만들어진 것으로 보인다. 내용은 제관(祭官)인 브라만의 생활규범을 적은 《다르마 수트라》(法律經), 여러 명의 제관이 주관하는 대규모 제사에 대해 적은 《슈라우타 수트라》(天啓經), 제관이 주관하지 않고 가정에서 행하는 제사에 대해 적은 《그리히야 수트라》(家庭經), 제단과 화로설치법 등을 기록한 《슈르바 수트라》(祭壇經)가 있다. 고대 인도의 종교의례와 함께 풍속 및 지식 발달 정도를 알 수 있는 중요한 자료이다.

그런데 매 모양의 제단을 만들기 위해서는 기초가 되는 정사각형, 직사각형 모양의 토대를 만들어야 했다. 그래서 《슈르바 수트라》에는 정사각형과 여러 가지 모양의 직사각형 토대를 만드는 방법이 설명되어 있다.(4)

직사각형 모양의 토대를 만드는 방법을 살펴보자. 우선 제사장소의 기준선(중심선)이 되는 동서 방향을 정한다. 거기에는 평지에 항(杭)20을 세우고, 그것을 중심으로 해서 원을 그리고, 항의 그림자 앞 끝이 오전과 오후에 원주 위에 오는 점을 연결하면 된다.

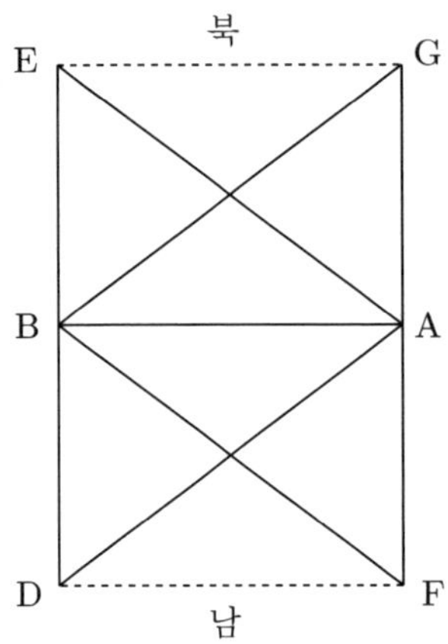

[그림 4.16]

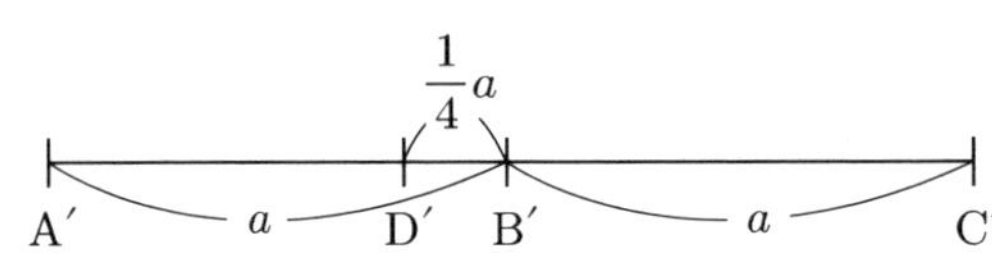

[그림 4.17]

기준선을 AB라고 하자. AB와 같은 길이의 밧줄(繩) A′B′과 B′C′을 연결해서 밧줄 A′B′C′을 만든다. 다음에 B′에서 기준선의 $\frac{1}{4}$ 길이인 곳에 매듭 D′을 만든다. 밧줄 A′B′C′의 양끝을 기준선의 양끝 AB와 연결한다. 그 다음 D′을 잡고, 남쪽으로 걸어서 밧줄이 팽팽해지게 당긴다. 그때 D′의 위치를 D라 하자. 다음에 밧줄 A′B′C′의 양끝의 위치를 바꾸어 넣어 마찬가지 방법으로 D′의 위치 F를 만든다. 그러면 ∠ABD, ∠BAF는 직각이고, 사각형 ABDF는 직사각형이 된다.

$AB = a$라 하면 $BD = C'D' = a - \frac{1}{4}a = \frac{3}{4}a$, $AD = A'D' = a + \frac{1}{4}a = \frac{5}{4}a$이므로 삼각형 ABD 세 변의 비는 $\frac{3}{4}a : a : \frac{5}{4}a = 3 : 4 : 5$가 되어 직각삼각형임을 알 수 있다. 똑같은 것을 기준선을 북쪽으로 행해서 남북으로 긴 직사각형의 토대 EDFG를 만든다.

20 지중(地中)에 박아 넣어서 지주 또는 표지로 하는 봉(棒)을 말한다.

동서로 긴 직사각형 토대를 만들기 위해서는 A′B′을 기준선 AB와 같은 길이, B′C′을 AB의 $\frac{1}{2}$, 매듭 D′의 위치를 B에서 밧줄 B′C′의 $\frac{1}{6}$ 길이인 곳에서 잡아 밧줄 A′B′C′을 만들면 된다. 이 경우 삼각형 ABD 세 변의 비는 $\frac{5}{12}a : a : \frac{13}{12}a = 5 : 12 : 13$이 된다.

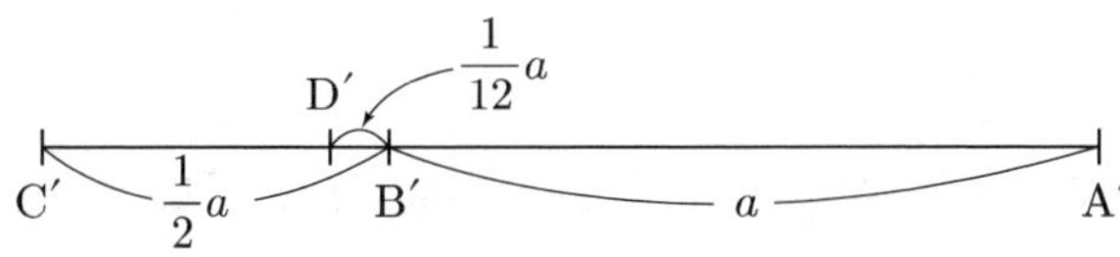

[그림 4.18]

《슈르바 수트라》에는 세 변의 비가 8 : 15 : 17, 12 : 35 : 37인 직각삼각형도 사용하고 있다.

정사각형 토대의 작도는 다음과 같이 한다. 기준선 AB와 같은 길이의 밧줄 A′B′을 4등분해서 표시한다. 그 밧줄을 기준선 위에 겹쳐서 밧줄의 표시 위치에 작은 항을 박는다. D, E에 밧줄의 양끝을 연결하고, 밧줄의 중점 C′을 들고 밧줄을 남쪽으로 팽팽하게 당기고, C′의 위치에 표지 F를 붙인다. 다음으로 기준선의 중점 C에 밧줄의 양끝을 연결해서, 밧줄의 중점 C′을 들고 F를 통과해서 남쪽으로 팽팽하게 당기고, C′의 위치 G에 작은 항을 박는다. 그리고 A, G에 밧줄의 양끝을 연결하고, C′을 들고 밧줄을 동서 방향으로 팽팽하게 당기고, C′의 위치

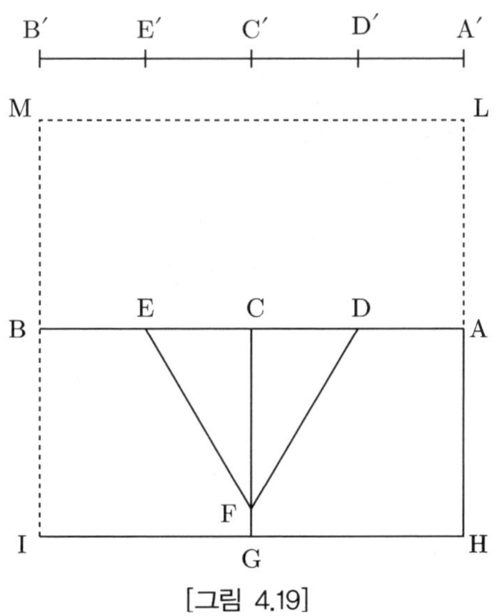

[그림 4.19]

를 H라고 하면, 이 점이 정사각형의 제사장소의 남동각(南東角)이 된다.

다음으로 동쪽 항 A에서 밧줄을 떼어내어 서쪽 항 B에 연결하고, C′을 들고 서남 방향으로 팽팽하게 당겨서, 그 위치를 I라 하면, I가 제사장소의 남서각(南西角)이 된다. 마찬가지 순서로, 동북각 L, 서북각 M을 결정한다. 여기에서는 이등변삼각형의 꼭짓점과 밑변의 중점을 연결하는 선(중선)이 밑변에 수직이 된다는 성질이 이용되고 있기 때문에 교재로서도 이용할 수 있다.

(4) 고대 중국에는 천문학이 聖人의 학문, 그 천문학의 보조학문이 수학

고대 중국에서 황제를 천자(天子)라 부르듯이, 천명에 따라 시민을 통치한다는 생각이 있었다. 천(天)이라는 것은 천제(天帝), 신이라는 것이다. 이와 같은 정치이념은 한(漢)나라 때 확립된 것 같다. 천명, 신의(神意)는 천문에 의해 판단되었다. 그러므로 천자가 된 자는 항상 천문(하늘의 문양, 별의 배치 등에 관한 것)을 관찰할 필요가 있었다. 천문관측의 결과는 역(曆)으로서 발표되었다. 중국에서는 왕조가 바뀌면 반드시 역을 바꾸었는데, 그것은 새로운 왕에게 새로운 천명이 내렸다고 하는 것으로, 그것을 시민에게 강제하는 것으로서 천자의 권위를 확립하려고 했다. 이러한 이유로 천문학은 중요한 학문으로서 옛날부터 발달했다.

중국의 오래된 천문서에 《주비산경》[21]이라는 것이 있다. 이 책은 기원 전후의 한나라 때 이미 성립되어 있었다고 전해지는 것으로, 중국 고대의 성인(聖人)인 주공(周公)이 현대부(賢大夫)로서 산수에 뛰어난 상고(商高)에게 질문하는 대화 형식으로 쓰여 있는데, 주나라의 유법(遺法)을 전한 것이라고 말해지고 있다.(5)

《주비산경》에서 상고는 다음과 같이 말하고 있다.

> 대지에 관한 것을 이해하고 있는 사람은 지혜가 있는 사람(智者)이고, 하늘에 관한 것을 이해하고 있는 사람은 거룩한 사람(聖人)이다. 이 지혜는 태양의 그림자를 재는 8척의 막대(髀)에 해당하는 구고법(勾股法)의 구(勾)에서 생긴다. 이 구(勾)는 직각을 이루는 구(矩)에서 나온다. 원래 구(矩)와 수(數)의 연결이야말로 여러 가지 사물을 인도하고 지배하는 것임에 틀림없다.

---

21 당나라 이전의 고산서(古算書)를 모은 《산경십서》(算經十書)의 하나로, 고대 천문학이 중심을 이루며, 선진시대(先秦時代)부터 후한에 이르는 내용들이 포함되어 있다. 천지가 모두 평행하며 평면 또는 뚜껑과 같다는 개천설(蓋天說)을 상술했다. 〈비〉(髀)는 지면에 수직으로 세운 막대를 가리키는 것으로 이 막대의 그림자 길이를 측정하고, 피타고라스 정리를 사용하여 천지 크기를 산출했다.

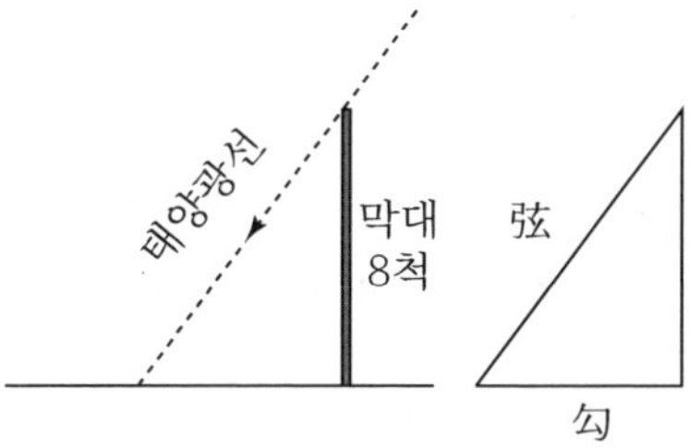

[그림 4.20]

고대 중국의 천문관측도구는 여기에 쓰여 있는 8척의 막대(髀)였다. 막대를 지면에 수직으로 세우면, 태양광선에 의해 그림자가 생긴다. 이 그림자, 막대, 태양광선으로 직각삼각형이 생긴다. 중국 사람은 그림자에 해당하는 부분을 구(勾)[22], 막대에 해당하는 부분을 고(股), 태양광선(빗변에 해당한다)의 부분을 현(弦)이라 불렀다. 구(勾)라는 것은 원래 구(鉤, 낚시바늘)다. 고(股)는 '갈래'이며, 현(弦)은 활의 '시위'이다. 또한 구(矩)라는 것은 '곱자(曲尺)'이다. 구(矩)는 직각자로서 꽤 오래 전부터 사용하고 있다. 구(矩)에 의해 구고(勾股)가 만들어지는데, 그 구고의 길이로 여러 가지 알 수 있음을 말한 것이다. 그러면 실제로 어떻게 사용하였을까?

> 하짓날 정오에 주나라의 도시인 양성(陽城)[23]에 8척의 막대를 세워서 그림자 길이를 재면 1척 6촌이 된다. 막대는 구고(勾股)의 고(股)에 해당하고, 정오의 그림자 길이는 구(勾)에 해당한다. 이때 양성에서 진남(眞南)으로 1000리(里)를 가면 구(勾)에 해당하는 그림자 길이는 1척 5촌, 진북(眞北)으로 1000리를 가면 구(勾)는 1척 7촌이 된다. 하지 이후 태양은 매일 남으로 가고, 그림자는 점점 길어진다. 구(勾)에 해당하는 그림자 길이가 6척이 되었을 때를 가늠해서 지름이 1촌, 길이가 8척인 대나무관(竹管)으로 태양의 그림자를 포착하여 관측하면, 구멍(空孔)에 태양이 쏙 들어와 태양 크기가 구멍 크기와 같게 된다.

이상의 관찰 값에서 다음과 같은 계산을 한다.

우선 남북 방향으로 1000리 떨어지면 그림자 길이가 1촌 달라진다는 것을 알 수 있다. 이것은 1촌 1000리라고 해서 여러 가지 계산의 근거로 사용된다. 하짓날

22 제4장의 각주 4 참조.

23 중국 상고 이래 천문관측의 중심지로서 역(曆) 계산의 기초 데이터를 측정하던 곳이며, 지중(地中)이라 불렀다. 지금의 하남(河南)성 등봉(登封)현 동남의 고성진(告城鎭, Gaocheng)이다.

정오에 양성에서의 그림자는 1척 6촌 = 16촌이므로, 양성에서 태양 바로 아래까지의 거리는 1000리×16 = 16000리로 계산된다.

다음에 그림자가 6척이 되었을 때는, 그 지점에서 태양 바로 아래까지의 거리는 60000리가 된다. 그리고 그 지점에서 바로 위로 80000리 올라간 곳이 태양의 위치가 된다.

고대 중국에서는 개천설(蓋天說)[24]이라 불리는 우주구조론이 있었다. 그것에 의하면, 천지(天地)는 80000리 간격의 평행평면이고, 대지는 사각형으로 구획되어 있으며, 하늘은 태양이 운행하는 원으로 구획되어 있다고 생각했다. 태양은 북극을 중심으로 하는 원주 위를 움직이는데, 지평 아래로 가라앉는 일은 없다. 태양은 동쪽 하늘에서 남쪽으로 돌아 서쪽 하늘로 기울어져서는 더욱 북쪽으로 돌며, 관측지점에서 멀어지면 빛이 약해지고 보이지 않게 된다고 생각했다.

그런데 그림자가 6척일 때 관측지점에서 태양까지의 비스듬한 거리는

$$\sqrt{60000^2 + 80000^2} = 100000\,(\text{리})$$

로 계산된다. 또 태양의 지름을 x 리라고 하면, 8척=80촌 앞의 것이 꼭 1촌인 지름에 들어가기 때문에 80리 앞의 것의 지름은 1리에 해당하며, $80 : 1 = 100000 : x$

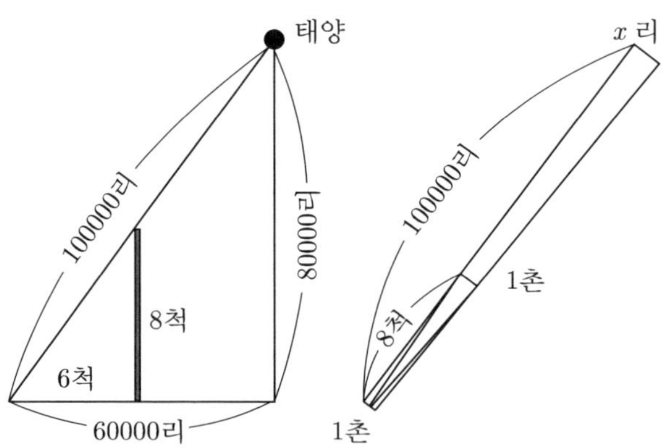

[그림 4.21]

24 동양의 대표적인 우주구조론으로, 하늘은 삿갓 모양의 둥근 뚜껑으로 되어 있고 땅은 평평하며, 북극 부분이 갓의 중심이 되어 있다는 주장이다. 하늘에 있는 태양이나 그 밖의 천체는 북극을 중심으로 하여 원 위로 움직인다고 생각하며, 밤낮이 생기는 원인은 태양과의 멀고 가까움에 의하여 생긴다고 믿었다.

에서 $x = 1250$리를 얻을 수 있다. 결국 태양의 지름은 1250리라는 것이다.

이와 같이 직각삼각형과 피타고라스 정리는 천문관측의 수단으로 이용되었다. 《주비산경》 처음에 "우왕(禹王)[25]이 천하를 통치한 치수와 토목사업 방법은 구고법의 방법에 따른 수 값의 취급에 기초해서 얻어진 것이다."라고 쓰여 있다. 여기에서 말하는 수 값이란 '구(勾)의 폭을 3으로 하고 고(股)의 길이를 4로 하면, 양끝을 연결한 직각을 마주 보는 대각선에 해당하는 지름(빗변)은 5가 된다.'는 것이다. 《주비산경》에는 이것을 그림을 이용해서 다음과 같이 설명하고 있다.

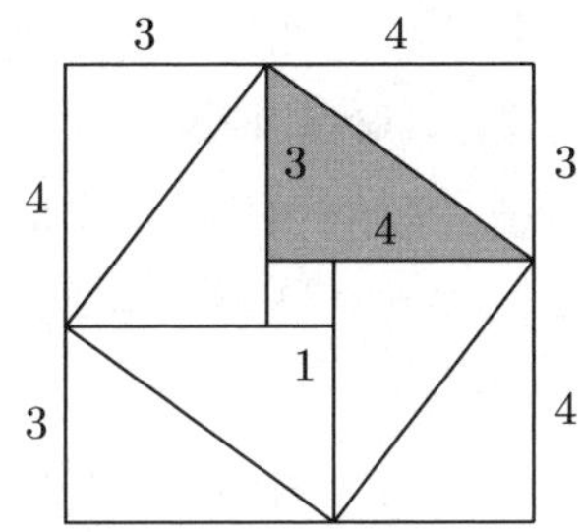

[그림 4.22]

이제 구(勾)가 3이고, 고(股)가 4인 직각삼각형의 현(弦, 빗변)을 한 변으로 하는 정사각형을 그리고, 그 바깥쪽에 두 변이 3과 4인 직사각형의 반인 것을 4개 그린다. 그러면 또 하나의 큰 정사각형이 생기는데, 이 넓이는 49이다. 여기서 직사각형 2개 분의 넓이 24를 빼면 25가 남는다. 따라서 안쪽의 현을 한 변으로 하는 정사각형의 넓이는 25이므로, 현의 길이는 5이다.

이것은 중학교 수학교과서에도 자주 나오는 정리의 도해 가운데 하나이다.

중국에는 진한시대[26]에 만들어진 《구장산술》이라는 오래된 산서가 있다. 이것은 당시의 중앙집권시대의 담당자였던 관료를 양성하기 위한 교과서였다. 당시 관료들은 육예(六藝)라 불리는 예(禮, 예법), 악(樂, 음악), 사(射, 궁술), 어(御, 마술), 서

25 우(禹)는 하(夏) 왕조(기원전 2205~1776)의 기초를 세운 왕이다. 생몰연대는 미상이며, 8년간 재위하였고, 과로로 죽었다. 아버지 곤이 치수의 실패로 피살된 후, 순(舜) 임금은 우에게 아버지를 대신하여 계속 치수의 임무를 맡도록 하였다. 그는 아버지의 교훈을 거울삼아 철저한 현지 조사를 거쳐 강바닥에 쌓인 토사를 제거하는 방법을 취하며, 공사현장을 직접 감독한 결과 13년 만에 홍수 피해를 극복했다.

26 진한시대는 중국에서 처음으로 중앙집권적인 통일국가가 성립했던 시대로, 진나라 시황제(始皇帝)의 전국 통일(기원전 221년)부터 후한의 멸망(기원후 220년)에 이르는 약 440년간을 말하는데, 이 사이 네 나라가 흥망했다.

(書, 서도), 수(數, 수학)를 교양으로 학습했다. 수학은 행정의 수단으로 사용되었다.

《구장산술》의 제9권이 '구고(勾股)'인데, 여기에는 피타고라스 정리가 높이, 깊이, 넓이, 거리 등의 측량에 이용되고 있다. 장의 처음에 "구(勾)와 고(股)의 각각을 제곱하고, 그것을 더해서 제곱을 풀면, 곧 현(弦)이다."라는 정리가 적혀 있다.

여기에 나와 있는 문제는 수업에서 사용할 수 있는 것도 있다. 예를 들어보자.

> 지금 한 변이 1장(丈)[27]인 정사각형 모양의 연못이 있고, 갈대가 중앙에 자라고 있는데, 수면에서 1척(尺) 나와 있다. 이 갈대를 물가로 향해 당기면 정확히 물가에 겹쳐진다. 물음. 수심 및 갈대 길이는 각각 얼마인가?
>
> **답** 수심은 1장 2척이고, 갈대는 1장 3척이다.

계산법 연못의 한 변의 반을 제곱하여 물 밖으로 나온 1척의 제곱을 빼고, 나머지를 물 밖으로 나온 길이의 2배로 나누어 수심을 구한다. 물 밖으로 나온 수를 더하여 갈대 길이를 얻는다.

연못의 한 변의 반을 a, 수심을 b, 갈대 길이를 c라고 하면, [그림 4.23]에서 $c^2 - b^2 = a^2$이 된다.

$$(c+b)(c-b) = a^2$$

$$c+b = \frac{a^2}{c-b}$$

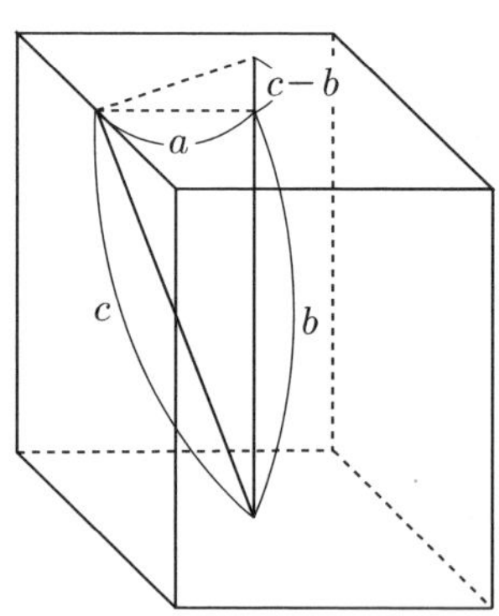

[그림 4.23]

27 척관법의 길이 단위로, 1장(丈)은 10척(尺)이며, 곡척(曲尺)으로 약 3.03미터이다.

양변에서 $(c-b)$를 빼면

$$2b = \frac{a^2}{c-b} - (c-b) = \frac{a^2-(c-b)^2}{c-b}$$

$$\therefore\ b = \frac{a^2-(c-b)^2}{2(c-b)}$$

학생이 계산할 때는 $c=b+1$, $a=5$를 사용하여 $(b+1)^2-b^2=5^2$에서 $b=12$를 구하게 된다.

(5) 이집트의 승장사와 3:4:5인 직각삼각형

이와 같이 고대 문명의 발상지에서는 어디에서라도 피타고라스 정리가 발견되어 사용되고 있다. 그것도 각 나라에서 가장 중요한 것과 관련되어 있음을 학생들에게 확실히 가르쳐 둘 필요가 있다고 생각한다.

그런데 위에서 나오지 않았던 나라는 이집트이다. 교과서에는 자주 이집트에는 승장사(繩張師)28라는 측량사가 있어, 그들이 밧줄을 3 : 4 : 5 비율로 매듭을 만들어 그것으로써 직각을 만들었다고 쓰여 있다. 피타고라스는 이집트에서 유학했을 때, 이 방법을 배우고 이 사이에 $3^2+4^2=5^2$의 관계가 있다는 것에서 정리를 발견했다고 설명되어 있다. 그러나 이집트의 측량사가 3 : 4 : 5인 삼각형이 직각삼각형인 것을 알고 있었다는 증거는 아무것도 없다. 유명한 《린드 파피루스》나 《모스크바 파피루스》에도 이러한 것은 보이지 않으며, 물론 피타고라스 정리를 사용하는 문제도 나와 있지 않다.

차일드(Vere Gordon Childe)는 다음과 같이 말하고 있다.(6)

> 이집트에서 피타고라스 정리를 응용했다는 직접적인 증거는 없다. 이것을 보아도 '직각을 만드는 데에 세 변이 각각 3, 4, 5라는 값을 가지는 삼각형이 사용되었다'라는 종종 반복되는 설명은 전혀 근거가 없다.

그리스의 데모크리토스(기원전 460~370?경)는 "증명하면서 작도하는 것에 대해서는 아직 나보다 나은 사람은 한 사람도 없었다. 이집트의 승장사조차 그러했다."라고 말하며, 은근히 이집트 측량사들의 능력을 인정하면서도 자신의 재능을 자랑

---

28 새끼줄을 쳐서 측량에 종사하는 사람을 말한다.

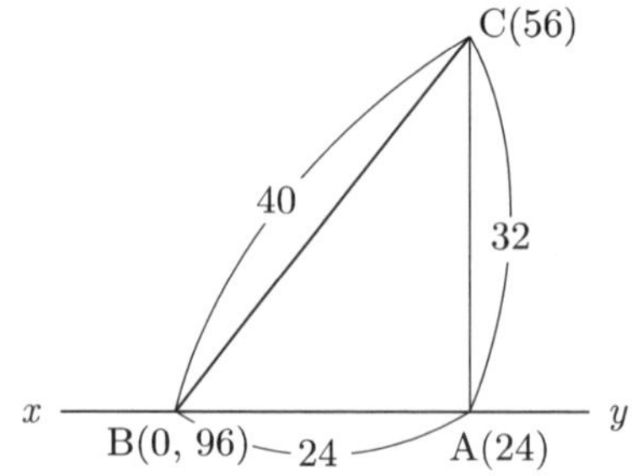

[그림 4.24]

하고 있는데, 이 승장사의 일을 한 가닥의 밧줄을 3, 4, 5 인 비율로 나누어 직각을 만드는 것이었다고 해석한 것 같다. 그러나 그 근거는 아무 데도 없다.

그런데 아주 재미있는 것을 볼 수 있다. 그것은 호그벤의 《백만인의 수학》(百万人の 数学, 筑摩叢書 상(上) 59쪽)에 다음과 같은 것이 쓰여 있는 것이다.

이집트의 농수산장관 고시 제2호(1935년) '과수(果樹) 식수에 대한 지시' 가운데 나타나 있는 직각을 만드는 방법

쇠사슬로 직각을 만드는 가장 간편한 방법은 다음과 같다. 24번째 고리를 직각을 만들어야 하는 점에 봉(棒)으로 고정하고, 다음 쇠사슬의 출발점과 96번째 고리를 묶어서 기선(基線)을 따라 걸어가 0~24 부분이 쫙 펴지게 당긴다. 다음에 56번째 고리를 가지고 요구되는 방향으로 걸어가 24~56, 56~96 부분이 팽팽해지게 당기면, 그때 이 점의 위치가 정확히 기선에 대해서 직각인 위치가 된다. (쇠사슬 한 고리의 길이는 7.9인치이다.)

이 방법은 실과 압정으로 책상 위에서 간단히 실험할 수 있기 때문에 교실에서도 해볼 수 있다.

그런데 이 쇠사슬로 만들어진 삼각형 세 변의 길이는 확실히 24, 32, 40이므로, 이 비를 계산하면 3 : 4 : 5 가 된다. 만약 이 방법이 옛날부터 전승된 것이라고 하면, 이집트에서는 3 : 4 : 5 로 직각을 만드는 방법이 행해지고 있었다는 것이 된다.

(6) 피타고라스와 피타고라스 정리

피타고라스 정리는 피타고라스 이전에 발견되어 사용되고 있었지만, 정리를 최초로 증명한 사람은 피타고라스라고 전해지고 있다. 이것에 관해서 생각해보자. 거기에는 피타고라스가 왜 수학 연구를 했는지 이해해둘 필요가 있다.

피타고라스 학파의 사상 근저에 있는 것은 영혼 불사, 윤회전생(輪廻轉生)이라는 것이다. 그러므로 그의 교단에서는 영혼을 정화하는 것을 첫째 의무라고 생각하고, 그것을 배우고 익히는 데 힘썼다. 영혼 정화를 위해서는 그것을 감각적이고 소멸될 수 있는 것에서 멀어져, 깊이 생각하고 영원한 것으로 이끌도록 하는 것이 중요하다. 그것을 위한 수단으로써 그들은 수학과 음악 연구를 택했다. 그들이 연구대상으로 한 수는 현실의 사물과 분리된 관념적인 것이었다. 기원 5세기 피타고라스 학파의 한 사람이었던 필로라우스29는 다음과 같이 말하고 있다.(7)

> 수의 작용과 실체를 10이 되는 수에 내재하는 힘으로 판정하시오. 10은 위대한 것, 일체를 완성하고 일체를 움직이게 하는 것, 신들과 하늘과 인간 생명의 시작이고, 안내자이므로 …… 이것이 없어서는 모두가 끝이 없고, 명석하지 않고, 분명히 드러나지 않는다. 수의 자연성(自然性)은 여러 가지 것에 대해서 여러 가지 의심스러운 것이나 불가해한 것에 대한 지식과 안내와 가르침을 주는 데 있다. 여러 가지 수가 없었다면, 또 그것들의 실체가 없었다면, 일체의 사물은 그 자체에 있어서도, 그들 상호관계에 있어서도, 누구에게도 분명하지 않을 것이다. 군주는 수의 힘이 신령이나 신들의 행사 가운데 작용하고 있음을 알뿐만 아니라, 인간의 여러 가지 행위와 말 중에서도, 또 여러 가지 수공업 기술에서도, 음악에서도 그것을 볼 수 있다. 어떠한 허위도 수의 자연성과 조화는 이것을 허용하지 않는다.

이렇게 해서 그들은 여러 가지 실체에 숨어 있는 수와 우주 속의 조화를 연구했다. 수의 조화는 영원한 것이며, 그것을 아는 것은 인간을 신과 같이 하며, 영혼의 정화에 도움이 된다고 생각했다. 또 그들은 수를 우주의 형상임과 동시에 질료(質料)30라고 생각하고 있었다. 즉, 수를 세계 구성의 소재라고도 생각했다. 이 하나의 상징이 형상수라고 불리는 것이다. 점=수로 모든 모양이 결정된다는 생각이다.

우선 1에서 시작하는 자연수의 합을 형상화하면 삼각형이 생긴다. 그래서

$$1,\ 1+2=3,\ 1+2+3=6,\ 1+2+3+4=10,\ \cdots$$

29 필로라우스(Philolaos, 기원전 470?~385)는 《자연론》의 저자이자 철학자·수학자로서, 그는 '보이지 않는 불꽃 주위를 지구, 태양, 별이 돌고 있다.'라고 하여 은하계를 연상시키고 있다.

30 사물의 바탕 재료를 뜻하며, 실질(實質)과 같은 의미로 쓰인다.

을 삼각수라 부른다.

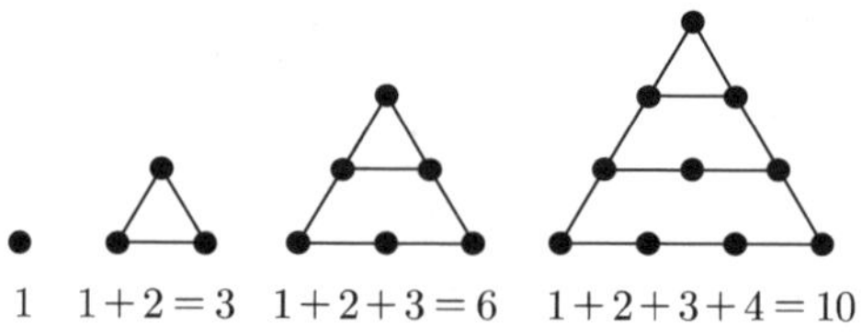

[그림 4.25]

일반적으로 삼각수는 다음과 같이 나타난다.

$$1+2+3+\cdots+n=\frac{1}{2}n(n+1)$$

또 $1^2=1$, $2^2=4$, $3^2=9$, $4^2=16$, $\cdots$, n^2과 같은 수는 정사각형이 되므로 사각수라고 부른다. 사각수는 [그림 4.26]과 같이 구획지어가면 홀수의 합이 된다는 것을 알 수 있으므로, 이것으로부터 $1+3+5+7+\cdots+(2n-1)=n^2$이 발견되었다.

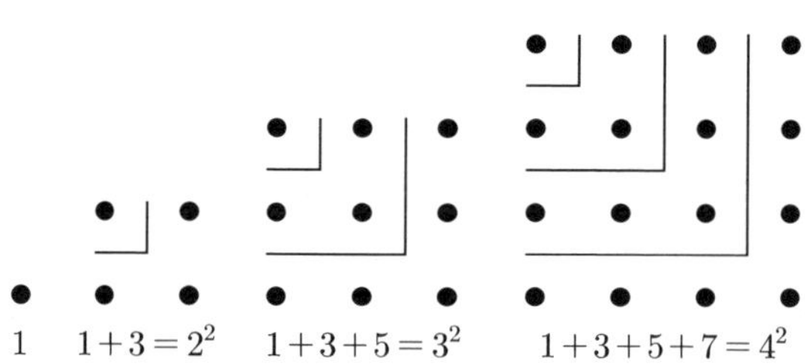

[그림 4.26]

그런데

$$1+3+5+7+\cdots+(2n-1)+(2n+1)=(n+1)^2$$

이므로 $n^2+(2n+1)=(n+1)^2$이다. 여기서 만약 $2n+1$이 어떤 수의 제곱수라고 하면, 즉 $2n+1=m^2$이라고 하면 $n=\frac{1}{2}(m^2-1)$, $n+1=\frac{1}{2}(m^2+1)$이 되므로

$$\left(\frac{m^2-1}{2}\right)^2 + m^2 = \left(\frac{m^2+1}{2}\right)^2$$

이라는 관계가 성립한다.

$x^2+y^2=z^2$ 을 만족하는 정수값을 피타고라스 수라고 한다.

$$x=\frac{1}{2}(m^2-1),\ y=m,\ z=\frac{1}{2}(m^2+1)$$

은 한 조의 피타고라스 수를 나타내고 있다.

$m=3$ 이라고 하면 $4^2+3^2=5^2$ 을 얻을 수 있고, $m=5$ 라고 하면 $12^2+5^2=13^2$ 을 얻을 수 있다. 그런데 이 (3, 4, 5) 또는 (5, 12, 13)은 직각삼각형의 세 변으로 옛날부터 알려져 있었다. 이것으로부터 피타고라스는 정리가 성립한다는 것을 확실히 재인식한 것은 아닐까?

그러나 이것으로는 피타고라스 정리를 증명한 것이 되지 않는데, 나는 피타고라스가 한 것은 직각삼각형 세 변의 관계를 일반적으로 서술한 것에 지나지 않는다고 생각한다. 실제로 그가 어떠한 방법으로 정리를 증명한 것인지 분명하지 않다. 서양에서 피타고라스는 수학의 신처럼 생각되고 있는 사람이다. 중세의 대학에서 피타고라스 정리는 수학의 선생이라 불렸다고 한다. 정리는 유클리드의 《원론》 제1권의 마지막 명제 47, 48에 나오는데, 대부분의 학생은 제1권의 명제 5 정도에서 도망가버렸다고 한다.(8) 이러한 이유로 곱셈 구구표와 같은 것도 피타고라스 표라고 읽고, 수학에 대해서는 무엇이든지 그 발견을 피타고라스와 연결시켜버리는 경우가 있었던 것 같다. 그러므로 유명한 이 정리도 피타고라스와 연결시켜 그렇게 부르게 되었다는 것도 충분히 생각할 수 있다. 정리의 완전한 기하학적 증명은 《원론》에 있지만, 그것은 유클리드 자신이 생각한 것이다.

이와 같은 내용을 참작하여 지도하면 피타고라스 정리가 얼마나 세계적인 것이었는지를 이해시킬 수 있을 것이고, 표현이 달라도 인간이 생각하는 것은 모두 같다는 것도 알 수 있다. 게다가 중요한 것은 피타고라스 정리를 단순히 수학의 한 정리로 볼뿐만 아니라, 수학이 인간의 생활이나 사상과도 관계를 가지고 있다는 것을 이해시킬 수 있다는 것이다.

(7) 정리의 증명

피타고라스 정리는 세계 각국에서 발견되어 사용되어 왔다. 그래서 정리가 성립한다는 것의 증명에도 특색 있는 것이 보인다.

그리스에서는 기하학적 대수라고 불리는 것이 발달했다. 현재의 $(a+b)^2=a^2+2ab+b^2$ 은 '선분이 임의로 둘로 나눠진다면, 전체에 대한 정사각형은 나눈 두 부분에 대한 정사각형과, 두 부분에 의해 둘러싸인 직사각형의 두 배의 합과 같다'고 표현되었다. 이것을 그림으로 나타내면 [그림 4.27(a)]와 같다.

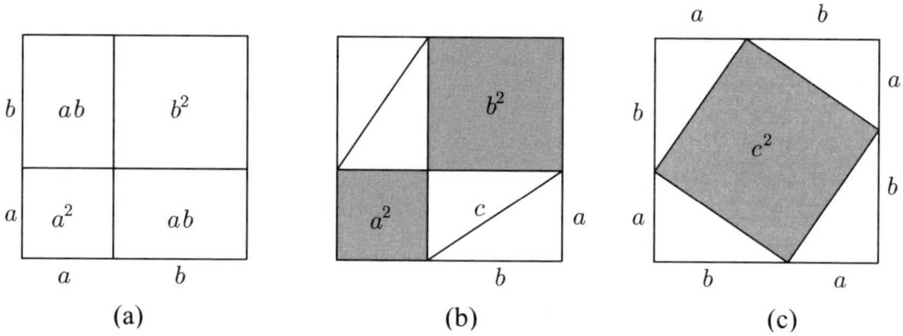

[그림 4.27]

그런데 이 그림의 두 직사각형을 대각선으로 두 개의 직각삼각형으로 나눈다. 그 빗변을 c 라고 하자([그림 4.27(b)]). 다음에 c 를 한 변으로 하는 정사각형을 그리고, 그 주위에 네 개의 직각삼각형을 붙이면, 한 변이 $a+b$ 인 정사각형이 생긴다([그림 4.27(c)]).

여기서 [그림 4.27(b), (c)]를 비교해서 직관적으로 $a^2+b^2=c^2$ 을 이끌어낸다. 수학사를 연구하는 사람 중에는 피타고라스 증명법이라는 것은 이와 같은 것이었다고 상상하는 사람도 있다. 하는 김에 피타고라스 시대에는 삼각형의 닮음 이론이 알려져 있었으므로, 그는 이것을 사용해서

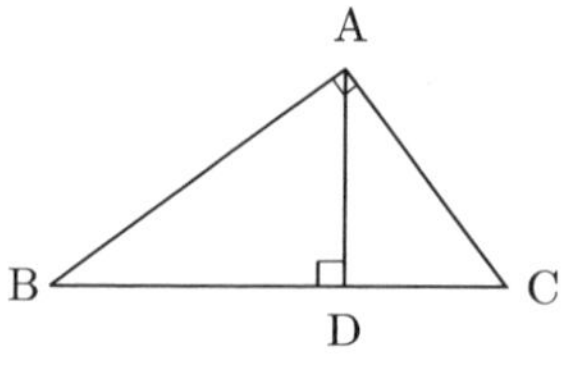

[그림 4.28]

$$\mathrm{BA}^2 = \mathrm{BD} \cdot \mathrm{BC} \qquad \mathrm{AC}^2 = \mathrm{CD} \cdot \mathrm{BC}$$

$$\therefore \ \mathrm{BA}^2 + \mathrm{AC}^2 = (\mathrm{BD} + \mathrm{CD})\,\mathrm{BC} = \mathrm{BC}^2$$

과 같이 증명했을 것이라는 설도 있다.

하나 더 알기 쉬운 재미있는 방법을 소개하겠다.

우선 [그림 4.27(a)]와 같이 직각을 사이에 낀 두 변 a, b를 각각 한 변으로 하는 정사각형을 그린다.

다음에 이것을 [그림 4.27(b)]와 같이 직각삼각형 네 개와 $b-a$를 한 변으로 하는 정사각형으로 나눈다.

그 다음에 바깥쪽 두 개의 직각삼각형을 위쪽으로 옮기면, [그림 4.27(c)]와 같이 빗변 c를 한 변으로 하는 정사각형이 생긴다. 와산에서 자주 볼 수 있는 방법 가운데 하나이다.

(8) 무리수의 발견

피타고라스 정리에서 잊어서는 안 되는 것은 그것이 무리수의 발견으로 이어진다는 것이다.

《원론》의 제10권 정의 1에 "같은 척도로 잴 수 있는 양을 통약가능량(通約可能量)이라 한다. 어떠한 공통된 척도도 가지지 않는 양은 통약불가능량(通約不可能量)이라 부른다."라고 쓰여 있다. '공통의 척도를 가지지 않는다'는 것은 '자연수의 비로 나타낼 수 없다'는 것인데, 피타고라스 학파는 정사각형의 대각선과 한 변이 통약불가능하다는 개념으로 현재의 무리수를 인식했다.

그러면 '두 양이 통약불가능이다'라는 것은 어떻게 증명할까? 《원론》의 제10권 명제 2에 다음과 같이 쓰여 있다.

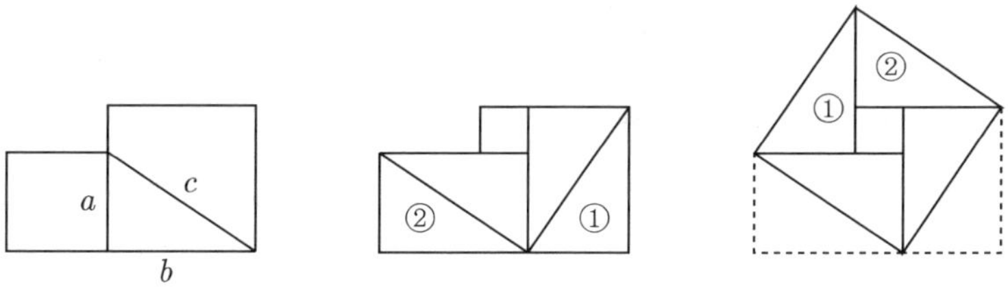

(a) (b) (c)

[그림 4.29]

만약 두 개의 다른 양 가운데 계속해서 작은 쪽을 큰 쪽에서 빼 나갈 때, 남은 양이 결코 자신의 이전 양을 잴 수 없으면, 그들 두 양은 통약불가능일 것이다.

이것은 소위 유클리드 호제법이다. 즉 '통약불가능'은 호제법으로 판정한다는 것이다. 다음으로 정사각형 한 변과 대각선이 통약불가능임을 증명해보자.

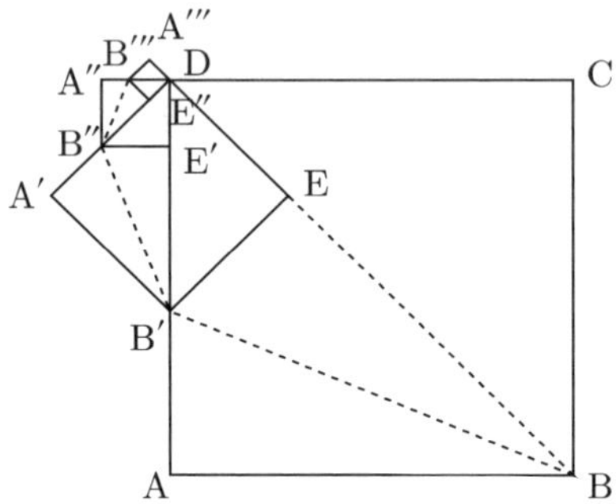

[그림 4.30]

정사각형 ABCD의 대각선 BD 위에 BE＝AB가 되도록 점 E를 잡는다. 점 E에서 BD에 수선을 세우고, AD와의 교점을 B′이라고 하면, 삼각형 EDB′은 ED＝EB′인 직각이등변삼각형이다. 다음으로 ED를 한 변으로 하는 정사각형 EDA′B′을 만든다. 이하 같은 방법으로 작도한다.

$$\frac{BD}{AB} = 1 + \frac{DE}{AB}$$

$$\frac{AB}{DE} = \frac{AD}{DE} = \frac{B'A + DB'}{DE} = 1 + \frac{DB'}{DE}\left(= \frac{\text{정사각형의 대각선}}{\text{한 변}}\right)$$

$$\frac{DE}{DE'} = \frac{DA'}{DE'} = 1 + \frac{DB''}{DE'}\left(= \frac{\text{정사각형의 대각선}}{\text{한 변}}\right)$$

이 계산은 '정사각형의 대각선 : 한 변'의 관계와 같으므로, 한없이 계속되어 결코 끝나는 일은 없다. $DE^{(n)}$은 결코 0이 되는 일은 없기 때문에, BD와 AB는 통약불가능이다.

통약불가능의 발견은 정사각형의 대각선과 한 변 사이에서만 아니라, 피타고라스 교단의 휘장이며 건강의 심벌이었던 별꼴 오각형(pentagram, 펜타그램)에서 정오각형의 대각선과 한 변 사이에서도 찾아볼 수 있다. 피타고라스 학생이었던 히파소스[31]

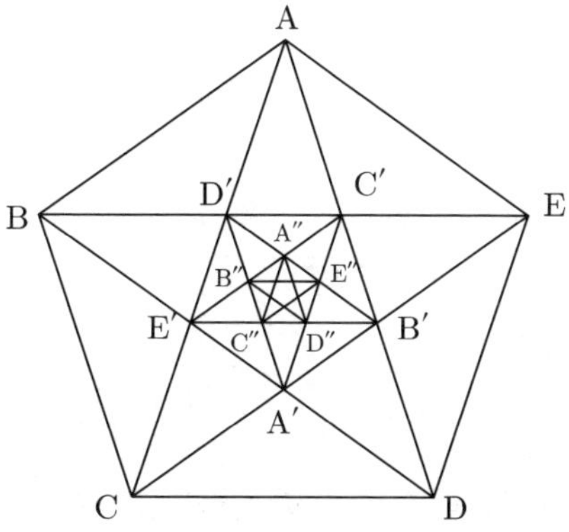

[그림 4.31]

가 구에 내접하는 정12면체에 관한 것을 공포했기 때문에 순종하지 않았다는 이유로 배가 난파되어 죽었다는 이야기가 있다. [그림 4.31]에서

$$\frac{\mathrm{BE}}{\mathrm{CD}} = \frac{\mathrm{D'E} + \mathrm{BD'}}{\mathrm{CD}} = 1 + \frac{\mathrm{BD'}}{\mathrm{CD}}$$

$$\begin{aligned}\frac{\mathrm{CD}}{\mathrm{BD'}} &= \frac{\mathrm{BC'}}{\mathrm{BD'}} = \frac{\mathrm{BD'} + \mathrm{C'D'}}{\mathrm{BD'}} \\ &= 1 + \frac{\mathrm{C'D'}}{\mathrm{BD'}} \\ &= 1 + \frac{\mathrm{C'D'}}{\mathrm{B'E'}} \left(= \frac{\text{한 변}}{\text{대각선}} \right)\end{aligned}$$

이다. 이 계산은 한없이 계속되어 끝나는 일이 없다. 그러므로 BE와 CD는 통약불가능이다.

이러한 통약불가능의 증명은 학생도 이해할 수 있고, 그림을 보는 것만으로도 흥미를 끈다.

그런데 이상의 증명은 거의 시각에 의존하고 있다. 그래서 점차 엄밀한 배리법에 의한 증명을 생각해내게 된다. 이것은 아리스토텔레스가 《분석론(analytics) 후

31 히파소스(Hippasus, 기원전 5세기경)는 피타고라스 학파의 철학자이자 수학자이며, 무리수의 존재, 즉 $\sqrt{2}$를 최초로 발견했다고 알려져 있다. 그는 피타고라스 정리를 두 변의 길이가 1인 직각삼각형에 적용하여 $\sqrt{2}$라는 숫자를 발견하였고, 완전한 정수비로 표현할 수 없는 숫자라는 것을 증명하였다. 그러나 당시 피타고라스 학파는 만물의 근원은 정수라고 생각했고, 모든 수는 정수비로 표현할 수 있다고 가르치고 있어, 무리수의 존재는 피타고라스 학파의 세계관의 불합리성과 오류를 암시했다.

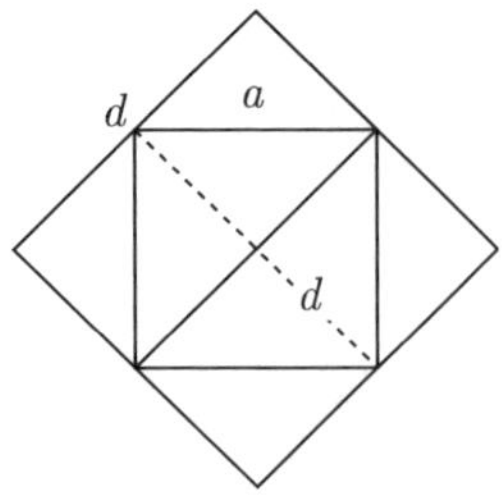

[그림 4.32]

서》에서 말하고 있듯이 '만약 대각선과 한 변이 통약가능이라고 하면 홀수와 짝수가 같아진다.'라는 증명이다.

대각선을 d, 한 변을 a라고 하면, $d^2 = 2a^2$이다. 이것은 피타고라스 정리를 이용하지 않더라도 [그림 4.32]에서 잘 알 수 있다. d와 a가 통약가능이라고 하면 서로소인 자연수의 비로 나타낼 수 있기 때문에 $d : a = m : n$으로 두자. 그러면 $d^2 : a^2 = m^2 : n^2$이다.

여기에 위의 관계를 대입하면 $m^2 = 2n^2$이 되는데, m^2이 짝수이므로 m은 짝수이다. 따라서 n은 홀수가 아니면 안 된다. 그래서 $m = 2k$로 두면 $n^2 = 2k^2$이 되어 n은 짝수가 아니면 안 된다. 그런데 n은 홀수였으므로 이것은 모순이다. 그러므로 최초의 가정인 d와 a가 통약가능이라는 것은 잘못이다.

(9) 중국과 인도의 수학책에 있는 유사한 문제

중국 진한시대에 만들어진 《구장산술》 제9장은 '구고(勾股)'라는 표제로, 여기에 피타고라스 정리를 이용하는 문제가 다루어지고 있음은 앞에서도 말했지만, 이것의 제13문(問)에 다음과 같은 문제가 나와 있다.

높이 1장인 대나무가 있다. 중간이 부러져서 앞 끝이 지면에 닿았다. 그 위치는 대나무 뿌리에서 3척 떨어져 있다. 그러면 부러진 곳의 높이는 얼마인가?(1장=10척)

답 $4\frac{11}{20}$ 척

풀이 부러진 대나무 앞 끝이 뿌리에서 떨어진 길이를 제곱해서 대나무 높이로 나눈다. 이 결과를 대나무 높이에서 빼고 그 나머지를 2로 나누면, 이것이 부러진 높이이다.

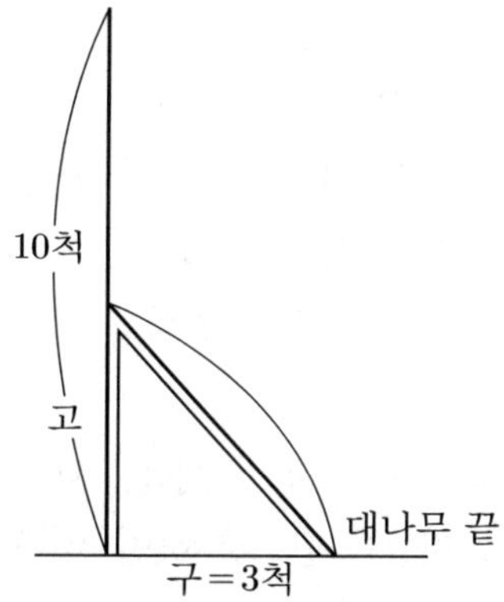

[그림 4.33]

$$\left(10 - \frac{3^2}{10}\right) \div 2 = \frac{91}{20} = 4\frac{11}{20}$$

그런데 이 풀이방법이 옳다는 것은 다음과 같이 증명할 수 있다. [그림 4.33]에서

$$\text{대나무 높이} = \text{현} + \text{고}, \quad \text{구}^2 = \text{현}^2 - \text{고}^2 = (\text{현} + \text{고})(\text{현} - \text{고})$$
$$\text{구}^2 \div (\text{현} + \text{고}) = (\text{현} - \text{고})$$

이다. 이상에서

$$\text{현} + \text{고} = \text{대나무 높이}$$
$$\text{현} - \text{고} = \frac{\text{구}^2}{\text{대나무 높이}}$$

이다. 위의 식에서 아래 식을 빼고 2로 나누면 다음과 같이 된다.

$$\text{고} = \left(\text{대나무 높이} - \frac{\text{구}^2}{\text{대나무 높이}}\right) \div 2$$

이것이 위에 제시된 풀이방법이다.

그런데 이것과 유사한 문제가 《구장산술》보다 1000년이나 뒤에 출판된 인도의 바스카라32의 《릴라바티》(1150년경) 제149문에 나와 있다.(9)

수학자여! 평평한 지면에 있는 직립한 32하스타[33] 길이의 대나무가 폭풍우에 흔들려 한 점에서 부러져, 앞 끝이 뿌리에서 16하스타 떨어진 점에서 지면에 접했다고 하면, 그것은 뿌리로부터 몇 하스타인 곳에서 부러졌는지를 말하세요.

이것의 풀이방법은 다음과 같이 쓰여 있다.

부러진 대나무 앞 끝과 뿌리 사이의 땅의 제곱을 대나무 높이로 나누고, 그것을 각각 대나무에서 가감하고, 그것들을 반으로 하면 차례대로 이(耳) 및 제(際)로서 대나무의 두 부분이 된다.

인도에서 직각삼각형은 고귀한 삼각형이라 불리며, 세 변에는 [그림 4.34]와 같이 완(腕, 팔뚝), 제(際), 이(耳, 귀)라는 명칭이 붙어 있다. '제'라는 글자에는 활(弓)의 끝점이라는 의미가 있다고 한다. 직각삼각형은 사람이 활을 당겼을 때 '이'와 '완'과 그 활의 끝의 위치 관계와 닮은 데서 붙여진 것 같다고 한다.

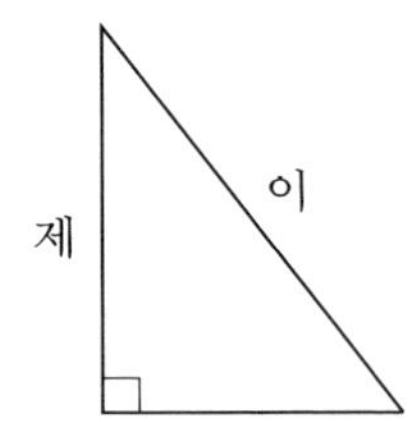

[그림 4.34]

인도의 풀이방법도 중국의 풀이방법과 꼭 같고, '이' 부분(중국의 '현' 부분)은 앞에 나온 식을 더해서 2로 나누면 된다.

$$\text{현} = \left(\text{대나무 높이} + \frac{\text{구}^2}{\text{대나무 높이}}\right) \div 2$$

중국과 인도는 옛적부터 교류가 있었으므로 수학에서 교류가 있었다고 해도 이상한 일은 아니지만, 1000년이나 지나서 다른 나라의 수학책에 같은 문제를 같은 방법으로 풀고 있다는 것은 대단히 흥미 있는 점이다.

32 바스카라(Bhaskara) 2세(1114~1185)는 인도의 대표적인 수학자이자 천문학자이다. 십진법을 체계적으로 사용한 것으로 알려져 있는데, 1150년에 지은 《시단타 시로마니》(Siddhanta Siromani, '천체계의 왕관'이라는 뜻)의 전편(前編) 《릴라바티》(Lilavati, '아름다운 것'이라는 뜻)와 《비자 가니타》(Vijaganita, '종자산술'이라는 뜻)는 수학에 관한 그 이전의 학설을 상세하게 예증·해설하였으며, 후편(後編)은 천문에 관한 내용이다. 그리고 1178년에는 《카라나 쿠투하라》를 지어 천체의 운동 계산에 근대의 미분과 근사한 방법을 쓰고 있으며, 부정 이차방정식의 해법 등도 다루고 있다.

33 하스타(Hasta)는 로마 시대의 공화정 초기부터 사용되었던 창(槍)으로, 산스크리트어로 '손(手)'을 의미하기도 한다. 그런데 '손'은 화살 2대를 한 단위로 쳐서 세는 말이다.

《중학교지도서 수학편》(문부성, 1978년)의 '피타고라스 정리' 부분에 "지도에 있어서는 무엇보다도 우선 '이 정리가 실로 아름다운 정리다.'라는 감격을 교사가 계속 가지는 것이 중요하다. 그것으로 인해 그와 같은 아름다움에 눈을 뜨는 아이도 생겨날 것이다."라고 쓰여 있다.

도대체 이것은 어떤 의미일까? "'아름다운 정리다.'라는 감격"이라는 것은 무엇일까? 어쩌면 교사들에게는 '아름답다'는 것보다 유용성이라는 기분이 강한 것은 아닐까? 이와 같은 감상적인 태도만으로는 결코 학생의 마음을 끌어당길 수 없다. 나는 지금까지 말해온 것처럼, 이 정리가 3800년이나 긴 역사를 가진 인간의 지혜이고, 게다가 세계 각지에서 독립적으로 발견되어 생활상의 여러 문제를 해결하는 데 어떻게 사용하고 있었는지를 가르쳐주는 것이 학생들에게 정리의 중요성을 이해시키고, 더욱이 수학에 대한 인식을 깊게 하는 데 도움이 된다고 생각한다. 또 역사적으로 일어난 여러 가지 문제를 다루는 것은 선인들의 사고를 알기 위해서도 도움이 되므로, 일석이조의 효과를 기대할 수 있다.

(10) 역사상의 문제를 교육의 소재로 이용한다 — 원주율의 계산

피타고라스 정리는 이것을 도형의 계량(計量)에 이용하는 것이 지도 목적 가운데 하나인데, 과거 수학 속에도 그 소재로 적당한 것이 많이 보인다. 정다각형을 이용하는 원주율 계산도 그 가운데 하나이다. 원주율은 초등학교 때 이미 3.14라고 가르쳐져 그대로 기억하고 있을 뿐인데, 실제로 그렇게 되는 것을 계산으로 확인시키는 것도 의의가 있는 학습일 것이다. 요즘에는 10자리 정도의 전자계산기는 어느 가정에도 있으며, 그러한 것을 수학에 이용하는 기회를 만들어준다는 점에서도 가치가 있다.

그런데 원주율 계산은 무한급수 전개가 발견되기까지는 원에 내·외접하는 정다각형 둘레를 계산하여 그 근삿값을 구했다. 정96각형을 사용하여 3.14를 구한 그리스의 아르키메데스를 비롯해서, 정2^{62}각형 둘레까지 계산하여 소수 35자리까지 정확하게 구한 독일의 루돌프(1540~1610) 등은 유명하다. 여기서 소개하는 것은 이런 종류의 계산에서는 어쩌면 일본에서 최초의 성과를 남긴 무라마츠 시게키요(村松茂清)[34]의 계산이다.

무라마츠 시게키요는 츄신구라(忠臣蔵)[35]로 유명한 하리마(播磨) 아코(赤穂) 지역

34 그는 1608~1695년까지 생존한 와산가인데, 일본 최초로 원주율을 이론적으로 정확하게 계산한 사람이다.

(지금의 효고(兵庫)현 남부)의 성주인 아사노 나가노리(浅野長矩)36의 가신이다. 시게키요의 양자인 무라마츠 히데나오(村松秀直)37와 그의 아들인 무라마츠 타카나오(村松高直)38 두 사람은 키라(吉良)의 저택 습격39에 참가한 47인의 무사 멤버이다.

시게키요는 1663년에 저술한 《산조》(算俎)에서 원에 내접하는 정8각형에서 출발하여 마지막에 정$2^{15} = 32768$각형의 둘레를 계산해서 원주율을 소수 7자리까지 정확하게 구하고 있다.(10)

우선 한 변이 1척인 정사각형을 그리고, 그 속에 정8각형을 내접시킨다. [그림 4.35]에서 CD가 정8각형의 한 변, BC가 내접 정사각형의 한 변이다. 시게키요는 다음과 같이 계산하고 있다.

$$\mathrm{BC} = 0.7071\ 0678\ 1186\ 5475\ 244$$

$$\mathrm{BC}^2 = 0.5$$

$$\mathrm{DE} = \mathrm{OD} - \mathrm{OE} = 0.1464\ 4660\ 9406\ 7262\ 378$$

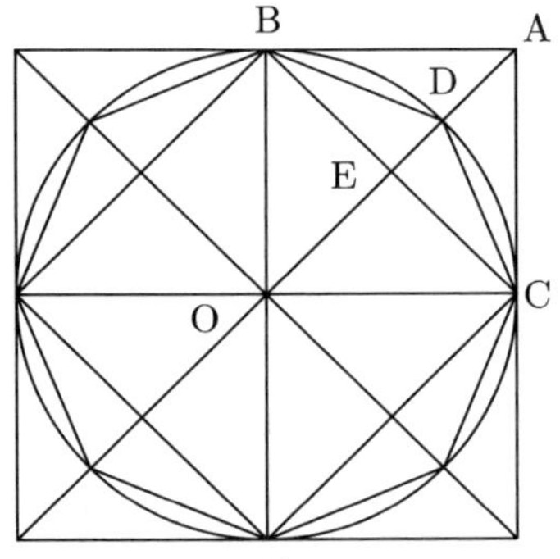

[그림 4.35]

35 가부키(歌舞伎)·코우단(講淡)·죠우루이(浄瑠璃)의 한 계통으로 아코(赤穂) 의사의 복수를 주제로 하고 있다.

36 에도 시대 전기부터 중기까지의 영주로, 하리마 아코 반(藩)의 제3대 반주(藩主)이다.

37 그는 1640~1703년까지 생존했으며, 통칭 키헤에(喜兵衛)로 불린다.

38 그는 1677~1703년까지 생존했으며, 통칭 산다유우(三太夫)로 불린다.

39 여기에 참여한 사람을 아코 로우시(赤穂浪士)라 하는데, 이들은 1703년 심야에 구(旧) 반주였던 아사노 나가노리의 원수인 코우케(高家, 에도 막부의 의식과 기도를 담당하던 직책) 키라 요시히사(吉良義央)의 저택을 습격하여, 키라 요시히사 및 가인을 살해한 47명의 무사를 말한다. 이 사건을 겐로쿠 아코(元禄赤穂) 사건이라 하고, 이것을 소재로 창작한 가부키 또는 영화, 연극을 '츄신구라(忠臣蔵)'라 하기도 한다.

$$DE^2 = 0.0214\ 4660\ 9406\ 7262\ 378$$
$$CE = 0.3535\ 5339\ 0593\ 2737\ 62$$
$$CE^2 = 0.125$$
$$CD^2 = CE^2 + DE^2 = 0.1464\ 4660\ 9406\ 7262\ 378$$
$$CD = 0.3826\ 8343\ 2365\ 0897\ 7173$$

이 계산의 원리는 지극히 간단하다.

$AB = a$를 정2^n각형의 한 변, $AC = b$를 정2^{n+1}각형의 한 변, 원의 반지름을 r, 지름을 d라고 하면 다음과 같이 된다.(11)

$$OM^2 = OA^2 - AM^2 = r - \left(\frac{a}{2}\right)^2 = \frac{1}{4}(4r^2 - a^2)$$

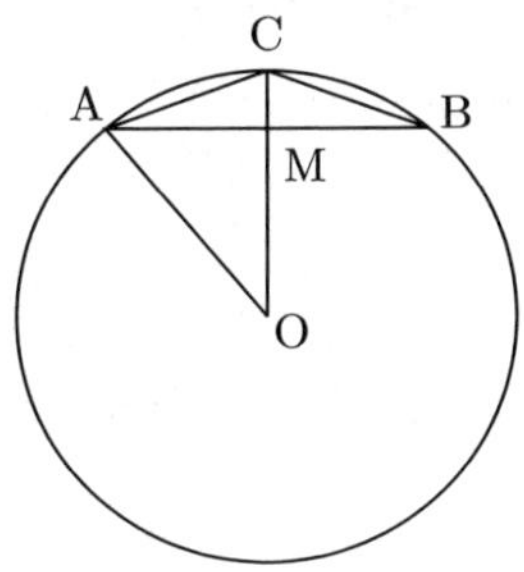

[그림 4.36]

$d^2 = 4r^2$이므로 $OM^2 = \frac{1}{4}(d^2 - a^2)$이 된다. 따라서 $OM = \frac{1}{2}\sqrt{d^2 - a^2}$이고,

$$CM = OC - OM = \frac{1}{2}(d - \sqrt{d^2 - a^2})$$

이다. $AC^2 = AM^2 + CM^2$에 이것을 대입해서 계산하면

$$b^2 = \left(\frac{a}{2}\right)^2 + \left\{\frac{1}{2}(d - \sqrt{d^2 - a^2})\right\}^2 = \frac{d}{2}(d - \sqrt{d^2 - a^2})$$

이 된다. 무라마츠 시게키요의 계산결과는 다음 표와 같다.

다각형의 변의 수	한 변의 길이	둘레의 길이
$2^3 = 8$	0.3826 8343 2365 0897 7173	3.0614 6745 8920 7181 7384
$2^4 = 16$	0.1950 9032 2016 1282 7313 83	3.1214 4515 2258 0523 7021 3
$2^5 = 32$	0.0980 1714 0329 5606 0468 29	3.1365 4849 0545 9393 4985 3
$2^6 = 64$	0.0490 6767 4327 4180 1560 43	3.1403 3115 6954 753
$2^7 = 128$	0.0245 4122 8522 9122 8838 595	3.1412 7725 0932 7729 1340 16
$2^8 = 256$	0.0122 7153 8285 7199 2628 3	3.1415 1380 1144 3011 2844 8
$2^9 = 512$	0.0061 3588 4649 1544 7545 93	3.1415 7294 0367 0914 3516 2
$2^{10} = 1024$	0.0030 6795 6762 9659 7633 456	3.1415 8772 5277 1597 6659
$2^{11} = 2048$	0.0015 3398 0186 2847 5914 7117	3.1415 9142 1511 1867 3329 6
$2^{12} = 4096$	0.0007 6699 0318 7427 0133 695	3.1415 9234 5570 1046 7614 72
$2^{13} = 8192$	0.0003 8349 5187 5713 9410 6063	3.1415 9257 6584 8605 1686 81
$2^{14} = 16384$	0.0001 9174 7597 3107 0269 66	3.1415 9263 4338 5529 8
$2^{15} = 32768$	0.0000 9587 3799 0959 9911 1	3.1415 9264 8777 6988 6924 8

이러한 계산을 전부 주판으로 했다고 하니 그 끈기는 정말 탄복할 만하다. 도대체 얼마나 걸렸을까? 이와 같은 조상의 문화유산을 가르쳐주는 것도 결코 헛되지는 않을 것이다.

4.5 도형의 계량

(1) 문제점

1977년의 지도요령에는 부채꼴 호의 길이와 넓이, 모기둥(柱体), 뿔체, 그리고 구의 겉넓이와 부피를 1학년에서 다루는 것으로 되어 있다. 《중학교 지도서 수학편》(1978년)에는 "뿔체의 부피, 구의 부피와 겉넓이를 구하는 공식을 중학교 단계에서 수학적으로 이끌어내는 것은 곤란하다. 그래서 어떻게 하면 넓이와 부피를 구할 수 있을지 생각하게 하고, 모형을 이용하거나 실험을 하거나 해서 넓이와 부피를 구하는 식을 학생이 납득하도록 해가는 형태로 지도하는 것이 중요하다."고 쓰여 있다.

교과서에는 아래와 같은 도해가 보이는데, 여기에서 각뿔의 부피가 각기둥 부피의 $\frac{1}{3}$이 된다는 것을 증명하기 위해서는 같은 밑면과 같은 높이를 가지는 각뿔의 부피는 같다는 것이 전제가 된다. 거기에는 카발리에리[40]의 정리와 같은 것이 필요한데, 이것도 그림으로 중학생들이 납득할 수 있도록 설명할 수 있다. 문제는 구의 부피를 구하는 것이다. 이것은 1학년 학생에게는 아무리 해도 안 되기 때문에, 강제적으로 공식을 주고 계산연습만 시키게 되는 것 같다.

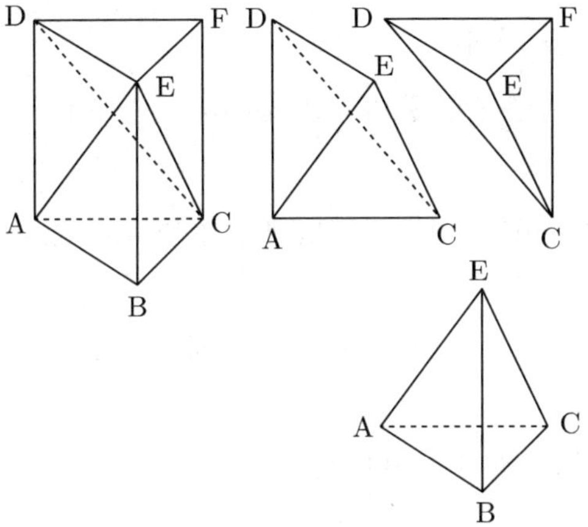

[그림 4.37]

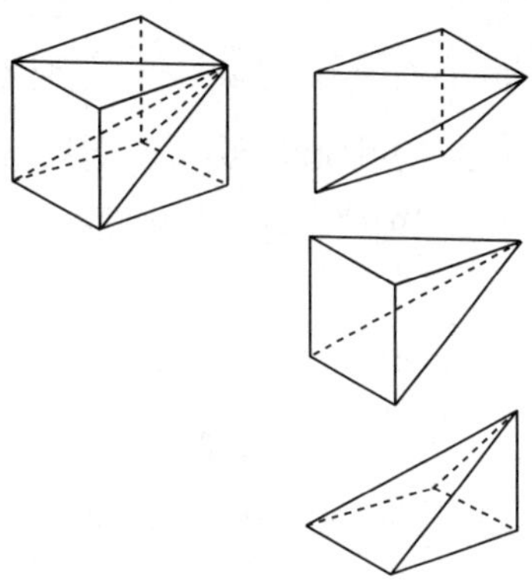

[그림 4.38]

그런데 1989년의 지도요령 개정 때 1학년에서 다루어지고 있는 내용 가운데 모기둥, 뿔체는 초등학교로, 부채꼴과 구는 3학년으로 옮겼다. 3학년이 되어서도 공식만을 가르칠 수는 없을 것이다. 도형의 계량이 다루어지는 단계에서는 식의 전개와 인수분해, 닮음이나 피타고라스 정리, 수학적 추론의 방법 등도 배우게 된다. 그래서 그것들을 이용하여 가능하면 3학년에게 걸맞은 방법을 궁리해야 한다고 생각한다.

40 카발리에리(Francesco Bonaventura Cavalieri, 1598~1647)는 이탈리아 수학자로서, 뿔체의 부피는 높이와 밑넓이의 곱의 1/3과 같다는 것을 구분구적법을 써서 증명하였다. 일반적으로 부피에 관한 카발리에리의 원리는 유명하다. 갈릴레이의 추천으로 1629년 볼로냐 대학교의 수학교수가 되어 천문학, 계산 기술, 원뿔곡선, 삼각법 등에 관한 저술을 하였으며, 1632년에 11자리의 삼각함수 로그표를 출판하였다. 그러나 수학사에 남긴 공적은 《연속체(連續體)를 불가분량을 사용한 새로운 방법에 의해 설명한 기하학》(1621~1635)이라는 저술에서 정리한 불가분량 방법의 창시라 할 수 있다. 이것은 본질적으로는 정적분의 개념 도입이었다. 그 후 토리첼리, 파스칼에 의해 발전하여 근대 미적분학으로 이어지고 있다.

(2) 구의 겉넓이와 부피

구의 겉넓이와 부피를 올바르게 계산하는 방법을 발견한 사람은 그리스의 아르키메데스라고 알려져 있다. 아르키메데스는 기원전 221년 제2차 포에니 전쟁 중, 시칠리아섬의 시라쿠사에서 로마 병사에게 살해되었는데, 그의 무덤에는 [그림 4.39]와 같은 도형이 새겨져 있다고 한다. 아르키메데스는 〈구와 원주에 대하여〉라는 논문에서, "구는 그것에 외접하는 원기둥의 $\frac{2}{3}$배의 부피를 가지며, 그 겉넓이도 원기둥의 겉넓이의 $\frac{2}{3}$배이다."라는 명제를 증명하고 있는데, 이 그림은 그 명제를 나타내고 있다고 한다.

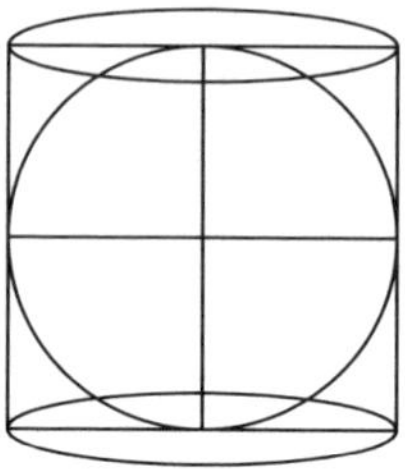

[그림 4.39]

아르키메데스는 이 명제를 증명하기 위해 다음의 두 명제를 증명하고 있다.

(1) 구의 부피는 그 밑면이 구의 대원과 같고, 높이가 구의 반지름과 같은 원뿔의 부피의 4배이다.
(2) 구의 겉넓이는 그 구의 대원의 넓이의 4배이다.

아르키메데스는 〈원의 측정〉이라는 논문에서 원을 그 중심을 꼭짓점으로 하고 원둘레를 따라 밑변을 가지는 무수한 삼각형이라고 생각하고, 이것으로부터 원의 넓이를 '직각을 낀 두 변이 반지름과 원둘레와 같은 직각삼각형의 넓이와 같다'는 것을 보이고 있다. 그는 이것으로부터 유추하여 구는 그 중심을 꼭짓점으로 하고, 구의 표면에 밑면을 가지는 무수한 원뿔로 이루어진 것이라고 생각했다.

구의 부피를 V, 겉넓이를 S, 반지름을 r이라 하면 $V=\frac{1}{3}Sr$이다. 이것과 (1)에서 얻은 $V=\frac{4}{3}\pi r^3$으로부터 $S=4\pi r^2$을 발견한 것 같다.(1)

유추라는 것은 중요한 발견 수단 가운데 하나이다. 중국의 《구장산술》에서는 원의 넓이를 (지름의 반)×(원둘레의 반)으로 계산하고 있다. 단, 원주율로 3을 사용하고 있기 때문에, 지름을 d라고 하면 넓이는 $\frac{d}{2}\times\frac{3d}{2}=\frac{3}{4}d^2$이 된다. 이것으로부터 높이가 지름과 같은 원기둥 부피는 $\frac{3}{4}d^3$이 된다. 이 원기둥에 내접하는 구의 부피를 원기둥의 $\frac{3}{4}$으로 해서 $\frac{3}{4}d^3\times\frac{3}{4}=\frac{9}{16}d^3$이라고 추리한 것이다. 원은 지름의 제곱의 $\frac{3}{4}$배, 구는 지름의 세제곱의 $\left(\frac{3}{4}\right)^2=\frac{9}{16}$배라는 것이다.

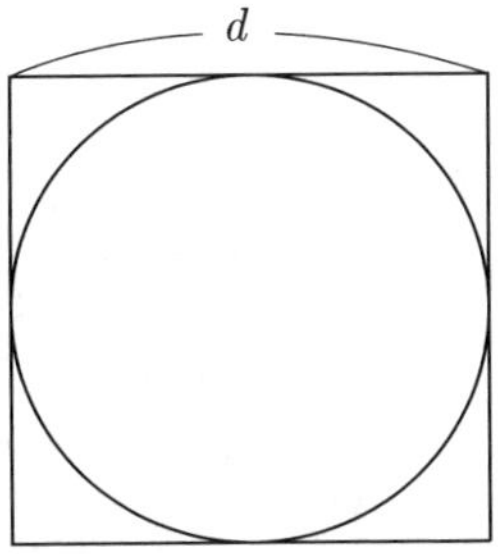

[그림 4.40]

에도 시대의 와산가 이소무라 요시노리는 《산포우게츠기쇼우》(算法闕疑抄, 1661년)41 속에서 다음과 같은 추리를 하고 있다.(2)

와산에서는 원의 넓이는 (지름)$^2 \times k$, 구의 부피는 (지름)$^3 \times k'$이라 생각하고, k를 원율(円率)42, k'을 옥율(玉率)43이라 부른다. 처음에는 원율과 옥율의 관계를 알 수 없었다. 이소무라 시대에 구의 부피는 $0.5236d^3$이었다.

그런데 당시 구의 겉넓이 계산법으로, 대원의 원둘레를 제곱하여 4로 나누는 방법을 취하고 있었다. 그는 '이 방법은 밀감 껍데기를 그림과 같이 벗겨서 종횡으로 늘어 세운 모양으로 해서 계산한 것인데, 여기에는 확실히 부푼 정도만큼 부족하기 때문에 틀린다.'라고 지적하고, 다음과 같이 생각했다.

한 변이 d인 정육면체는 부피가 d^3, 겉넓이가 $6d^2$이다. 이 관계는 $d^3 \times \frac{6}{d} = 6d^2$이다. 그래서 '공 모양이라 하더라도 이 생각이 바뀔 이유는 없다'고 생각해서, 구의 겉넓이=구의 부피$\times \frac{6}{d}$이라고 추리한다. 구의 부피는 $\frac{\pi}{6}d^3$이므로 겉넓이는 $\frac{\pi}{6}d^3 \times \frac{6}{d} = \pi d^2$이 되어 맞다.

이소무라는 지름 1척인 구의 겉넓이를 $523.6 \times \frac{6}{10} = 314$ 보(步) 1분(分) 6리(厘)로 산출하고, 이것이 맞다는 것을 다음과 같이 검증하고 있다.

지름 1.00002척인 구의 부피 523보 6314166283241888에서 지름 1척인 구의

41 총 5권으로 되어 있는 이 책은 에도 시대 와산에 관한 베스트셀러 중 하나이다. 그때까지의 와산의 모든 내용을 총 정리했으며, 종래의 책과 비교해서 매우 상세하게 기술하고 있다는 것이 특징이다.

42 원율은 원적률(円積率)과 동의어로 쓰이며, 원주율의 4분의 1을 말한다. 와산에서는 지름을 나타내는 것이 대부분이며, 0.785398…을 그 값으로 했다.

43 옥율은 옥율률(玉積率)과 동의어로 쓰이며, 구의 부피를 구할 때 사용하는 상수로 구에 내접하는 정육면체와의 부피 비율을 말하는데, 원주율의 6분의 1이며 $\frac{9}{16}$를 많이 사용했다.

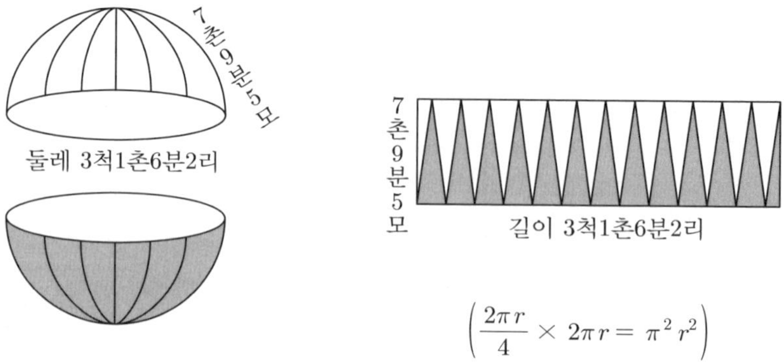

$$\left(\frac{2\pi r}{4} \times 2\pi r = \pi^2 r^2\right)$$

겉넓이$= \pi d \times \dfrac{\pi d}{4} = \dfrac{(\pi d)^2}{4}$로 계산되어 있다.

[그림 4.41]

부피 523.6보를 빼면, 나머지는 0.0314166283241888보인데, 이것은 1촌 사방으로 두께 3리 1모(毛)에 지나지 않는다. 이것을 1사(糸)의 두께로 나누면 314보 166283241888인데, 이것은 두께 1사인 공 껍질이다. 또 지름 0.998척인 구의 부피 523.5685846283158112를 지름 1척인 부피에서 빼면, 나머지는 3리 14153716841888이고, 이것을 두께 1사로 나누면 314보 160000041888이 되어 겉넓이의 숫자와 일치한다.[44]

그런데 아르키메데스의 경우도 와산의 경우도, 겉넓이와 부피의 관계에서 어느 한 쪽을 알 수 있으면 다른 한 쪽을 구할 수 있다는 추리이다. 그러므로 겉넓이나 부피 어느 쪽을 이론적으로 설명해주면 된다. 그래서 다음에 아르키메데스 방법으로 겉넓이를 구하는 방법을 설명해보려고 한다.

[그림 4.42]와 같이 원에 변의 수가 짝수인 정다각형을 내접시킨다. 이 다각형을 지름 $\mathrm{AA'}$을 축으로 하여 회전시켜서 생기는 입체의 겉넓이를 계산한다.

$$\begin{aligned} \mathrm{AB} &= BC = CD = \cdots = EA' = \mathrm{A'E'} \\ &= \cdots = \mathrm{D'C'} = \mathrm{C'B'} = \mathrm{B'A} \end{aligned}$$

같은 호에 대한 원주각은 같으므로

$$\angle \mathrm{BB'C} = \angle \mathrm{B'CC'},\ \angle \mathrm{CC'D} = \angle \mathrm{C'DD'},\ \cdots$$

44 소수 첫째 자리가 분(分), 둘째 자리가 리(厘), 셋째 자리가 모(毛), 넷째 자리 사(糸)이다. 1사는 1만분의 1이다.

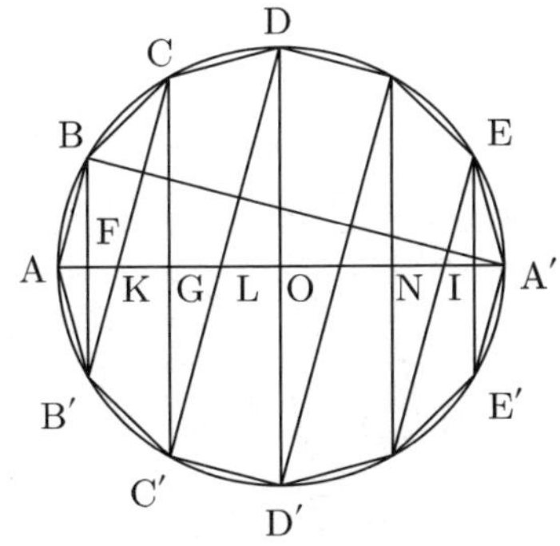

[그림 4.42]

이다. 그러므로 $BB' // CC' // DD' // \cdots$ 이다.

마찬가지로 $\angle ABB' = \angle BB'C$, $\angle B'CC' = \angle CC'D$, $\cdots$에서

$$AB // B'C // C'D // \cdots$$

이다. 이상으로부터 $\triangle A'BA \backsim \triangle BFA \backsim \triangle B'FK \backsim \triangle CGK \backsim \triangle C'GL \backsim \cdots \backsim \triangle E'IA'$ 이다. 그러므로

$$A'B : BA = BF : FA = B'F : FK = CG : GK = C'G : GL = \cdots = E'I : IA'$$

이 된다. 이것의 앞항과 뒷항을 더하면 다음이 성립한다.

$$\begin{aligned} A'B : BA &= (BF + B'F + CG + C'G + \cdots + E'I) : \\ &\quad (FA + FK + GK + GL + \cdots + IA') \\ &= (BB' + CC' + \cdots + EE') : AA' \qquad \cdots\cdots (1) \end{aligned}$$

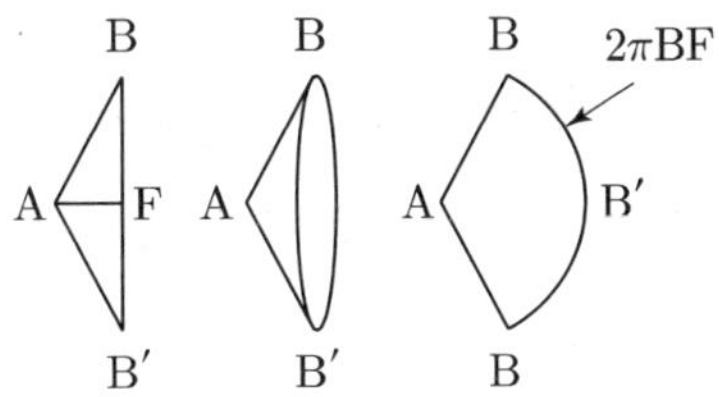

[그림 4.43]

원뿔의 옆넓이

$\frac{1}{2} AB \cdot 2\pi BF = \pi \cdot AB \cdot BF$

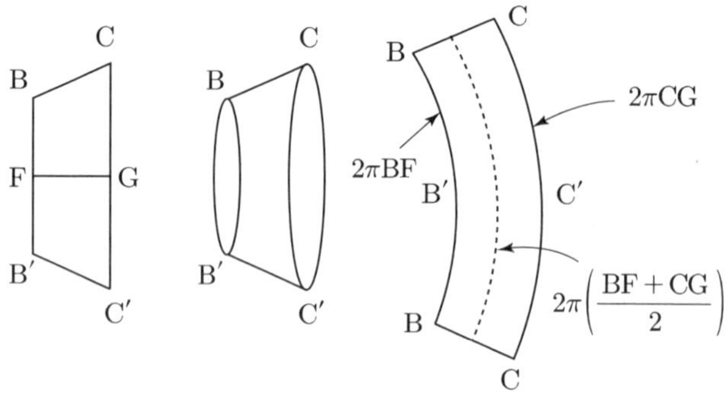

원뿔대의 옆넓이

$(2\pi \mathrm{BF}+2\pi \mathrm{CG})\cdot \mathrm{BC}\cdot \dfrac{1}{2}$

$=\pi \cdot \mathrm{BC}(\mathrm{BF}+\mathrm{CG})$

[그림 4.44]

다음에 현 AB를 1회전 해서 생기는 원뿔의 옆넓이는 $\pi \cdot \mathrm{AB} \cdot \mathrm{BF}$이고, 또 현 BC를 회전해서 생기는 원뿔대의 옆넓이는 $\pi \cdot \mathrm{BC}(\mathrm{BF}+\mathrm{CG})$로 계산할 수 있으므로, 이 회전체 전체의 겉넓이 S는

$$S=\pi \cdot \mathrm{AB}\cdot \mathrm{BF}+\pi \cdot \mathrm{BC}(\mathrm{BF}+\mathrm{CG})+\pi \cdot \mathrm{CD}(\mathrm{CG}+\mathrm{DO})+\cdots$$

가 된다. $\mathrm{AB}=\mathrm{BC}=\mathrm{CD}=\cdots$이므로

$$\begin{aligned} S &= \pi \cdot \mathrm{AB}(\mathrm{BF}+\mathrm{BF}+\mathrm{CG}+\mathrm{CG}+\cdots) \\ &= \pi \cdot \mathrm{AB}(\mathrm{BB'}+\mathrm{CC'}+\cdots+\mathrm{EE'}) \qquad \cdots\cdots (2) \end{aligned}$$

이 성립한다. (1)로부터

$$\mathrm{AB}(\mathrm{BB'}+\mathrm{CC'}+\cdots+\mathrm{EE'})=\mathrm{A'B}\cdot \mathrm{AA'}$$

이 된다. 이것을 (2)에 대입하면 $S=\pi \cdot \mathrm{A'B}\cdot \mathrm{AA'}$이 성립하고, 원의 반지름을 r이라 하면 $S=2\pi r\cdot \mathrm{A'B}$이다.

그런데 내접다각형의 변의 수를 증가시켜 가면 다각형의 둘레는 원둘레에 가까워지며, 회전체의 표면은 구면에 가까워져 간다. 그때 A′B는 한없이 지름에 가까워져 가므로 $S=2\pi r\cdot \mathrm{A'B}$는 $S=4\pi r^2$에 가깝게 된다.

아르키메데스는 외접다각형에 대해서도 같은 방법으로 $S=4\pi r^2$을 유도하고 있다.

옛날 중학교의 입체기하 교과서에는 다음과 같은 설명이 쓰여 있었다.

반원의 둘레 ABC ⋯ A′에 내접하는 정다각형의 한 변을 BC라 하자. 중심 O에서 BC에 수선 OM을 내린다. 점 M은 BC의 중점이다. 점 B, M, C에서 지름 AA′에 수선 BB′, MM′, CC′을 내린다. 또 점 B에서 CC′에 수선 BB″을 내린다.

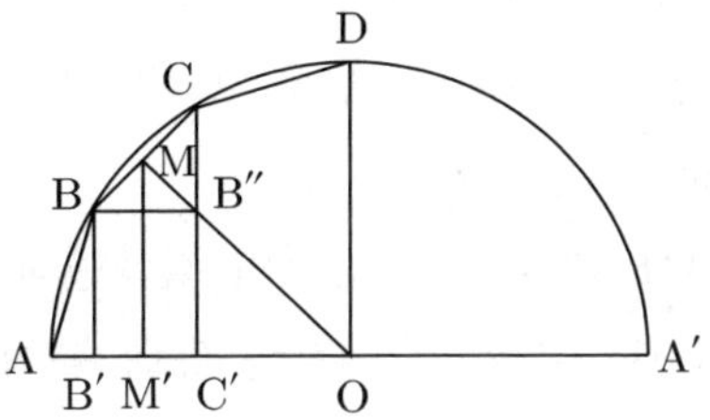

[그림 4.45]

$\triangle BB''C \backsim \triangle MM'O$이므로 $BB'' : BC = MM' : MO$, $BB'' = B'C'$이기 때문에 $B'C' : BC = MM' : MO$가 된다.

이제 $BC = s$, $B'C' = d$, $MM' = y$, $MO = k$라고 하면, 위의 식은 $d : s = y : k$가 되어 $ys = kd$가 된다.

BC를 AA′의 둘레로 회전하면 원뿔대가 생기는데, 이 원뿔대의 옆넓이는 $2\pi ys$이다. 여기에 $ys = kd$의 관계를 대입하면 $2\pi kd$가 된다. 마찬가지로 다른 변을 AA′의 둘레로 회전해서 생기는 원뿔대의 부피도 계산할 수 있다. 이제 $AB' = d_1$, $B'C' = d_2$, $C'D' = d_3$, ⋯라고 하면, 정다각형의 회전에 의해 생기는 입체의 겉넓이는 $2\pi k(d_1 + d_2 + d_3 + \cdots)$가 된다. $d_1 + d_2 + d_3 + \cdots = 2r$이므로 겉넓이를 구하는 식은 $4\pi rk$로 나타난다.

내접 정다각형의 변의 수를 점차 늘여가면 회전체는 구에 가까워지며, k는 한없이 원의 반지름에 접근해가므로 겉넓이는 $4\pi r^2$에 접근한다.

부채꼴의 넓이, 원뿔대의 옆넓이도 3학년에서 가르치므로, 여기에 든 설명은 닮음의 응용으로써 중학교 3학년 학생이라면 이해할 수 있다고 생각한다.

구의 부피를 구하는 계산 공식도 중학생이 이해할 수 있는 설명이라 생각하지만, 겉넓이를 구하는 공식을 가져온 후 $V = \frac{1}{3}Sr$에서 이끌어내는 쪽이 알기 쉽다.

(3) 정사각뿔대의 부피

각뿔대의 부피는 닮음을 사용하여 두 개의 각뿔 차로 계산할 수 있는데,(3) 고대에는 그러한 생각을 볼 수 없다.

중국에서는 정사각뿔대 모양은 '방정(方亭)'이라고 했다. '정(亭)은 사람이 쉬는 장소이다. 정에 누각(樓閣)이 있다'든가 '정은 사람이 머물고 모이는 곳'이라고 한 해설이 있다. 사람이 머물러 쉬는 곳으로 누각은 아마 찻집인 것 같다.

방정의 부피 계산은 $\frac{1}{3}(a^2+ab+b^2)h$로 나와 있다. 이 공식을 산출하는 방법은 《구장산술》의 주(註)에 설명되어 있다.(4)

[그림 4.46]과 같이 정사각뿔대는 중앙부의 직육면체 A와 주변의 네 개의 삼각뿔(설형(楔形), 쐐기 모양) B, 네 개의 사각뿔 C로 분해할 수 있다.

a^2h는 A의 부피이다. 또 abh는 한 가운데의 사각기둥과 삼각기둥 네 개의 합이므로 A+4B이다. b^2h는 A+8B+12C이다. 그래서 이들을 합하면,

$$\begin{aligned} a^2h+abh+b^2h &= \mathrm{A}+(\mathrm{A}+4\mathrm{B})+(\mathrm{A}+8\mathrm{B}+12\mathrm{C}) \\ &= 3(\mathrm{A}+4\mathrm{B}+4\mathrm{C}) = 3\times \text{정사각뿔대의 부피} \end{aligned}$$

이다. 그러므로 정사각뿔대의 부피$=\frac{1}{3}(a^2+ab+b^2)h$이다.

3학년생이라면 세 가지 종류의 입체 A, B, C의 부피를 각각 계산해서 그것을 합하여 공식을 이끌어낼 수도 있다.

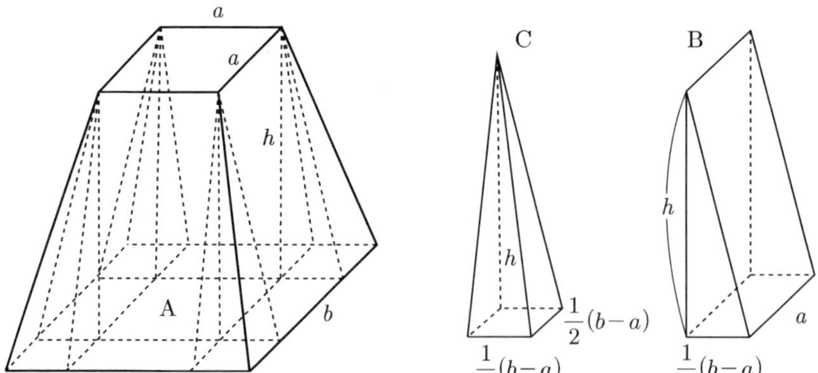

[그림 4.46]

$$V = a^2h + \frac{1}{2}a(b-a)h \cdot \frac{1}{2} \times 4 + \frac{1}{3}\left\{\frac{1}{2}(b-a)\right\}^2 h \times 4$$
$$= \frac{1}{3}(a^2 + ab + b^2)h$$

사각뿔대 모양은 고대 메소포타미아에서는 수로(水路)의 용적 계산으로 나오지만, 그들의 계산법은 $\left\{\left(\frac{a+b}{2}\right)^2 + \frac{1}{3}\left(\frac{b-a}{2}\right)^2\right\}h$였다고 한다. 이것은 변형하면 $\frac{1}{3}(a^2+ab+b^2)h$가 되므로 맞는데, 이와 같은 방법을 어떻게 해서 생각해냈을까? 다음과 같은 추리가 있다.

그들은 처음에 단순하게 위아래 면을 평균한 것을 밑면으로 하는 각기둥(角柱)을 생각하고, 부피를 $\left(\frac{a+b}{2}\right)^2 h$로 계산했다. 그런데 실제 부피와 달라서 이것을 보정(補正)하려고 생각했다. 이 보정이 $\frac{1}{3}\left(\frac{b-a}{2}\right)^2 h$이다.

윗면과 밑면이 같을 때에는 보정값이 0이 되고, 윗면이 0일 때는 $\left\{\left(\frac{b}{2}\right)^2 + \frac{1}{3}\left(\frac{b}{2}\right)^2\right\}h = \frac{1}{3}b^2h$가 되어, 정사각뿔의 부피를 구하는 공식이 된다.

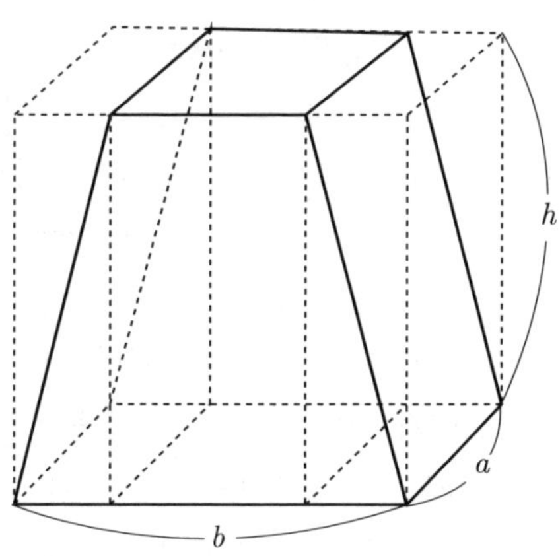

[그림 4.47]

《모스크바 파피루스》에는 $\frac{1}{3}(a^2+ab+b^2)h$가 사용되고 있다. 기원전 17세기 이집트 사람들이 이 계산식을 중국의 《구장산술》과 같이 구했다고는 생각할 수 없다. 바빌로니아 사람들과 마찬가지로 이집트 사람들도 처음에는 $\left(\frac{a^2+b^2}{2}\right)h$로 정사각뿔대의 부피를 계산했을 것이다. 그런데 이 방법으로 계산하면 실제와 차가 생긴다. 그래서 이 공식을 보정하기 위해 ab를 더했다. 그러면 항이 세 개가 되므로 3으로 나누어 $\frac{1}{3}(a^2+ab+b^2)h$로 했을 거라는 생각도 있다.

오리엔트의 거의 같은 지역, 같은 시대에 이처럼 다른 방법이 보인다는 것은 흥미 깊다. 사람의 사고가 다르다는 것을 나타내는 하나의 예라고 할 수 있다.

헤론의 공식으로 유명한 그리스의 측량가이자 기술자인 헤론[45]은 각뿔대의 계산 공식으로 바빌로니아 사람들의 방식을 이용하고 있다. 실제로 계산할 경우 어느 쪽이 사용하기 쉬울까?

※ 원의 넓이를 구하는 계산도 이집트 사람들은 $\left(d-\frac{1}{9}d\right)^2=\left(\frac{16}{9}r\right)^2$으로 계산했지만, 바빌로니아 사람들은 $3r^2$으로 계산했다.

4.6 닮음의 응용으로서의 측량

1989년 지도요령의 2학년 도형에 '닮음의 응용'이 있다. 이것은 1977년 지도요령의 3학년 도형의 측량 가운데 '닮음의 응용으로서의 높이와 거리의 측정'을 옮겨 놓은 것이다. 합동과 닮음의 성질을 이용해서 직접 측정이 곤란한 높이와 거리의 측정을 다루는 것이다. 수학 수업에서는 흔히 실생활과 결부된 응용면이 경시되어 왔다. 그리고 이것이 학생들에게 수학이 친숙해지지 않는 원인 가운데 하나가 된 것도 분명하다. 원래 수학은 인간생활의 여러 가지 문제를 해결하기 위한 기술로써 탄생한 것으로, 고대 수학의 주요부분은 측량에 관한 것이 많다. 따라서 측량기술 중에는 조상들의 멋진 아이디어가 많이 보이며, 이것들은 교재로 유용할 뿐만 아니라 학생들의 창의성을 환기시키는 데도 도움이 된다. 이제 실제 수업에 사용할 수 있는 고산서(古算書)에 있는 합동·닮음을 이용한 측량법을 소개해보기로 한다.

45 헤론(Heron)은 그리스 기계학자이자 수학자로서 1세기에 활동한 것으로 알려져 있다. 그의 많은 저작 중 대표적인 것은 《측량술》로, 여기에는 유명한 '헤론의 공식'과 같은 기하학을 사용한 각종 도형과 입체의 구적법(求積法) 및 분할법이 기술되어 있다. 그의 저작은 아라비아 수학자들의 저작에서도 나타나며, 아르키메데스와 에우독소스 등의 헬레니즘 전통을 아라비아 세계를 통하여 르네상스 유럽에 전하는 데 중요한 역할을 하였다.

(1) 탈레스의 측량

기원전 6세기의 그리스의 탈레스는 수학의 명제를 일반적으로 말한 최초의 사람이라고 한다. 그는 소아시아의 밀레토스의 상인이었던 적도 있어 수학을 실제 장면에 응용한 것으로도 알려져 있다.

탈레스가 다룬 명제 가운데 하나로 '한 변과 양 끝각이 각각 서로 같은 두 삼각형은 합동이다.'가 있다. 그는 이 명제를 이용하여 해안에서 배까지의 거리를 측정했다고 한다. 구체적으로 어떤 방법이었는지는 알 수 없지만, 다음과 같은 것이었다고 추측된다.(1)

(1) 해안의 한 지점을 A, 해상에서 배의 위치를 B라고 하자. AB에 임의의 길이의 수선 AC를 해안에 긋는다. AC의 중점을 D라고 한다. 다음에 점 C에서 AB와 반대쪽에, CA에 대한 수선 CE를 내리고, CE 위에 점 B, D를 일직선에서 보는 점 E를 정한다. 그러면 CE = AB가 된다. 이 증명에는 탈레스가 발견했다고 하는 '맞꼭지각이 같다'도 사용되고 있으므로, 아무래도 그가 발견했다고 생각할 수 있다.

(2) 막대(棒)에 회전할 수 있는 가로대(横木)를 달고, 해안에 있는 조금 높은 언덕에 올라 막대를 연직(鉛直)으로 세우고 가로대를 조절하여 그것을 배 B의 방향으로 향하게 한다. 다음에 막대를 회전시켜 가로대를 움직이지 않게 하여 가로대가 해안의 한 지점 D를 가리키게 한다. 이 지점을 기억해두고 언덕 아래의 점 A에서 그 지점까지의 거리를 재면, 그것이 해안에서 배까지의 거리가 된다.

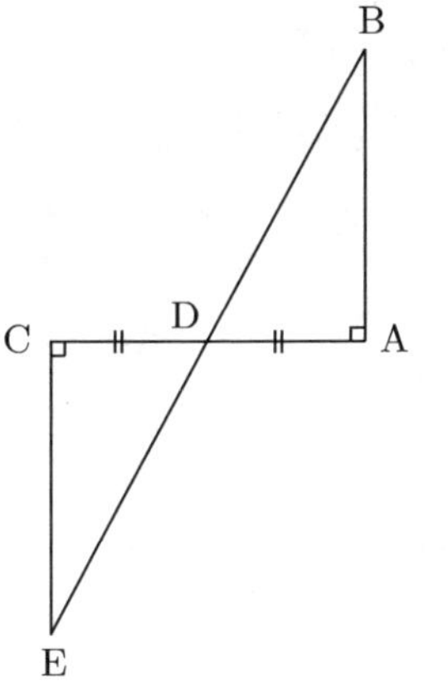

[그림 4.48]

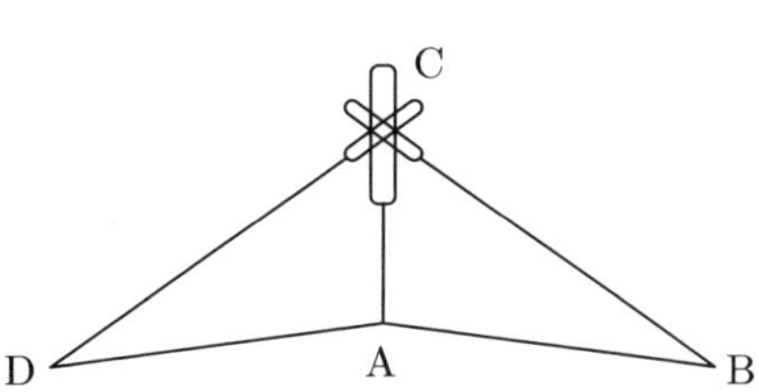

[그림 4.49]

[그림 4.50]

이것과 같은 방법은 와산에서도 볼 수 있다.[2] 강가에 4척 길이의 지팡이를 세우고, 다음에 자신의 눈보다 조금 아래에 오는 길이의 지팡이를 세운다. 두 개의 지팡이 끝을 연결하는 선과 강 건너편 강변이 일직선 위에 오도록 조절한다. 다음으로 강변의 지팡이를 중심으로 자기 앞의 지팡이를 오른쪽이나 왼쪽으로 돌려서 옮기고, 거기서 양쪽 지팡이의 끝을 내다보고 강변 모래밭에 표시한다. 그곳까지의 거리를 실측하면 그것이 강폭이 된다. 이것은 마오 토키하루(万尾時春)[46]의 《키쿠훈토우슈우》(規矩分等集, 1722년)에 나와 있는 방법이다.

1569년에 베니스에서 출판된 책에는 모자의 차양을 이용해서 강폭을 측정한 방법이 나와 있다. 나폴레옹 군대가 강에 다다랐을 때, 어느 기사가 이 방법을 이용해서 강폭을 신속히 측정하여 나폴레옹에게 칭찬을 들었다는 이야기가 쓰여 있다.[3]

[그림 4.51]

46 그는 1683~1755년까지 생존했으며, 에도 중기의 와산가이자 측량가이다.

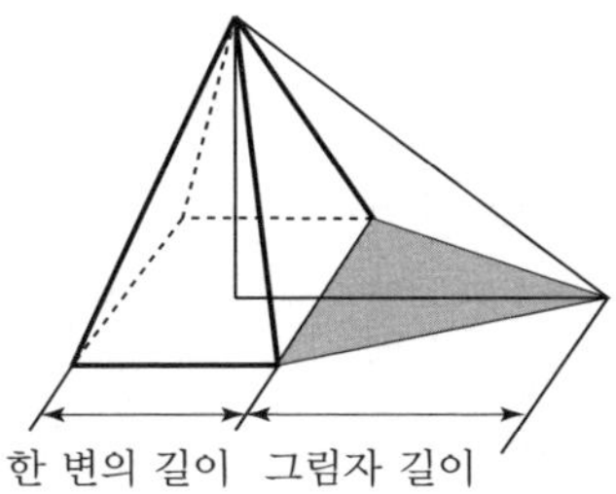

[그림 4.52]

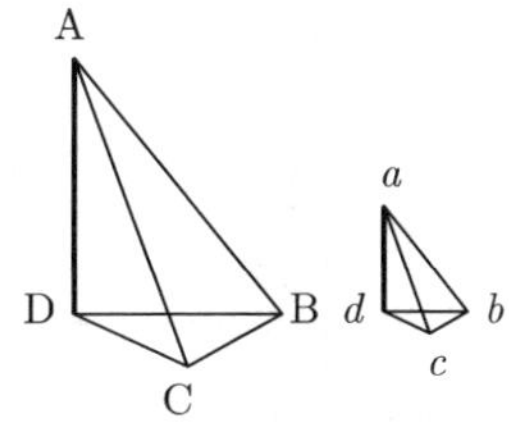

AD : BC$=ad$: bc로부터

$$\mathrm{AD}=\mathrm{BC}\times\frac{ad}{bc}$$

[그림 4.53]

교과서의 삼각형의 합동 부분을 보아도 이와 같은 구체적인 문제는 전혀 다루고 있지 않다. 탈레스가 한 변과 양 끝각의 합동을 사용하여 해안에서 배까지의 거리를 쟀다고 하는 일화를 통해서, 학생들에게 자유롭게 생각하게 해보면 즐거운 수업을 할 수 있지 않을까 생각한다.

그런데 탈레스라고 하면 이집트에서 그림자 길이를 이용하여 피라미드의 높이를 쟀다는 이야기가 있다. 실제로 이것은 그리 간단한 것이 아니어서, 그 큰 피라미드의 그림자 길이를 도대체 어떻게 잰 것일까 하는 대단한 문제가 숨어 있다. 피라미드 밑면의 네 변은 동서남북을 향하게 만들어져 있으므로, 태양이 정남쪽에 와 있을 때는 그림자 길이를 잘 잴 수 있다. 그러면 그 이외의 경우에는 어떻게 할까? 이 경우는 수 시간에 걸쳐서 그림자 끝의 위치 변화를 측정하여 [그림 4.53]과 같이 계산하면 되는데, 이와 같은 계산을 과연 탈레스가 했을까?

(2) 높이의 측량

산의 높이 등을 닮음을 이용하여 측량하는 방법은 옛날부터 알려져 있다. 중국의 《구장산술》 부록으로 주석자인 유휘(劉徽)의 저서인 《해도산경》(海島算經)이 있는데, 직각삼각형의 닮음에 의한 측량문제를 다루고 있다. 제1문은 《해도산경》이라는 책 이름의 기원이 된 문제이다.(4)

지금 해도(섬)를 바라본다. 높이 3장(丈)인 두 개의 표(表, 목표물인 막대)를 전후 1000보(步) 간격으로, 전표(前表)와 후표(後表)와 섬의 삼자가 일직선이 되도록 세운다. 여기서 전표에서 123보 물러나 눈을 땅에 붙여 섬 봉우리를 바라보면 전표의 끝과 겹친다. 또 후표에서 127보 물러나 눈을 땅에 붙여 섬 봉우리를 바라보면 후표의 끝과 겹친다. 문제. 섬의 높이와 전표에서의 거리는 각각 얼마인가?

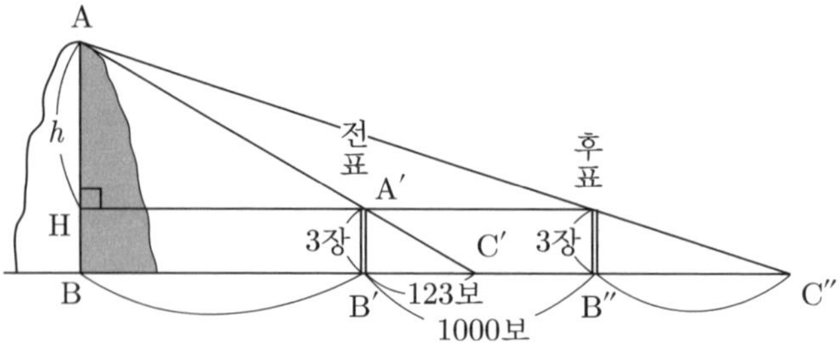

[그림 4.54]

답 섬의 높이 4리(里) 55보, 거리 102리 150보

〈**계산법**〉 표의 높이를 표의 간격에 곱하고, 실(實, 피제수)로 한다. 표에서 물러난 보수(步數)의 차를 법(法, 제수)으로 하고, 실을 법으로 나눈다. 얻어진 값에 표의 높이를 더하면 섬의 높이이다.

전표와 섬의 원근을 구하기 위해서는 전표에서 물러난 보수를 표의 간격에 곱해 실로 한다. 표에서 물러난 보수의 차를 법으로 하고 실을 나누면, 섬과 표의 거리의 이수(里數)이다.

길이의 단위는 다음과 같이 되어 있다.

$$1\text{리}=300\text{보},\ 1\text{보}=6\text{척},\ 1\text{장}=10\text{척},\ 3\text{장}=30\text{척}=5\text{보}$$

이제 전표와 섬의 거리를 d보, [그림 4.54]의 AH를 h보라고 하면, $\triangle AHA' \backsim \triangle A'B'C'$이므로

$$\frac{h}{d}=\frac{5}{123} \qquad \cdots\cdots \ (1)$$

이고, 또 $\triangle AHA'' \backsim \triangle A''B''C''$이므로

$$\frac{h}{d+1000}=\frac{5}{127} \qquad \cdots\cdots \ (2)$$

이다. (1)로부터

$$d = \frac{123}{5} h \qquad \cdots\cdots (3)$$

가 성립한다. 이것을 (2)에 대입하면,

$$\frac{h}{\frac{123}{5} h + 1000} = \frac{5}{127}, \quad 127h = 123h + 5 \times 1000$$

$$(127 - 123)h = 5 \times 1000, \quad h = \frac{5 \times 1000}{127 - 123} \qquad \cdots\cdots (4)$$

이다. 그러므로 섬의 높이

$$\text{AB} = \frac{5 \times 1000}{127 - 123} + 5 = 1255\text{보} = 4\text{리}\ 55\text{보}$$

이고, 다음에 (4)를 (3)에 대입하면 거리

$$d = \frac{123}{5} \times \frac{5 \times 1000}{127 - 123} = \frac{123 \times 1000}{127 - 123} = 30750\text{보} = 102\text{리}\ 150\text{보}$$

이다.

(3) 거리의 측량

닮음을 이용하여 거리를 재는 것은 에도 시대에도 상당히 여러 가지 방법으로 행해졌다. 중학교 교재로 이용할 수 있는 것을 두세 개 소개해본다.

이소무라 요시노리의 《산포우게츠기쇼우》(算法闕疑抄, 1659년)에는 평판(平板)을 이용해서 거리를 재는 방법이 나온다.(5)

하나는 한 변이 6척인 판 ABCD를 이용하는 것인데, 거리를 재려고 하는 점을 P라 하고, 우선 A, D, P가 일직선이 되도록 판을 수평으로 둔다. 다음에 AB의 끝에 자 BE를 연장하여 점 E에서 점 P를 보고 E, C, P가 일직선이 되도록 한다. 이때, BE의 길이를 잰다. 이제 BE = 3촌이라 하면, $x : 6 = 6 : 0.3$ 으로부터 $x = 120$척으로 계산할 수 있다(1척 = 10촌).

또 다른 방법은 3척×4척인 판 ABCD를 준비해서 CD 위에 자 CE를 대고,

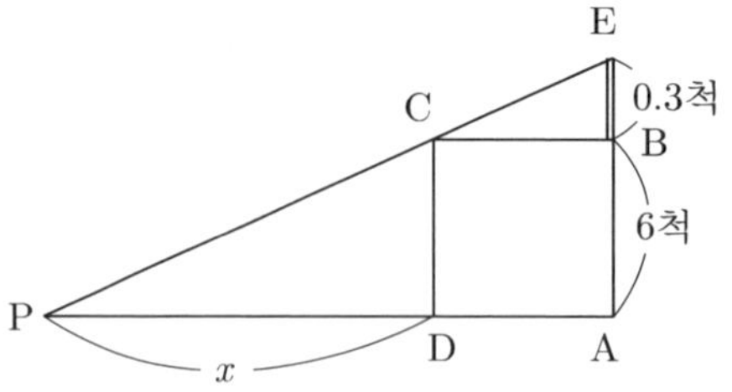

[그림 4.55]

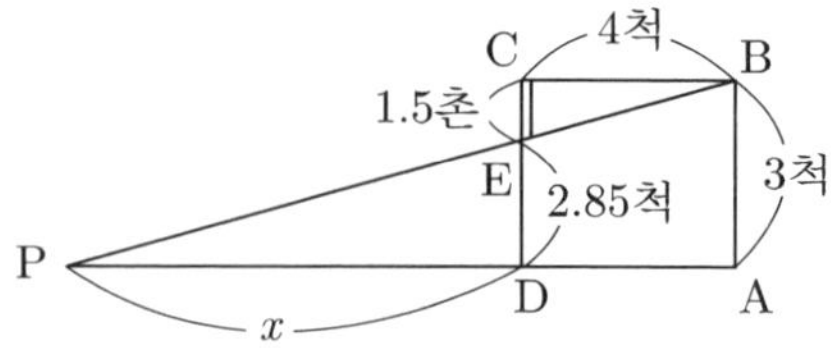

[그림 4.56]

B, E, P가 일직선이 되는 점 E의 위치를 정하고 CE의 길이를 읽는다. 이제 CE = 1.5촌이라 하면, DE = 2척 8촌 5분이므로 다음 식이 성립한다.

$$x : 4 = 2.85 : 0.15, \quad x = \frac{4 \times 2.85}{0.15} = 76\text{척}$$

유명한 요시다 미츠요시(吉田光由)[47]의 《진코우키》(塵劫記, 1627년)에는 '마치츠모리노코토(町つもりの事)'라는 다음과 같은 방법이 나와 있다.(6)

이것은 길이 2척 1촌 7분의 실 끝에 길이 3촌인 자를 붙인 도구를 이용한다. 실 끝을 입에 물고, 자를 쥔 손을 힘껏 뻗어, 먼 곳의 인물(키를 5척으로 가정한다.)을 보니 정확히 8리로 보였다고 한다. [그림 4.57]에서

$$2.17 : 0.008 = x : 5$$

$$x = \frac{2.17 \times 5}{0.008} = 1356.25\text{척}$$

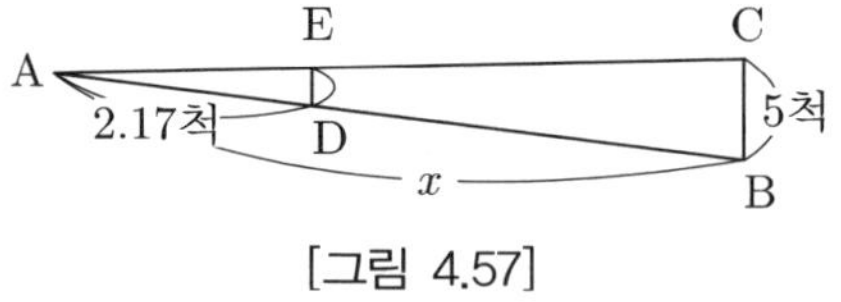

[그림 4.57]

47 1598~1673년까지 생존한 에도 시대 전기의 와산가이다. 처음에는 와산가인 모우리 시게요시(毛利重能)에게 사사를 받았으며, 일족인 수미노쿠라 소안(角倉素庵)과 함께 중국 수학서인 《산법통종》(算法統宗)을 연구하고서, 이를 바탕으로 1627년 저서 《진코우키》를 출판했다. 이 책은 그림을 이용하여 기초에서부터 응용에 이르기까지 쉽게 학습할 수 있도록 쓴 수학입문의 모범서로 평가받고 있다.

이다. 《진코우키》에서는 이 계산을 $\frac{(2.17\times3)\times5}{0.008\times3} \fallingdotseq \frac{6.5\times5}{0.024}$와 같이 하고 있다. 6.5척 = 1간(間)이므로 2.17척에 대한 0.008척의 비율은 1간에 대한 $0.008\times3 = 0.024$척의 비율이라고 생각할 수 있다. 그리고 $5\div0.024 = 208$간 333으로 계산한다. 실의 길이를 왜 2.17척과 같은 어중간한 치수로 했는지는 이것으로 이해할 수 있다.

이런 종류의 측량에서 재미있는 것은 시각(視角)을 이용하는 방법이다. 테라다 토라히코(寺田寅彦)48의 수필의 한 구절에 다음과 같은 것이 적혀 있다.

> 나는 고등학교 때 선생님으로부터 굉장히 좋은 것을 배웠다. 그것은 태양이나 달의 지름의 시각(視角)이 약 0.5도(度)가 된다는 것, 그리고 팔을 힘껏 앞쪽으로 뻗어 손가락을 직각으로 구부리고 시선(視線)에 수직으로 하면 손가락 하나의 폭이 시각으로 약 2도라는 것이었다. 그래서 부모에게 물려받은 간이측각(測角)기계만 있으면 거리를 아는 것의 크기, 크기를 아는 것의 거리의 대강을 예측하는 것만은 어림산 계산으로 쉽게 할 수 있다.

옛날 일본의 군대에서도 사용하던 방법인데, 이러한 것을 교재화하면 재미있는 수업이 될 것이다.

(4) 사모스 섬의 터널 공사 이야기

닮음의 응용이라면 높이나 거리의 측량을 생각하지만, 다음과 같은 이야기도 훌륭한 교재로 사용할 수 있지 않을까?(7)

지중해의 동쪽 소아시아의 대안(對岸)에 있는 사모스 섬은 유명한 피타고라스의 출생지이다. 이 사모스 섬에 있는 카스트로 산에 터널을 뚫어 수도를 건설하는 공사가 기원전 530년경에 시행되었다고 한다. 카스트로 산의 높이는 약 280m, 터널의 길이는 약 1200m, 터널의 높이와 폭은 각각 8피트라고 한다. 게다가 이 터널 쪽에는 깊이 약 9m, 폭 3피트인 수로(水路)가 만들어져 있고, 수로에는 구배(勾配)가 붙어 있다고 한다.

이 터널 공사는 양끝에서 파고 들어간 것으로 오차는 정확도가 수평방향으로 약 30피트, 수직방향으로 약 10피트 정도라고 한다.

이러한 터널 공사가 도대체 어떤 방법으로 행해진 것일까? 이 공법을 아는 하나

48 그는 1878~1935년까지 생존한 일본의 물리학자이자 수필가이다.

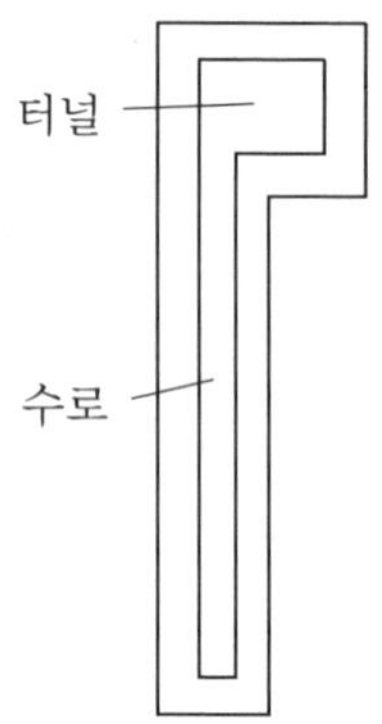

[그림 4.58]

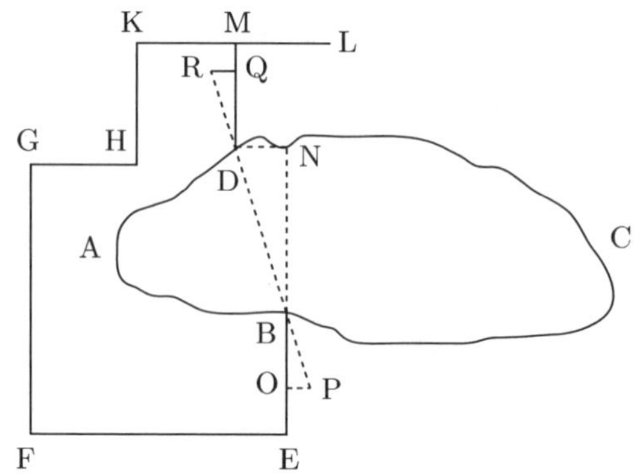

[그림 4.59]

의 단서는 기원후 60년경 알렉산드리아의 헤론이 쓴 《조준의(照準儀)에 대해서》라는 책에 나와 있다. 헤론은 유명한 측량가로, 수학에서는 세 변의 길이로부터 삼각형의 넓이를 계산하는 헤론의 공식으로 유명하다.

한 개의 산 ABCD가 있고 터널의 양끝을 B, D라고 하자. 점 B, D를 잇는 관통 터널을 뚫으려고 한다. 점 B에서 임의의 직선 BE를 긋고, 조준의를 이용하여 BE에 수직으로 EF, EF에 수직인 FG, FG에 수직인 GH, GH에 수직인 HK, HK에 수직인 KL을 긋는다.

다음으로 KL을 따라 조준의를 이동하여 KL에 수직인 방향으로 점 D를 보는 지점 M을 찾는다. MD는 KL에 수직이다. 다음으로 점 D에서 EB의 연장선 위에 수선 DN을 내린다. (이것은 물론 종이 위에서 한다.) 그러면 DN의 길이는 DN=EF−GH−KM으로 구해진다. 또 BN의 길이는 BN=FG+HK−BE−DM으로 구해진다. 따라서 BN : DN을 알 수 있다.

다음으로 점 B에서 BO : OP=BN : DN이 되도록 삼각형 BOP를 만든다. 또 점 D에서 DQ : QR=BN : DN이 되도록 삼각형 DQR을 만든다. 이 두 직각삼각형의 빗변 PB, RD가 터널을 뚫어가는 방향이 되는 것이다.

간단한 수학이 실제로 도움이 되는 예인데, 이러한 이야기는 학생들에게 강한 인상을 부여하기 때문에 적극적으로 도입해야 할 것이다.

(5) 토지의 넓이 측량

합동이나 닮음과는 관계가 없지만, 토지의 넓이를 재는 측량은 일상에 비근한 수학의 응용으로 유용한 소재이다.

알고 있듯이 에도 시대에는 켄치(検地)49가 행해졌다. 징세나 부역 때문에 토지

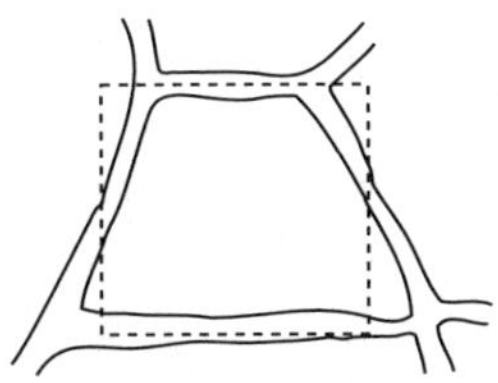

[그림 4.60]

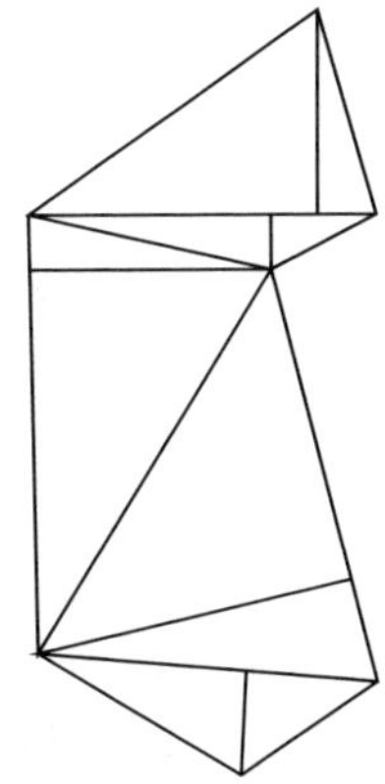

[그림 4.61]

와 농민을 장악하는 것은 위정자들에게는 중요한 일이었다. 코쿠다카(石高)50와 연공(年貢)51의 할당 등도 이것에 의해 행해졌다.

에도 시대의 켄치 측량법에서는 쥬우지호(十字法)라는 방법이 자주 시행되었다.(8) [그림 4.60]과 같은 논밭이 있으면 점선과 같이 밧줄(縄, 승)을 치고, 이 밧줄의 세로(긴쪽), 가로(짧은 쪽)를 곱해서 넓이를 산출하는 것이다. 고대 이집트나 바빌로니아에서도 이러한 방법이 행해진 것 같다. 마주 보는 변(대변)의 평균을 곱하는 방법과 비교하면 이 방법이 정확하다.

논밭의 모양이 복잡할 때에는 [그림 4.61]처럼 삼각형으로 분할하고, 각각의 삼각형의 밑변과 높이를 재어 넓이를 구하는 방법이 행해졌다. 지금도 지적(地積)의 계산에는 이 방법이 쓰인다. 그러나 이것은 다소 오차가 크기 때문에 좀더 정확한 계산을 하려면 헤론의 공식을 이용하는 것이 좋다.

헤론의 공식은 고등학교 수학 I의 삼각함수에서 다루는데, 세 변으로부터 넓이를 구하는 계산은 피타고라스 정리를 이용하면 간단하게 할 수 있다.

세 변이 13, 14, 15 인 삼각형의 넓이는 다음과 같이 계산할 수 있다.

[그림 4.62]에서 $13^2-x^2=14^2-(15-x)^2$이 성립하므로 이것으로부터 $x=\dfrac{15^2+13^2-14^2}{2\times15}=\dfrac{33}{5}$이 나온다. 이것을 $h^2=13^2-x^2$에 대입하여 h를 구한다.

49 논밭을 측량하여 넓이·경계·수확량 등을 검사하는 것을 뜻한다.

50 토지의 표준적인 현미 수확량을 말한다. 이것을 기준으로 토지의 대소와 연공량(年貢量)뿐만 아니라 신분 질서의 기준으로 사용하는 코쿠다카 제도도 있었다.

51 해마다 바치는 공물(貢物)을 말한다.

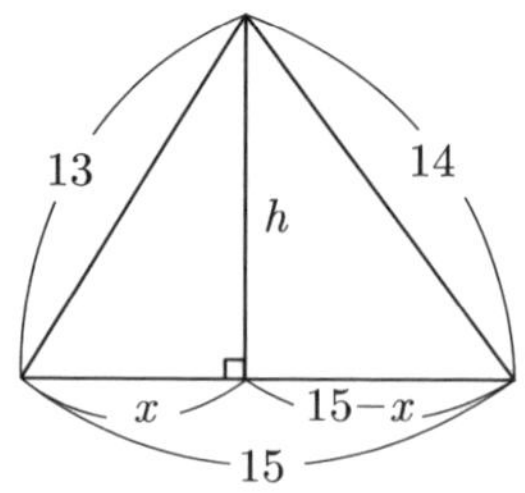

[그림 4.62]

$$h^2 = 13^2 - \left(\frac{33}{5}\right)^2,$$
$$h = \sqrt{13^2 - \left(\frac{33}{5}\right)^2} = \sqrt{\frac{65^2 - 33^2}{5^2}} = \frac{56}{5}$$

따라서 삼각형의 넓이 $= \dfrac{1}{2} \times 15 \times \dfrac{56}{5} = 84$이다.

이 계산을 이해할 수 있으면 헤론의 공식을 유도하는 것은 그다지 어렵지 않다. 위의 계산에서 $\mathrm{BD} = \dfrac{1}{2a}\{(a^2 + c^2) - b^2\}$임을 알고 있으므로

$$\begin{aligned}
\mathrm{AD}^2 &= c^2 - \mathrm{BD}^2 = (c + \mathrm{BD})(c - \mathrm{BD}) \\
&= \left\{c + \frac{(a^2 + c^2) - b^2}{2a}\right\}\left\{c - \frac{(a^2 + c^2) - b^2}{2a}\right\} \\
&= \frac{\{(a + c)^2 - b^2\}\{b^2 - (a - c)^2\}}{4a^2} \\
&= \frac{(a + b + c)(a + c - b)(a + b - c)(b + c - a)}{4a^2}
\end{aligned}$$

가 된다. 따라서

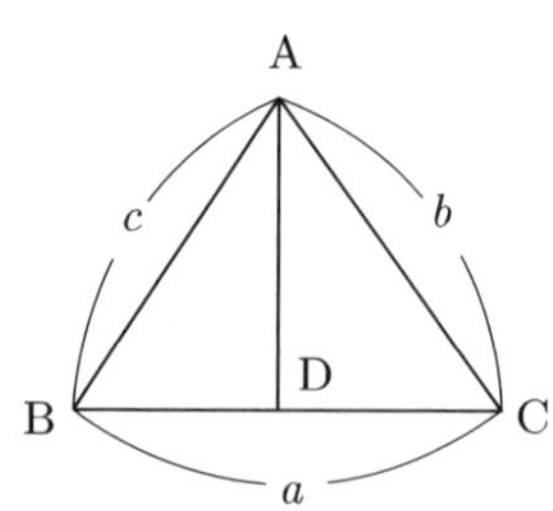

[그림 4.63]

$$S = \frac{1}{2}a \cdot \mathrm{AD}$$
$$= \frac{1}{2}a \cdot \frac{\sqrt{(a+b+c)(a+c-b)(a+b-c)(b+c-a)}}{2a}$$
$$= \sqrt{\frac{a+b+c}{2} \cdot \frac{b+c-a}{2} \cdot \frac{a+c-b}{2} \cdot \frac{a+b-c}{2}}$$

가 된다. 나의 경험으로는 천천히, 신중하게 하기만 하면 이 정도의 계산은 중학생에게도 충분히 이해시킬 수 있다.

4.7 유클리드의 《원론》과 논증

(1) 문제점

1969년 중학교 지도요령에서는 논증의 의의, 명제의 진위와 그 증명, 가정과 결론, 정리, 증명, 역, 배리법 등을 지도내용으로 다루었다. 또 1970년 고등학교 지도요령에서는 평면기하의 공리적 구성을 다루었는데, 공리, 정의, 정리의 의미를 지도하게 되어 있었다.

논증이라 하면 우리는 곧 정의·공준·공리·명제·증명이라는 연역적 체계를 생각한다. 그리고 힐버트의 《기하학 기초론》에 있어서와 같이, 어떤 공리계를 설정하면 어떠한 체계가 생기는가 하는 것을 '문제'로 한다. 현대수학이 어떤 학문인지를 가르치기 위해서는 그러한 지도도 필요하겠지만, 일반 보통교육으로서의 수학교육에서는 과연 어느 정도까지 다루면 좋을지 판단하기 어렵다. 이번 개정으로 평면기하가 고교 수학 A에서 다루어지게 된 것은 아마 수학적 추론의 학습에 도형의 성질에 대한 탐구가 적절하다고 생각했기 때문일 것이다.

중·고등학교 학생 가운데 논증기하와 같은 것에 흥미를 가지는 사람도 있다. 일상어로 증명을 진술할 수 있으므로 의외로 가까이하기 쉬운 것도 있다. 유가와 히데키는 자서전 《나그네》에서 다음과 같이 말하고 있다.

> 유클리드 기하를 배우기 시작하면 금방 그 매력에 포로가 된다. 수학, 특히 유클리드 기하가 갖는 명석함과 단순함, 투철한 논리 — 그런 것들이 아마 나를 끌어당겼

을 것이다. 그러나 무엇보다도 나를 기쁘게 한 것은 어려울 것 같은 문제를 혼자의 힘으로 풀 수 있다는 것이었다. 기하학으로 나는 생각하는 기쁨을 배웠다.

그러나 나의 경험에 의하면 이러한 학생은 좀처럼 없다. 대부분의 학생들에게 기하의 증명문제는 지루하고 복잡한 것으로 인상 지워져 있음에 틀림없다.

유클리드의 《원론》은 세계대전 후의 수학교육에서는 매우 평판이 나빴다. 수학의 구조를 가르치기 위해서도 그 공리계가 불완전하고, 또 현대수학의 학습에서도 특별히 도움이 되지 않는다는 것이 비판의 이유이다. 확실히 수학으로서는 그럴지도 모른다. 그러나 《원론》은 수학만의 것이었을까? 《원론》은 최초 논증수학의 체계인데, 그것이 성립된 배경에는 그리스 사회에 있어서의 민주주의의 영향이 있었다. 논증은 변론술, 사람을 설득하는 술(術)과 매우 관계가 있었다. 또 완성된 《원론》은 그 후 오랫동안 서구 사회에 있어서는 성서(聖書)에 버금가게 많은 사람들이 읽었고, 학문의 전형으로서 학교교육에서 중요시되어 왔다. 그 이유는 논리적 사고력의 육성이라는 것이었는데, 논증 방법이 학문 구성의 수단으로서 중요했기 때문이다.

나는 유클리드의 《원론》에 보이는 논증 체계를 수학으로써 받아들일 뿐만 아니라, (1) 인간의 활동에 있어서 필요불가결한 변론술과의 관계와 (2) 일반적으로 학문의 구성 원리를 가르치는 재료로써 다시 평가해보아도 좋지 않을까 생각한다.

(2) 논증의 시작 — 대화와 변증법 —

증명은 영어로 demonstration인데, 이 말의 본래 의미는 공개적으로 명시하고, 공적인 승인을 구한다는 것이다. 이것은 사람과 사람 사이의 논의와 논쟁을 바탕으로 고대 그리스에서 생겨난 것이다. 고대 그리스, 특히 아테네에서는 페르시아 전쟁 이후 승리에 공헌한 시민계급의 발언이 증대되고, 페리클레스[52]의 지휘 아래 민주정치가 확립되었다. 민주정치는 시민이 공통의 기반에 서서 생각하고 판단해 가는 정치이다. 개인이 단독 사적으로, 독단적으로 판단하지 않고, 공개된 장소에서 공적인 승인을 얻어 처리하는 것이다. 많은 시민이 모이면 다른 의견이 대립하여 토론이 행해진다. 논의의 장(場)에서는 상호 공통 이해사항이 기반이 된다. 프랑스의 데카르트는 학생시절에 누군가가 논의를 시작하면 용어의 의미를 질문하

---

52 페리클레스(Perikles)는 기원전 495?~429년에 생존한 사람이다. 고대 그리스의 정치가, 웅변가, 장군으로, 그리스-페르시아 전쟁과 펠로폰네소스 전쟁 사이에 아테네의 황금시대를 열었다.

고 정의를 확정하며, 이어 논의에 채택될 수 있다고 생각되는 근본 명제를 끄집어 내고, 그것을 인정할지 어떨지를 확인시킨다. 그러면 바르게 추론해가는 한, 꼼짝할 수 없는 결론에 도달해서 논의가 매듭지어졌다고 한다. 이와 같이 논의에서는 전제가 되는 근본 명제가 중요하다. 이것은 말할 것도 없이 수학에 있어서 공리에 대응하는 것이다. 공리(axiom)는 본래 수학자가 '이론의 전제로써 요청하는 것'이며, 간단하게 말하면 common opinion인 것이다. 이와 같이 수학에 있어서 증명 사상은 민주정치의 바탕에서만 볼 수 있는 사고 형태라고 할 수 있다.

그리스에서는 변론술이 중시되었는데, 당시 아테네에서는 변론에 뛰어나다는 것은 공직에 오르기 위해서도, 재판에 이기기 위해서도 필요했다. 이 때문에 변론술을 가르치는 소피스트라고 일컬어지는 직업인까지 생겨난 것은 잘 알려져 있다. "만물의 척도는 인간이다."라는 유명한 말을 남긴 프로타고라스[53]도 소피스트 가운데 한 사람이다. 그들 가운데 원적문제 등을 논하기도 해서 수학의 발달에 공헌한 사람도 있었다. 그리스 수학에 있어서 증명의 조짐은 소크라테스에게서 볼 수 있다. 소크라테스는 아테네가 스파르타에게 패배한 후 가두에서 많은 청년과 대화(dialogue)했는데, 이것이 변증법의 기원이 되었다. 소크라테스의 주장은 소피스트들과 마찬가지로 당시 시민들로부터 오해를 받아, 기원전 399년에 '청년들을 추락시키고, 또 국가가 인정하는 신들을 인정하지 않고, 따로 새로운 다이모니온[54]을 믿는 것은 부정행위이다.'라는 이유로 고발되었다. 재판은 501명의 재판관 투표로 정해졌지만, 고발장에 대해 소크라테스는 하나하나 반론하고, 자기가 올바르다는 것을 주장하는 상황이 플라톤의 《소크라테스의 변명》[(1)]에 적혀 있다.

소크라테스 : 세계에는 인간과 관계있는 사항의 존재는 인정하지만, 인간의 존재는 인정하지 않는 그런 사람은 없습니다. 말(馬)의 존재는 인정하지 않지만, 말과 관계있는 것의 존재를 인정하는 사람은 없습니다. 다이몬과 관계있는 사항(신령적 사물)은 그 존재를 인정하지만, 다이몬(신령)의 존재는 인정하지 않는 사람이 있을까요?

고 발 자 : 없습니다.

---

53 프로타고라스(Protagoras)는 기원전 490?~415? 사이에 생존한 인물로, 소피스트의 대표적 인물이다. 그는 '인간은 만물의 척도(尺度)이다. 존재하는 것은 존재하고, 존재하지 않는 것은 존재하지 않는다.'는 명제를 절대적 진리로, 무조건적인 전제로 삼는 엘레아 학파의 철학이나 만물의 척도는 자연이라고 생각한 자연과학적인 사고에는 정면으로 반대하였다.

54 다이모니온(daimonion)은 '수호신', '신령' 또는 '영(靈)'을 뜻한다.

소크라테스 : 그런데 당신은 고발장에서 내가 다이모니아를 믿고, 그것을 사람에게 가르치고 있다고 하고 있습니다. 당신의 말을 빌리면 나는 다이모니아를 인정하고 있고, 그렇다고 하면 다이몬을 인정하는 것은 당연한 이치라고 해야 하는 것이 아닐까요? 그런데 우리는 다이몬을 신 또는 신의 아들이라고 생각하고 있는 것 아닐까요?

고 발 자 : 분명히 그렇습니다.

소크라테스 : 그러면 적어도 내가 다이몬을 인정하고 있는 이상 — 당신은 그렇게 주장하고 있지. — 다이몬이 어떤 신들이라고 하면 나는 신들을 믿고 있지 않다는 것인데, 적어도 다이몬들을 믿고 있는 것에 의해 이번에는 거꾸로 신들을 믿고 있다고 주장하는 것이 될 것입니다.

이렇게 해서 소크라테스는 상대의 주장에서 그것과 모순되는 결론을 이끌어내는 논법으로 고발장의 잘못을 증명하려고 했는데, 이 논법은 수학의 증명에서도 사용하는 방법이다.

변증법은 파르메니데스[55]를 시작으로 하는 엘레아(Elea) 학파에 의해 시작된다고 한다. 엘레아 학파는 토론에서 배리법이라는 간접증명법을 사용했다. A가 성립하지 않는 것을 증명하기 위해서, 만약 A가 성립한다면 모순이 생기는 사실을 들어 간접적으로 A가 성립하지 않는다는 것을 추론한다. 제논의 역설이라고 일컬어지는 것이 그 예이다. 예를 들면, A에서 B로 운동하려면 그 중점 C를 지나지 않으면 안 된다. 또 C에 도달하려면 AC의 중점 D를 지나지 않으면 안 된다. 이와 같이 운동하는 물체는 차례로 무수한 중점을 지나지 않으면 종점에 도달할 수 없다. 그러나 유한의 시간에 무한개의 점을 통과하는 것은 불가능하다. 그러므로 운동이라는 것은 있을 수 없다는 것이다. 엘레아 학파는 진실로 존재하는 것은 '하나이며 부동(不動)'이라는 것을 믿으며, '다(多)와 운동'을 부정했다고 한다. 제논은 자기 학파의 주장을 지키기 위해 이러한 역설을 생각했을 것이다. 이와 같은 논법을 주고받았던 학파 간 논쟁이 논증수학의 성립 기반이 되었던 것이라고도 할 수 있다.

논증수학의 발달에 큰 영향을 미친 아리스토텔레스의 논리학도 민주정치하에서 사람들의 언어에 대한 이상한 관심에서 생겨난 것이라고 생각할 수 있다.

55 파르메니데스(Parmenides)는 기원전 515?~445?에 생존한 고대 그리스 철학자로서, 엘레아 학파의 시조이다. 특히 엘레아 시민을 위해 법률을 제정했으며, 서사시 운율인 육각운(六脚韻)을 구사하여 《페리 피세오스》(자연에 관하여)를 썼으나 지금은 일부분만 남아 있다.

(3) 고대 인도의 증명법

고대 인도에서는 베다 성전의 해석에 관한 토론이 행해졌는데, 이것이 계기가 되어 논증학이 발달했다. 기원 3, 4세기경 성립했다고 생각되는 《니야야 스투라》(Nyāya sutra)[(2), 56]는 토론에 필요한 모든 사항을 해설한 논증학의 교과서인데, '니야야(Nyaya)'란 근거가 될 만한 규범, 도리, 방법을 의미하는 단어라고 한다.

인간이 대상을 인식하는 것은 지식 수단에 의할 수밖에 없는데, 이 지식 수단에 의한 대상의 고찰이 논증법이다. 여기에서 말하는 지식 수단이라는 것은 지각・추리・유추・증언의 네 종류이고, 논증법은 지각과 증언에 근거하는 추리이다. 지각은 감각기관과 대상의 접촉에 의해 생긴, 표현되지 않은, 착오 없는, 결정성을 가지는 지식이라고 설명되고 있다. 추리는 지각에 의해 알려진 징표(徵表)에 의해, 징표를 가지고 있는 지각되지 않은 대상을 나중에 아는 방법으로,

① 과거의 것을 대상으로 해서 가지는 추리 (강의 물이 불어나는 것으로부터 상류의 비를 추리한다.)
② 미래의 것을 대상으로 해서 가지는 추리 (거미가 알을 옮기는 것을 보고 비를 추리한다.)
③ 현재의 것을 공통성에 근거하여 인식하는 추리 (공작 소리를 듣고 공작을 추리한다.)

등이 있다고 한다. 지각은 있는 것을 대상으로 하지만, 추리는 있는 것과 없는 것을 대상으로 한다고 쓰여 있다. 추리는 이미 아는 것과의 공통성에 의해 알아야 하는 것을 알게 하는 방법, 증언이란 것은 신뢰할 수 있는 사람의 언어로, 신뢰할 수 있는 사람이 스스로 지각한 사실을 내용으로 하기 때문에 지식 수단으로서의 확실성을 가지며, 궁극적으로는 증언도 지각에 의존한다. 따라서 지각이 가장 중요한 지식 수단이 된다. 여기에서 신뢰할 수 있는 사람이라는 것은 "사물의 본성을 직증(直證)[57]한 사람으로, 그 사람이 본대로의 것을 다른 사람에게 알리려고 하는 기분으로 동기부여 되었을 때 교시자(教示者)가 된다. 대상의 직증이 도달되고, 그는 거기에 매개되어 있기 때문에 도달한 사람, 즉 신뢰할 수 있는 사람이다."라

56 이것은 인도 6파 철학의 하나인 니야야(Nyāya) 학파의 개조(開祖)인 가우타마(Gautama)가 기원전 6~5세기경부터 발전해온 논증(論證, 니야야)학을 정통 바라문주의 입장에서 정리한 5편, 10장으로 편집된 것이다.

57 추리에 의하지 않고 직접적으로 확실한 인식 상태를 말한다.

고 설명되어 있다.

이와 같은 지식 수단의 설명이 있은 후 논증법으로써 오지작법(五支作法)[58]이라 불리는 형식이 설명된다.

① **제안** : 논증되어야 할 것을 설명하여 보여주는 것, 즉 설시(說示)이다.
② **이유** : 어떤 성질이 논증되어야 하는 것에, 그리고 유례(喩例)[59]에 결부되어 그것이 논증 수단이라는 것을 말로 표현하는 것이다.
③ **유례** : 논증되어야 하는 것과 어떤 성질을 공통으로 하고 있어, 그것의 또 다른 하나의 성질을 가지게 되는 실제 예이다.
④ **적용** : 얼마간은 유례와 같다. 또는 얼마간은 유례와 같지 않다고 하듯이, 유례에 의거해서 논증되어야 할 것에 유례의 성질을 긍정적으로 또는 부정적으로 적합하게 만드는 것이다.
⑤ **결론** : 이유를 표시하고 나서 제안을 되풀이하여 설명하는 것이다.

최초의 삼지(三支)가 논리학에 있어서 결론, 소전제, 대전제에 해당하는 것으로 구체적인 예를 나타내면 다음과 같다.

① 저 산에는 불이 있다. (제안)
② 연기가 오르고 있기 때문에 (이유)
③ 예를 들면, '아궁이'에서 볼 수 있듯이, 연기가 나는 곳에는 반드시 불이 있다. (유례, 지각으로 얻은 경험적 사실)
④ 저 산도 그것과 마찬가지다. (적용)
⑤ 그 때문에 저 산에는 불이 있다. (결론)

논증의 대전제는 유례라고 일컫는 경험적 사실이고, 주로 신뢰할 수 있는 사람의 지각으로 얻은 것이다. 수학의 논증에서는 여기에 이미 증명된 명제가 오기 때

58 오지작법이란 인도의 정통논리학파인 니야야 학파가 사용한 논증법이다. 오지작법은 ① 소리는 변한다. ② 왜냐하면 만들어진 것이기 때문이다. ③ 비유한다면 만들어진 물병과 같다. ④ 만들어진 물병처럼 소리 또한 그러하다. ⑤ 그러므로 소리는 변한다. 이 같은 오지작법을 삼지작법으로 바꾼 사람은 디그나가(陣那)였으며, 위의 논증법을 삼지작법으로 고치면 다음과 같다. ① 소리는 변한다. ② 만들어진 것이기 때문이다. ③ 물병처럼 모든 만들어진 것들은 변한다. 또는 허공처럼 만들어진 것이 아닌 것만 변하지 않는다.

59 동류(同類)/이류(異類)로 호출되는 방법을 말한다.

문에, 오지작법을 수학에 적용해보면 다음과 같다.

① 666은 9로 나누어떨어진다. ② 숫자의 합이 9로 나누어떨어지므로 ③ 숫자의 합이 9로 나누어떨어지는 수는 9로 나누어떨어진다. ④ 666도 숫자의 합이 9로 나누어떨어진다. ⑤ 그러므로 666은 9로 나누어떨어진다.

인도의 논증법은 지식 수단으로 대상을 이해하는 방법이다. 인도에서는 지식 수단에 의한 대상의 이해는 참된 지식(眞知)60을 야기한다. 그러므로 그것에 기초를 두는 인간 활동은 더 없이 유효하기 때문에, 논증법은 인간 활동에 있어 중요하다고 생각된다. 이와 같이 인도의 논증법은 수학에 있어서의 논증, 즉 공리로부터의 연역적 추리와는 전혀 다른 것이어서, 분석적 추리, 역방향의 추리라고 해야 할 것이며, 실제의 토론을 배경으로 해서 생겨난 것이다.

(4) 파스칼의 설득술

프랑스 파스칼의 〈기하학적 정신에 대해서〉(3)는 제1부 '기하학적, 즉 방법론적으로 완전한 논증방법에 대해서', 제2부 '설득술에 대해서'로 구성되어 있는 간단한 논문이다. 여기서 그는 "논증을 설득적인 것으로 하기 위해서는 기하학의 방법 그 이상의 것은 없다. 똑같은 정신력을 가지고 같은 조건 아래에 있는 사람들 사이에서는 기하학을 이해하고 있는 사람이 이긴다."고 말하고 있다. 그리고 설득술(방법론적인 완전한 증명의 운용)에는 사용해야 할 용어를 명료한 정의로 정의할 것, 문제가 된 사항을 증명하기 위해 자명한 원리 또는 공리를 제시할 것, 논증에 있어서는 정의된 것 대신에 정의 그 자체를 항상 마음속에 유념할 것 등의 세 가지가 필요하다고 말하고, 정의, 공리, 논증의 완성에 필요한 규칙을 다음과 같이 요약하고 있다.

〈정의를 위한 규칙〉

1. 자명해서 그것들을 설명하는 데 더 자명한 용어가 없을 것 같은 경우는 일체 정의하려고 시도하지 말 것
2. 조금이라도 불분명한 또는 애매한 술어(術語)는 모두 정의하지 않으면 사용할 수 없다.

60 진지(眞知)란 진리를 깨달은 데에서 생기는 지혜를 일컫는다.

3. 용어의 정의에 있어서는 완전하게 알려진 또는 이미 설명된 단어만을 사용할 것

〈공리를 위한 규칙〉

1. 필요한 원리는 그것이 아무리 명백하고 확실하다고 해도 과연 승인될 수 있을지 어떨지를 묻지 않으면 사용할 수 없다.
2. 공리에 있어서는 완전하게 명백한 것만을 요청할 것

〈논증을 위한 규칙〉

1. 명백해서 그것들을 증명하기 위해서 더 명백한 어떤 것도 없을 것 같은 경우는 일체 논증하려고 시도하지 말 것
2. 조금이라도 불분명한 명제는 모두 증명하고, 그것들의 증명에 있어서는 지극히 명백한 공리, 또는 이미 승인된 혹은 논증된 명제만을 이용할 것
3. 정의에 따라 한정된 용어의 애매함 때문에 정의된 것 대신 정의 그 자체를 항상 마음속에 유념할 것

단, 이 가운데 완전히 알려진 용어는 모두 정의하지 말 것, 완전히 명백하고 단순한 공리는 모두 요청하지 말 것, 지극히 명백한 것은 논증하려고 하지 말 것 등의 세 가지는 반드시 필요한 것은 아니고, 소홀히 해도 잘못되는 것은 없지만 다른 다섯 가지 규칙은 절대로 필요하다고 말하고 있다.

이것들은 유클리드의 《원론》에 있는 논증 이론을 정리한 것이라고 할 수 있다.

그런데 파스칼의 설득술은 단지 기하학의 원리나 방법을 지키기만 하면 된다고 주장하는 것처럼 생각되지만, 그는 논증 이외에 상대의 마음에 드는 것의 중요함도 설명하고 있다. '인간은 이성보다도 변덕스러운 성질의 지배를 받고 있다. 그러므로 무엇인가를 설득하려고 원하더라도 설득하려고 하는 상대방에게 집중하지 않으면 안 된다. 즉 그 사람의 정신과 심정을 알고, 그가 어떤 원리를 승인하고, 어떤 것을 좋아하는지를 알아야 한다.'라고 말하고 있다. 논리 한 가지로 관철시키는 것으로는 반드시 상대를 설득할 수 없다. 역시 상대의 모든 조건에 맞게, 때로는 논리보다도 감정에 호소하는 것이 필요한 경우도 있다.

이와 같이 수학에 있어서 논증을 더욱 친근한 문제와 연결시켜 생각하도록 지도해도 되지 않을까 생각한다.

(5) 《원론》을 이용하여 학문의 구성 원리를 가르친다

기하학을 중요한 학문이라고 생각하게 된 것은 플라톤 이후의 일이다. 이것에 대해서는 이미 말했지만, 서구사회에는 "신은 기하학을 모델로 해서 세계를 창조했다."는 생각이 있었다. 갈릴레이도 자연은 수학이라는 언어로 쓰인 거대한 책이므로, 인간이 자연을 이해하기 위해서는 기하학을 배우지 않으면 안 된다고 하고 있다. 신이 창조한 세계는 완전한 것이므로 기하학은 완전한 학문이라는 이미지가 있었다. 프랑스의 데카르트는 기하학적인 완전한 세계의 실현을 꿈꾸고 있었다고 한다. 데카르트는 또 기하학에서 학문의 방법을 발견했는데, 그의 우주론과 운동론은 소수(少數)의 원리로부터 기하학적인 방법에 따라 연역된 체계로 되어 있다. 뉴턴의 《프린키피아》(자연철학의 수학적 원리)는 정의, 공리, 정리, 명제 형식으로 쓰여 있다. 이와 같이 학문의 방법과 저술에는 《원론》의 방법과 형식이 채용되었는데, 이것은 자연과학 분야뿐만이 아니었다. 네덜란드의 스피노자[61]와 같이 윤리학을 기하학 형식으로 쓴 사람도 있었다.

스피노자는 우선 모든 결과, 모든 원인의 궁극적인 원인인 신(神)을 정의하고, 그것으로부터 일체의 일을 기하학 형식으로 엄밀한 연역적 방법에 의해 이끌어내려고 했다. 만약 그러한 것이 가능하다면, 그것으로 얻어진 결론에는 조금도 의심할 여지가 남지 않는다고 생각했기 때문이라고 한다. 그가 기하학적인 방법을 얼마나 신뢰하고 있었는지를 엿볼 수 있다. 스피노자의 《에티카》[(4)](윤리학)에는 "기하학적인 질서로 논증된다."라고 적혀 있다.

우선 제1부 '신에 대하여'에서 신을 정의한다.

(정의 6) 신이란 절대로 무한한 실유(實有)[62], 바꿔 말하면 각각이 영원, 무한의

---

61 스피노자(Baruch de Spinoza)는 1632~1677년까지 생존한 철학자로서, 유럽 철학사상 최대의 형이상학 체계를 창시하였다. 라틴어·수학·자연과학·스콜라 철학 및 르네상스 이후의 신학 등에 밝았으며, 특히 데카르트 철학에서 결정적인 영향을 받았다.
스피노자의 철학체계는 가장 근원적인 것으로서 실체 개념에서 출발하였다. 그는 실체를 자기 원인으로 파악하고 데카르트에서 시작하는 아리스토텔레스적 실체 개념을 철저히 한 뒤, 무한히 많은 속성으로 이루어지는 유일한 실체를 신이라고 하였다. 일체의 사물은 신의 변용이고, 또 신은 모든 사물의 내재적 원인이며 모든 사물은 신의 필연성에 따라 결정되어 있다고 하고, '신, 곧 자연'이라는 범신론적 체계를 전개하여 사유와 연장을 신의 두 가지 속성, 즉 동일 실체의 본질인 두 가지 표현이라 보고 '심신평행론(心身平行論)'의 입장을 취하여 데카르트의 이원론을 극복하였다. 이렇게 해서 자기의 개체 본질과 신과의 필연적 연관을 완전히 인식할 때, 유한한 인간은 신의 무한에 관여함으로써 인간정신은 완전한 능동에 이르러 자유를 실현하게 되는데, 그는 여기에서 최고선이 성립한다고 주장하였다.

본질을 표현하는 무한히 많은 속성으로 이루어져 있는 실체라고 해석한다.

여기에서 말하는 실체라든가 속성은 다음과 같이 정의되어 있다.

(정의 3) 실체란 그 자신의 속에 있고, 또 그 자신에 의해 생각되는 것, 바꿔 말하면 그 개념을 형성하는 데에 다른 것의 개념을 필요로 하지 않는 것이라고 해석한다.

(정의 4) 속성이란 지성이 실체에 대해 그 본질을 구성하고 있다고 지각(知覺)하는 것이라고 해석한다.

요컨대, 신은 모든 원인의 궁극의 원인이므로 스스로는 아무런 원인도 필요로 하지 않는 존재자, 즉 자기원인(自己原因)이다. 이 자기원인을 유일한 실체라고 생각하고, 그것을 신이라고 생각한다. 그리고 그는 신을 자연과 같이 두는 범신론(汎神論)을 주장하고 있다. 이러한 것에서 그는 무신론자가 되고, 그의 저서는 위험사상(危險思想)을 포함한다고 생각되어, 1677년에 출판한 유고집은 발매금지되었다.

그런데 이와 같이 신을 정의한 스피노자는 신의 존재를 정리로 증명한다.

(정리 11) 신 혹은 각각이 영원・무한의 본질을 표현하는 무한히 많은 속성으로 이루어져 있는 실체는 필연적으로 존재한다.

증명 이것을 부정하는 자는 (만약 가능하다면) 신이 존재하지 않는다고 생각해라. 그러면 공리 7(존재하지 않는다고 생각될 수밖에 없는 것의 본질은 존재를 포함하지 않는다.)에 의해 그 본질은 존재를 포함하지 않는다. 그런데 이것은 정리 7(실체의 본성에는 존재하는 것이 속한다.)에 맞지 않는다. 고로 신은 필연적으로 존재한다. Q.E.D.

배리법(背理法)이 사용되고 있다. 또 마지막에는 《원론》과 마찬가지로 Q.E.D., 즉 Quod erat demonstrandum(이것이 증명해야 할 것이었다.)이 적혀 있다.

---

62 실유란 삼라만상은 공(空)인데도, 중생의 미망한 정(情)으로 이를 실재라고 하는 일, 즉 그 자체로 실재(實在)하는 것으로, 인연의 화합에 의해 존재하는 것을 말한다.

다음과 같은 설명도 있다.

> 원 또는 삼각형이 존재하는가, 존재하지 않는가의 이유는 원과 삼각형의 본성에서부터 나오지 않고, 일반적으로 물체적(物体的) 자연의 질서에서 나온다. 그러므로 존재하는 것을 방해하는 어떠한 이유도 원인도 없는 것이 필연적으로 존재한다. 그러므로 만약 신의 존재를 방해하거나, 신의 존재를 배제하거나 하는 어떤 이유도 원인도 있을 수 없다고 하면, 우리는 신이 필연적으로 존재한다는 것으로 결론내릴 수 있다.

이와 같이 《원론》은 세계를 인식하기 위해 불가결한 학문, 학문의 전형(典型)이라는 의의를 가지고 있었다.

그런데 이러한 것을 교육의 장에서 어떻게 지도하면 좋을까? 전문 수학자들이 하는 것처럼 엄밀한 공리계를 문제로 하는 것은 대부분의 학생에게 있어 이해도 곤란하며, 이와 같은 지도를 위해서는 적당하지 않다. 그래서 하나의 시안을 서술하기로 하자.

경험적 지식을 학문으로까지 높이기 위해서는 그것들을 (1) 보편화할 것, (2) 체계화할 것, 이 두 가지가 필요한데, 이것에 대해서 생각해보자.

인간은 경험에서 많은 지식을 획득해왔다. 내가 A병에 걸렸을 때 약 B가 잘 들었다. 그래서 다음에 다시 A병에 걸린다면 약 B를 먹는다. 그러면 다른 사람이 A병에 걸렸을 때 마찬가지로 약 B는 효과가 있을까? 그것은 나의 경험만으로는 뭐라고도 말할 수 없다. 나에게 효과가 있었던 것은 우연일지도 모른다. 그래서 A병에는 왜 약 B가 효과가 있을까 하는 것을 이론적으로 설명할 수 없으면 안 된다. 만약 그것이 가능하다면 내가 경험으로 얻은 지식은 보편성을 가진 것이 된다. 삼각형을 그리고 내각을 재서 그 합을 계산하였더니 $2\angle R$이 되었다. 다른 삼각형에 대해서도 $2\angle R$이 되었다. 그러나 이것으로부터 바로 모든 삼각형의 내각의 합은 $2\angle R$이라는 보편적인 판단은 할 수 없다. 삼각형의 내각의 합이 왜 $2\angle R$이 되는지 이론적으로 설명할 수 없으면 안 된다.

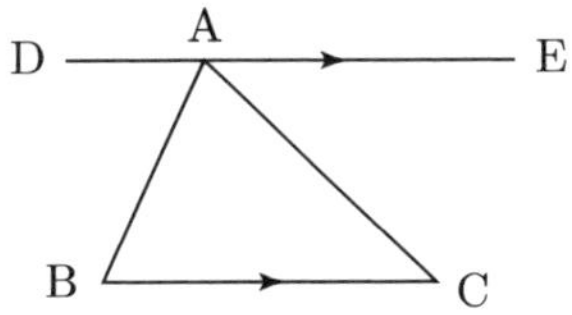

[그림 4.64]

삼각형 ABC의 꼭짓점 A를 지나서 밑변 BC에 평행한 직선 DAE를 긋는다. 그러면 '평행선의 엇각은 같다.'로부터 $\angle DAB = \angle B$, $\angle EAC = \angle C$이다. '같은 것에 같은 것을 더한 결과는 같다.'① 로부터 $\angle DAB + \angle EAC = \angle B + \angle C$가 성립한

다. 따라서 $\angle DAB + \angle EAC + \angle A = \angle A + \angle B + \angle C$이다. 그런데 $\angle DAB + \angle EAC + \angle A = 2\angle R$이다. '같은 것에 같은 것은 서로 같다.'② 로부터 $\angle A + \angle B + \angle C = 2\angle R$이다.

이 증명에서는 우선 여기에 그려진 삼각형 ABC는 특정 사물의 모양과 연결된 삼각형이 아니다. 일반적으로 삼각형이라 불리는 것임에 주의해야 한다. 《원론》에 "한 점에서 만나지 않는 세 개의 직선으로 둘러싸인 도형을 삼각형이라 한다."라고 정의되어 있는 그 삼각형이다. 그러면 직선이란 무엇인가? '직선이란 그 위에 있는 점에 대해 똑같이 가로놓인 선이다.' '선은 폭이 없는 길이이다.' 요컨대, 이와 같은 정의에 의해 개념이 규정되어 있는 삼각형에 대해 생각하고 있는 것이다. 이와 같은 삼각형은 물론 현실에는 존재하지 않는다. 관념 세계의 존재물일 뿐이다. 그러므로 이와 같은 삼각형은 종이 위에 그려서 나타내지 않더라도 머릿속에 떠올리면서 사고할 수 있는 것이다.

그런데 증명에는 '~이므로 ~이다.'와 같이 반드시 근거가 되는 것이 필요하다. 위의 증명에서는 '평행선의 엇각은 같다.'라는 명제가 근거로 사용되고 있다. 그러면 평행선의 엇각은 왜 같은가?

[그림 4.65]에서 $AB // CD$라고 하면 $\angle AGH = \angle GHD$가 되는 것을 증명해야 한다. 만약 $\angle AGH \neq \angle GHD$라고 하면, $\angle AGH > \angle GHD$이든지 $\angle AGH < \angle GHD$ 가운데 하나이다.

이제 $\angle AGH > \angle GHD$라고 해보자. '같지 않은 것에 같은 것이 더해지면 전체는 같지 않다.'③ 로부터

$$\angle AGH + \angle BGH > \angle GHD + \angle BGH$$

이다. $\angle AGH + \angle BGH = 2\angle R$이므로 $2\angle R > \angle GHD + \angle BGH$이다. 그런데 '한 직선이 두 직선과 만날 때 동측내각의 합을 $2\angle R$보다 작게 하면, 이 두 직선

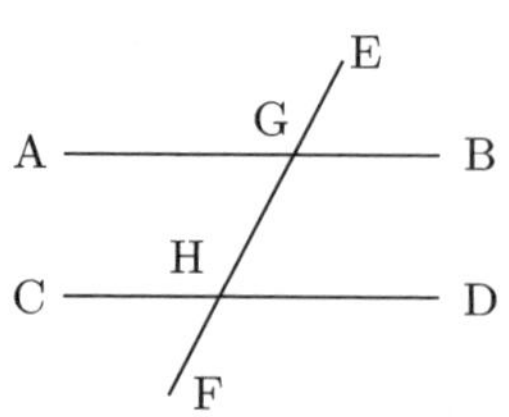

[그림 4.65]

을 무한히 연장하면 2∠R보다 작은 각이 있는 쪽에서 만난다.' ④로부터 AB와 CD를 B, D 쪽으로 연장하면 만난다.

이것은 AB와 CD가 평행이라는 가정에 어긋난다. 이것은 $\angle AGH > \angle GHD$로 했기 때문이다. 그러므로 $\angle AGH \ngtr \angle GHD$이다.

마찬가지로 $\angle AGH \nless \angle GHD$를 증명할 수 있다. 이상으로부터 $\angle AGH = \angle GHD$가 성립한다.

이 증명에서는 근거로 ④가 사용되고 있다. 그러면 ④는 어떻게 증명할까? 이와 같이 증명에는 반드시 뭔가 근거가 필요한데, 그것을 되풀이해서 더듬어 가면 아무리 가도 끝이 없다. 그러므로 어떻게 하더라도 증명 없이 인정할 수 있는 출발점이 되는 원리와 같은 것이 없으면 안 된다. 첫 번째 원리가 되는 것을 '공리'라고 한다. 《원론》에는 여러 학문의 원리를 공리, 수학만의 원리를 공준이라 불러 구별하고 있다. ④의 명제는 공준으로, ①, ②, ③은 공리로써 들고 있다.

《원론》의 공리 중에는 '전체는 부분보다 크다', '같은 것의 두 배는 서로 같다'라는 것이 있는데, 이것은 당시 엘레아 학파의 제논이 제출한 '전체 시간은 그 시간의 반과 같다'라는 유명한 패러독스를 의식하고 만들어진 것이라고 한다.

공준은 전부 5개를 들고 있는데, 최초의 세 개는 '임의의 점에서 임의의 점에 직선을 긋는 것', '유한인 직선을 연속해서 한 직선으로 연장하는 것', '임의의 중심과 거리(반지름)를 가지고 원을 그리는 것'으로, 작도가능을 나타낸 것이다. 유클리드 기하의 작도에는 직선자와 컴퍼스 이외에는 사용하지 않는다는 제한은 이것에 의존하고 있다. 여기에는 플라톤의 수학 사상도 큰 영향을 미치고 있다. 수학은 인간 사유의 산물로 현실과는 관계가 없다. 그러므로 상인의 계산술이나 건축가가 사용하는 기하학 등은 참된 수학은 아니다. 인간 사유의 산물인 기하학의 연구는 도구가 필요 없다. 직선을 긋는 자도, 원을 그리는 컴퍼스도 일체 필요 없다. 가장 단순한 직선, 가장 완전하고 아름다운 원, 그 두 개를 머릿속에 그림으로써 기하학을 연구하면 된다는 생각이다. 이 작도가능의 제약이 그 후 각의 삼등분 문제 등의 작도불가능 문제를 낳게 된다.

이상과 같이 개별적·경험적 지식을 보편적 지식으로 높이기 위해서는 증명이 필요하고, 증명에는 출발점이 되는 원리(공리·공준)가 필요하다. 그것과 학문에서는 사용하는 용어의 의미를 확정해두지 않으면 안 되므로 정의가 필요하다. 《원론》 제1권에는 23개의 정의가 있는데, 예를 들면 직각과 평행의 정의는 다음과 같이 쓰여 있다.

- 직선을 직선 위에 세워서 인접한 각을 서로 같게 할 때, 같은 각의 쌍방은 직각이고 위에 세운 직선을 그 아래 직선에 대한 수선(垂線)이라 부른다.
- 평행선이란 동일평면 위에 있고 양 방향으로 끝없이 연장해도 어느 방향에서도 서로 만나지 않는 직선이다.

하나의 술어를 정의할 때에는 다른 단어를 사용하므로 아무래도 무정의 용어가 필요하게 된다. 《원론》에 "점이란 부분을 가지지 않는 것이다."라고 정의되어 있는데, '부분'이라는 것이 무엇인지 알 수 없다. 아마 유클리드는 부분이 점보다는 직관적으로 알기 쉽기 때문에, 초심자를 위해서 용어를 해설한다는 의도로 이와 같은 정의를 썼을 것이라는 생각도 있다.63 그러나 학문에서는 사용하는 용어를 반드시 정의해야 한다는 정신이 이와 같은 정의를 낳았다고 생각하는 것이 자연스러울 것이다.

용어의 정의가 확실하지 않으면 올바른 판단을 할 수 없는 경우가 있다. 예를 들어, 일본 헌법 제9조 '육해공군 그 외의 전력(戰力)은 이것을 보지(保持)하지 않는다.'라고 쓰여 있는데, 전력의 정의가 확실하지 않다. 자위대는 최초 전력의 범위에 이르지 않기 때문에 합헌이라고 설명되었는데, 그 후 자위대는 전력이지만 자위를 위한 전력이므로 합헌이라고 설명되었다.

그런데 경험적 지식은 논증에 의해 보편적 지식이 되는데, 보편적 지식은 그것만으로는 결코 학문이 되지 않는다. 보편적 지식이 학문이 되기 위해서는 그것들을 배울 수 있도록 순서 있게 배열하지 않으면 안 된다. 결국 체계화가 필요하다. 기하학 정리를 어수선한 모양으로 모아도 그것만으로는 기하학이라는 학문이 되지 않는다.

경험적 지식은 논증에 의해 보편적 지식이 되는데, 동시에 그들 지식은 논증이라는 방법에 의해 필연적으로 체계화되어 간다. 예를 들면, '삼각형의 내각의 합은 2직각이다', '평행선의 엇각은 같다'라는 두 명제의 학습순서는 당연히 후자가 먼저 되어야 한다. '평행선의 엇각은 같다'의 역(逆)인 '엇각이 같으면 두 직선은 평행이다'라는 명제는 '평행선의 엇각은 같다'보다 먼저 학습할 수 있다. 왜냐하면 이 명제의 증명은 '삼각형의 외각은 내대각보다 크다'라는 명제만을 근거로 사용할 뿐이기 때문이다.

[그림 4.66]에서 '$\angle AEF = \angle EFD$이면 $AB // CD$이다'를 증명하자.

---

63 곤도 요우이치(近藤洋逸), 《数学の誕生》, 現代数学社, 1970.

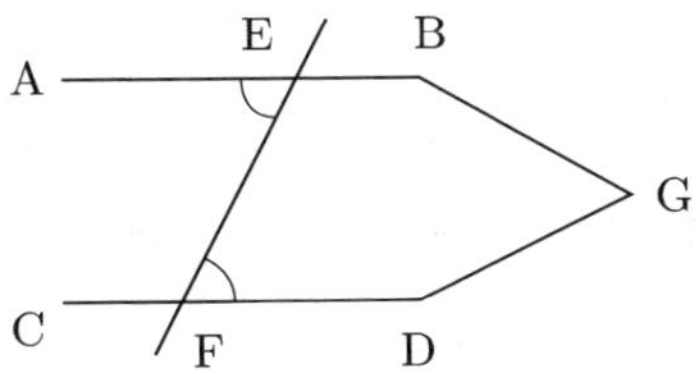

[그림 4.66]

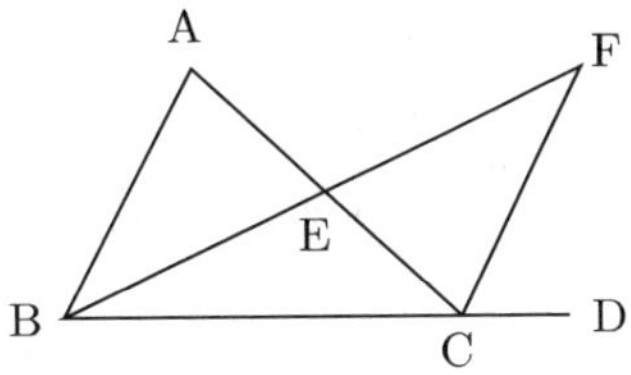

[그림 4.67]

만약 AB와 CD가 평행하지 않다면, AB, CD는 연장하면 B, D 또는 A, C 쪽에서 만난다. 이제 B, D 쪽에서 만났다고 하자. 그러면 △GEF에서 외각 AEF가 내대각 EFG와 같다. 이것은 불가능하다. 왜냐하면 AB, CD는 B, D 쪽에서 만나지 않기 때문이다. 마찬가지로 A, C 쪽에서 만나지 않는다는 것을 증명할 수 있다. 그러므로 AB와 CD는 평행이다.

그러면 '삼각형의 외각은 내대각보다 크다'는 명제는 어떻게 증명할까?

[그림 4.67]에서 ∠ACD > ∠BAC를 증명하자.

AC의 중점을 E라고 하자. BE의 연장선 위에 EF = EB가 되도록 점 F를 잡고, F와 C를 잇는다.

△ABE와 △CFE에 있어서 AE = CE, EB = EF, ∠AEB = ∠FEC이므로 두 삼각형은 합동이다. 그러므로 ∠BAE = ∠ECF이지만, ∠ECD > ∠ECF이다. 그러므로 ∠ACD > ∠BAC이다.

이 증명에는 두 변과 끼인각의 합동정리(SAS)가 사용되고 있는데, 이것은 명제 4의 처음 부분에 나온다. 제1권의 명제 1~3은 작도문제이므로 합동정리가 최초의 정리이다. 《원론》에서는 합동이라는 용어는 사용하지 않고 다음과 같이 말하고 있다.

> 만약 두 삼각형의 두 변이 각각 같고, 그 같은 두 변에 끼인각이 같으면, 밑변은 밑변과 같고, 삼각형은 삼각형과 같으며, 나머지 두 각은 나머지 두 각과 같다. 즉 같은 변에 대한 각은 각각 같다.

현재 중학교에서 증명을 다루는 경우는 평행선의 성질과 삼각형의 합동정리 등을 출발점으로 한다. 때문에 합동정리를 일괄해서 배우는 것이 보통인데, 《원론》에서는 합동정리를 다른 정리와 특별하게 취급하고 있지는 않다. 합동정리는 명제 4, 8(세 변 합동), 26(두 각과 한 변)에서 따로따로 언급되고 있다. 평행선에 관한 명제는 명제 27 이하에 정리되어 있다. 또 피타고라스 정리와 그 역은 제1권 마지막에 명제 47, 48로서 다루어지고 있다.

이상과 같이 많은 명제는 그것의 증명방법에 의해 학습순서가 정해지고, 전체로서, 학문으로서의 체제가 정돈되어 간다. 논증은 학문의 구성원리가 되기 때문이다.

신지도요령에서는 고등학교 수학 A에서 '평면기하'를 다룬다. 그 취급은 '중학교에서의 학습을 기초로 해서, 그것을 확충하여 활용하는 능력을 신장하는 정도로 한다.'라고 되어 있으며, 공리와 같은 용어는 보이지 않는다. 요컨대, 평면도형의 성질을 중학교보다 확대해서 다루거나, 합동변환・닮음변환의 사고로 도형의 성질을 다시 살펴보는 정도이다.

그러나 지금까지 말해온 것처럼 《원론》은 단순히 도형의 성질을 연구하는 기하학 책으로서가 아니라 학문의 전형으로서 중요한 위치를 차지해온 것이며, 그 구성원리야말로 중시되어야 할 것이다. 고등학생에게 평면기하를 지도할 때 이러한 지도도 덧붙여야 한다고 생각한다.

4.8 함수

(1) 낙하운동연구의 배경

중학교 3학년에는 '사상(事象) 가운데 함수관계에 있는 두 개의 양을 끄집어내어 변화와 대응의 특징을 조사하는 능력을 신장시킨다.'로 되어 있으며, '제곱에 비례하는 함수 및 제곱에 반비례하는 함수'를 다루고 있다. (1989년의 지도요령에서는 $y=ax^2$ 만으로 되어 있다.) 지도서에는 "낙하운동 등 이과(理科)에서 학습하는 자연현상 가운데 적절한 사상을 발견하는 것도 가능하다."라고 쓰여 있다. 교과서에서도 대개 낙하운동이 다루어지고 있으며, 연구발표에서도 '낙하법칙을 확인하는 경사면의 실험을 어떻게 행할 것인가'라는 것을 볼 수 있다. 물론 이러한 연구도 필요할지 모르지만, 나는 이와 같은 사례를 다룰 때에는 반드시 그 배경이 되는 것을 가능한 한 가르침으로써, 수학이 과학 연구에 어떻게 사용되고 있는지를 이해시키는 것도 잊어서는 안 된다고 생각한다.

함수는 간단하게 말하면 변화의 규칙을 올바르게 기술하는 수학이라고 해도 된다. 변화라는 것은 시간을 빼고는 생각할 수 없으므로, 시간과 함께 변동하는 양을 다룬다고 하는 것이다. 이러한 것이 행해지게 된 것은 겨우 갈릴레이 시대에 이르러서이다. 그 이전의 운동론이라는 것은 인간이나 말이 짐수레를 끌 때의 운동을 기술한 것이어서, 속도는 끌어당기는 힘에 비례한다고 하는 상식적인 것이었다. 아리스토텔레스의 운동론에서는 속도 $= 상수 \times \frac{힘}{저항}$ 이라는 관계로 이해되고 있었다. 한편, 천체운동에서는 신의 세계는 완전하고 영구불변이라는 관념에서 혹성의 궤도는 모두 원이고, 등속도운동을 한다고 생각하고 있었다. 등속도운동에서는 시간에 따른 속도의 변화는 생각할 필요가 전혀 없었다.

낙하운동은 당시 자연낙하라고 불린 것처럼, 자연운동의 일종으로 생각되었다. 당시 운동은 힘을 필요로 하는 강제운동과 힘을 필요로 하지 않는 자연운동 두 가지로 나누어 생각되었다. 자연낙하는 힘을 필요로 하지 않는 운동이다. 당시 중력의 개념 등은 전혀 없었다. 그러면 물체는 왜 아래로 떨어지는가? 힘을 가하지 않는데도 왜 운동하는가?

자연운동은 그 사물이 가지고 있는 본성에 바탕을 두는 운동이라 생각했다. 사물은 모두 불(火), 공기, 물(水), 흙(土)의 네 가지 원소로 구성되며, 구성원소에 따라 무거움과 가벼움을 가진다고 생각되었다. 무거운 것은 아래로, 가벼운 것은 위로, 그 사물이 본래 있는 곳이 정해져 있다고 생각했다. 그러므로 연기와 같이 가벼운 것은 당연히 상승하고, 돌과 같이 무거운 것은 아래로 낙하한다. 이것은 모두 그 사물의 본성에 의거하는 운동이다. 아리스토텔레스는 사물이 낙하할 때 그 속도는 사물의 무게에 비례한다고 생각했다. 그 속도는 사물에 갖춰진 본성이어서, 속도의 변화 등을 문제로 삼지 않았다. 15세기가 되어 이러한 생각으로는 현상을 잘 설명할 수 없다는 것을 알게 되었다. 낙하운동이 가속도운동이라는 것도 알려지게 되었다. 가속도운동의 설명에서 유력한 것은 임페투스(impetus, 돌진력) 이론64이었다. 임페투스라는 것은, 예를 들면 달군 부지깽이(poker)를 불에서 꺼내도 여전히 열이 남아 있는 것처럼, 운동의 경우 움직이는 것(起動者)에서 움직이지 않는 것(被動者)으로 일종의 관성과 같은 것이 주어지고, 그것이 움직이는 것을 떠난 후에도 움직이지 않는 것을 움직이는 원동력이 된다는 설이었다. 돌을 떨어뜨릴 때 어떤 거리만큼 낙하하면 돌의 무게 W가 속도 V를 만들어내는데, 이 시간 간격의 끝에 무게 W가 임페투스 I를 만들어내고, 다음에는 이것이 무게에 영향을 미쳐서 속도의 증분(增分)을 낳는다는 것이다. 그러나 이러한 설명은 뭔가 상쾌하

64 장 뷔리당(Jean Bruidan), 니콜라스 오렘(Nicole Oresme)과 같은 학자들이 아리스토텔레스 역학에 포함된 지식에 대해서 의문을 품기 시작하여 만든 이론이다. 이 이론에 따르면, 운동하는 물체가 처음의 운동 원인 때문에 얻게 되는 힘으로써, 이것이 물체에 남아 운동 원인으로 작용하여 물체의 운동을 지속시켜 준다고 한다.

지 않다. 수량적으로 정확하게 제시되어 있지 않기 때문이다.

이와 같은 시대에 오래된 생각의 잘못을 지적하고, 수학을 사용하여 변화를 정확하게 기술한 사람이 갈릴레이였다. 그러나 그가 사용한 수학이라는 것은 유클리드의 《원론》과 같은 기하학이었다. 대수식으로 함수를 나타내는 것은 동시대의 데카르트에 의해 행해졌는데, 갈릴레이는 아직 그러한 수학을 몰랐다. 그렇다면 갈릴레이는 어떤 방법으로 낙하법칙을 기술했을까?

(2) 갈릴레이의 낙하운동연구

지금 물체가 C에서 정지된 상태에서 출발하여 등가속도로 거리 CD를 통과하는 시간을 AB로 나타내고, AB의 마지막에 얻은 최고 속도를 AB에 수직인 선분 EB로 나타낸다. 삼각형 AEB를 만든다. AB 위의 임의의 점 B′에서 AB에 수선 B′E′을 그으면, 이것이 B′에서의 속도를 나타낸다. $AB' = \frac{1}{2}AB$이면 $B'E' = \frac{1}{2}EB$이고, $AB' = \frac{1}{3}AB$이면 $B'E' = \frac{1}{3}EB$가 되므로 속도는 낙하시간에 비례하게 된다. 즉 등가속운동이 된다. 현대식으로 쓰면 $v = gt$이다.[1]

그런데 이 경우 물체가 AB시간 동안에 통과한 거리는 삼각형 AEB의 넓이로 나타난다는 것은 확실하다. 다음으로 EB의 중점을 F라 하고, 점 F에서 BA에 평행선 FG를 긋는다. 또 점 A에서 EB에 평행선 AG를 그어 직사각형 AGFB를 만든다. $FB = GA = \frac{1}{2}EB$이다. 물체가 처음부터 일정한 속도 FB로 AB시간에 통과하는 거리는 직사각형 AGFB의 넓이로 나타난다. [그림 4.68]에서 알 수 있듯이 직사각형 AGFB의 넓이는 삼각형 AEB의 넓이와 같다. 이것은 두 물체 중 하나는 정지상태에서 출발하여 등가속도로 운동하고, 다른 하나는 그 등가속도운동에 있어서 최대속도의 반으로 등속운동을 할 때, 두 물체는 같은 시간에

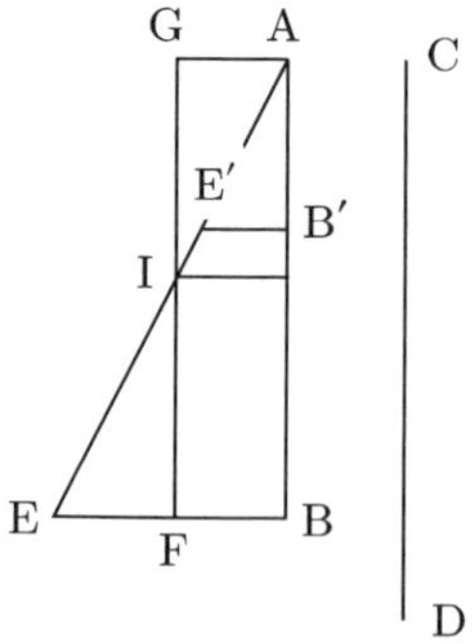

[그림 4.68]

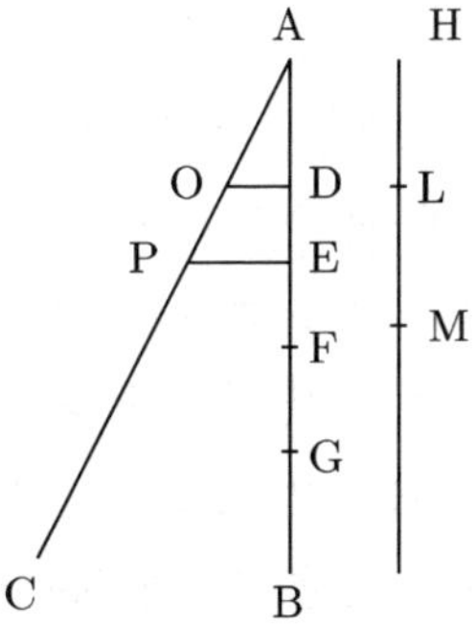

[그림 4.69]

같은 거리를 통과한다는 것을 나타내고 있다. 갈릴레이는 이것을 증명한 후 등가속도운동에서 시간과 거리의 관계를 기술하는 것으로 나아간다.

이제 물체가 정지한 점 H에서 출발하여 똑같이 가속되어 낙하하는 것으로 하자. AD시간에 HL, AE시간에 HM의 거리를 낙하한다고 하자. [그림 4.69]의 DO, EP는 각 거리에 대응하는 최대속도를 나타내는 것으로 하자. 위에서 증명한 것처럼 HL, HM은 AD, AE의 각 시간을 DO, EP의 $\frac{1}{2}$의 속도로 등속운동한 거리와 같다. 그런데 등속운동에서 통과하는 거리의 비는 속도의 비와 거리의 비의 복비(複比)와 같다. 속도의 비는 시간의 비와 같으므로, 통과된 거리의 비는 시간 간격의 제곱비와 같다.

이상은 갈릴레이의 《신과학대화》에 있는 설명인데, 이것을 기호를 사용한 식으로 나타내면 다음과 같이 된다.

$$\begin{aligned}\mathrm{HL} : \mathrm{HM} &= \frac{\mathrm{DO}}{2} \cdot \mathrm{AD} : \frac{\mathrm{EP}}{2} \cdot \mathrm{AE} \\ &= \mathrm{DO} \cdot \mathrm{AD} : \mathrm{EP} \cdot \mathrm{AE}\end{aligned}$$

$\frac{\mathrm{DO}}{\mathrm{EP}} = \frac{\mathrm{AD}}{\mathrm{AE}}$이므로 $\mathrm{HL} : \mathrm{HM} = \mathrm{AD}^2 : \mathrm{AE}^2$이다. 이것을 현대식으로 써보면 삼각형 AEB의 넓이, 즉 낙하거리 S는 $S = \frac{1}{2}vt$이다. 여기에 $v = gt$를 대입하면 $S = \frac{1}{2}gt^2$이 된다.

(3) 투사체의 운동경로가 포물선인 것을 발견한 갈릴레이

자연낙하의 법칙을 발견한 갈릴레이는 등속수평운동과 자연가속연직운동의 합성으로써 투사체의 운동경로가 포물선이 되는 것을 보이고 있다. 투사체라고 하더라도 당시 문제가 된 것은 대포 탄환의 경로(탄도)였다. 대포는 당시의 유력한 파괴병기로, 지배자는 모두 탄도에 관심을 가지고 있었다.

포물선이라 불리는 곡선을 최초로 발견한 사람은 그리스의 아폴로니우스65이다. 그는 원뿔을 평면으로 자를 때, 절단면에는 세 종류의 곡선이 나타나는 것을 보이고, 그들 곡선의 기하학적인 성질을 연구했다. 갈릴레이는 세 종류의 곡선 가운데, 원뿔을 모선에 평행한 평면으로 잘랐을 때 생기는 곡선이 투사체의 운동경로가 된다는 것을 증명하였다. 우선 포물선의 성질을 다음과 같이 이끌어낸다.

모선 lk에 평행한 평면으로 생긴 절단면의 곡선을 bac라고 하자. 이 곡선의 밑 bc는 원 $ibkc$의 지름 ik와 수직이고, 축 ad는 변 lk와 평행이다. 곡선 bac 위에 임의의 점 f를 잡고, 점 f를 지나 밑면에 평행한 평면으로 생기는 절단면인 원 gfh를 그린다. 점 f를 지나 bd에 평행한 직선과 지름 gh와의 교점을 e라고 하자.

그러면 원 $ibkc$에서 $bd \perp ik$이므로

$$bd^2 = id \cdot dk$$

이고, 원 gfh에서 $ef \perp gh$이므로

$$fe^2 = ge \cdot eh$$

이다. $ed // hk$, $eh // dk$이므로 사변형 $edkh$는 평행사변형이다. 그러므로 dk

---

65 아폴로니우스(Appolonius)는 기원전 262~190년까지 생존한 천문학자이며, 다양한 수학적 주제에 관하여 저술했다. 그의 저작 중 《원추곡선론》(Conic Sections)이 있는데, 이것으로 인해 그를 '위대한 기하학자'라고 부른다. 아폴로니우스 이전의 그리스인들은 원추곡선을 원뿔의 꼭지각이 90°보다 작은가, 같은가, 큰가에 따라 세 가지 형태의 원뿔로 만들어냈다. 이들 세 원뿔을 원뿔의 한 요소와 수직인 평면으로 자르면, 각각 타원, 포물선, 쌍곡선이 만들어진다.

타원(ellipse), 포물선(parabola), 쌍곡선(hyperbola)이라는 이름은 그가 만든 것으로, 초기 피타고라스 학파가 넓이에 대하여 사용한 용어로부터 따온 것이다. 피타고라스 학파는 직사각형의 한 변을 선분 위에 갖다 놓을 때, 즉 직사각형의 변의 한 끝과 선분의 한 끝이 일치하도록 할 때, 갖다 댄 직사각형의 변이 선분보다 짧은가, 일치하는가, 긴가에 따라 변을 각각 'ellipsis'('부족하다'는 뜻의 그리스어). 'parabole'('일치한다'는 뜻의 그리스어), 'hyperbole'('초과한다'는 뜻의 그리스어)의 경우라고 했었다.

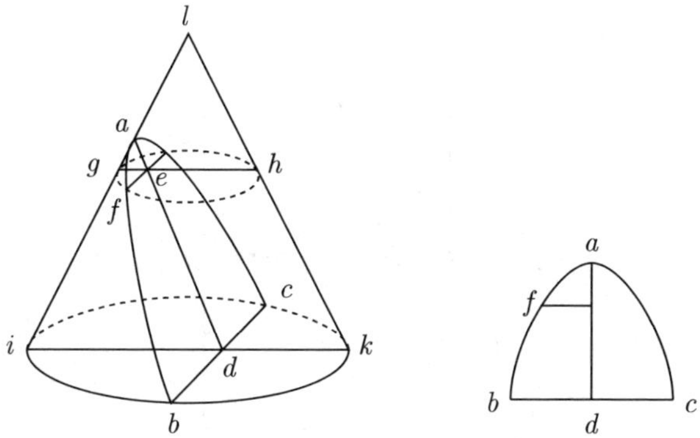

[그림 4.70]

$= eh$이다.

이상으로부터

$$bd^2 \cdot fe^2 = id : ge = da : ea$$

이다. 이것은 포물선의 성질을 기하학적으로 말한 것이므로 중학생이라도 이해할 수 있다.

$bd^2 : fe^2 = ad : ae$이므로 $bd : fe = 2 : 1$이라면 $ad : ae = 4 : 1$이고, $bd : fe = 3 : 1$이라면 $ad : ae = 9 : 1$이 된다.

이 정도로 준비해두고 투사체의 운동경로 문제를 살펴보자.

높은 곳에 있는 수평면 ab를 따라 물체가 a에서 b를 향해 등속으로 던져졌다고 하자. 만약 이 평면이 b에서 갑자기 꺾였다고 하면, 물체는 이 점에서 무게 때문에 연직선 bn을 따라 하향 자연운동을 한다. ab가 e까지 연장되어 있는 것으로 하고, 그 위에 $bc = cd = de$가 되도록 c, d, e를 잡고 c, d, e에서 bn에 평행하게 선을 긋는다. 이제 c에서 임의의 거리 ci를 잡고, d에서 $df = 4ci$가 되도록 df를, 또 e에서 $eh = 9ci$가 되도록 eh를 잡는다. 그러면 물체가 b에서 c까지 등속으로 운동하는 사이에 물체는 연직으로 거리 ci만을 낙하하고, bc시간의 마지막에 물체는 i점에 도달한다. 게다가 $2bc$시간의 마지막에는 최초의 낙하거리 ci의 4배 거리를 낙하하므로 물체는 f점에, 그리고 $3bc$시간의 마지막에는 최초의 낙하거리의 9배 거리를 낙하하므로 물체는 h점에 도달한다.

이제 i, f, h에서 선분 oi, gf, lh를 be에 평행하게 그으면, $lh = be$, $gf = bd$, $oi = bc$ 또 $bo = ci$, $bg = df$, $bl = eh$이므로 $lh^2 : gf^2 = bl : bg$, $gf^2 :$

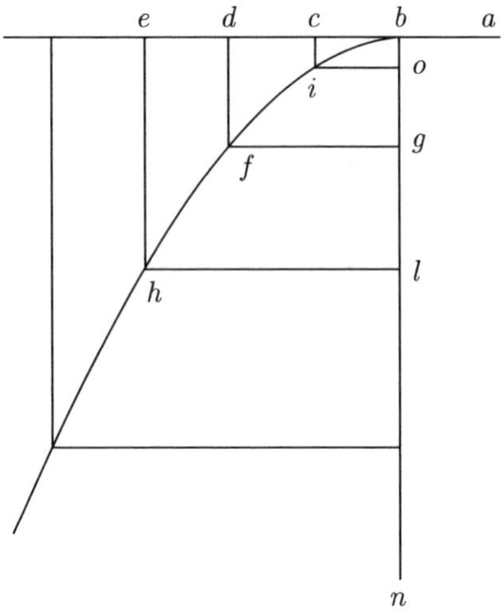

[그림 4.71]

$oi^2 = bg : bo$ 이다. 그러므로 i, f, h는 동일 포물선 위에 있음을 알 수 있다. [그림 4.72]와 같이 좌표축을 잡고 현대식으로 쓰면 다음과 같이 된다.

$$x = -vt,\ y = \frac{1}{2}gt^2$$

여기에서 t를 소거하면 $y = -\frac{g}{2v^2}x^2$을 얻을 수 있다.

갈릴레이는 탄환의 비행경로인 포물선의 폭과 높이를 발사의 앙각(仰角) $1°$ 간격으로 계산하고, 앙각이 $45°$일 때 비행거리가 최대가 됨을 보이고 있다.

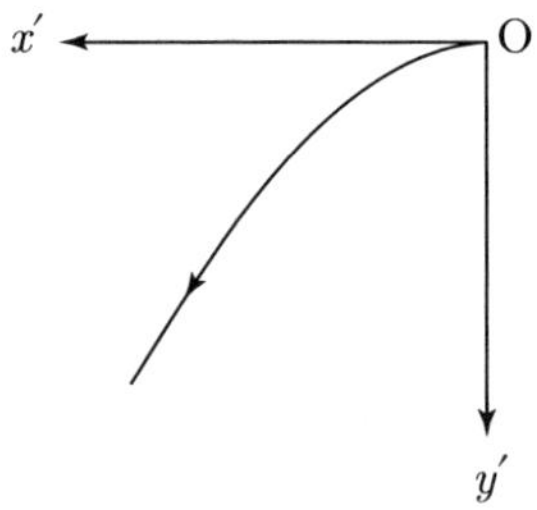

[그림 4.72]

(4) 교재로서의 케플러 법칙

갈릴레이가 지상운동의 수학적 법칙을 발견한 반면, 케플러는 천상운동의 수학적 법칙을 발견했다. 유명한 케플러 법칙이라 불리는 것이다.(2)

제1법칙은 혹성은 태양을 초점으로 하는 타원궤도를 그린다는 것인데, 여기서도 원뿔곡선이 운동경로로 재인식되었다. 원뿔의 절단면으로서의 타원이 아니고 점의 궤적으로서의 타원이 의식되고 있다. 제2법칙은 혹성의 동경(動徑)은 같은 시간에 같은 넓이를 그리며 지나간다는 넓이-속도 일정의 법칙이다. 혹성이 단위시간에 P에서 Q로 이동했다고 하면, 부채꼴 SPQ의 넓이는 일정하다는 것이다.

케플러는 혹성이 태양에 가까운 점(近日点)에서는 빨리 움직이고, 태양에서 먼 점(遠日点)에서는 느리게 움직이는 것으로부터, 혹성은 태양에서 방사되는 운동령(運動靈)에 의해 움직인다고 생각했다. 그는 태양에서 먼 점, 태양에서 가까운 점에서의 결과로부터, 궤도 위의 모든 점에서 혹성의 빠르기는 태양으로부터의 거리에 반비례한다고 생각했다. 지금 P, Q를 접근한 두 점이라 하고, 혹성이 P에서 Q로 움직이는 도중의 어느 위치를 E, 동경의 길이 SE$=r$이라고 하자. 또 E에서의 혹성의 빠르기를 v라고 하면 $v=k\cdot\frac{1}{r}$이다. P에서 Q까지의 소요시간을 t라고 하면 $v=\frac{\overset{\frown}{\mathrm{PQ}}}{t}$이다. 그러므로

$$k\cdot\frac{1}{r}=\frac{\overset{\frown}{\mathrm{PQ}}}{t},\quad \frac{r\overset{\frown}{\mathrm{PQ}}}{t}=k$$

인데, 여기서 케플러는 대담하게 $r\overset{\frown}{\mathrm{PQ}}=2$부채꼴 SPQ라 생각했다. (이것은 옳지 않다. 부채꼴의 넓이를 구하는 공식은 $\frac{1}{2}r^2\theta$이다.)

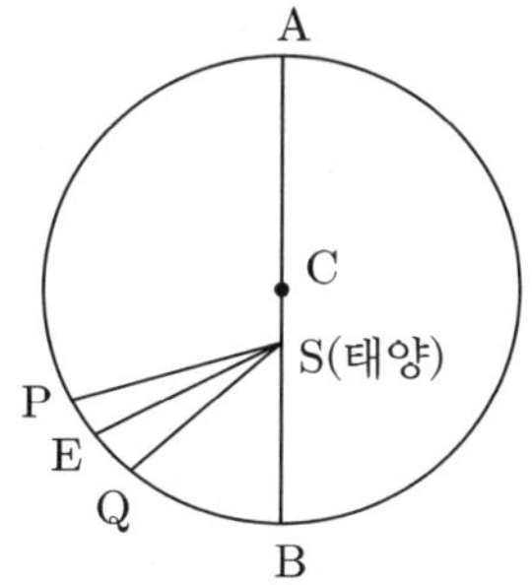

[그림 4.73]

그러면 $\frac{\text{부채꼴 SPQ}}{t} = \frac{k}{2}$ =상수를 얻을 수 있다. 이것이 제2법칙이다.

이와 같이 케플러는 이중의 실수를 범했음에도 불구하고 올바른 결과에 도달할 수 있었다. 대담한 발상이 행운을 가져왔던 것이다.

제3법칙은 모든 혹성에 대해서 공전주기의 제곱과 태양으로부터의 평균거리의 세제곱의 비가 일정하다는 것이다. 혹성의 주기와 거리를 나란히 적어보면 다음과 같다.

혹성	수성	금성	지구	화성	목성	토성
공전주기 T(년)	0.241	0.615	1.000	1.881	11.862	29.458
평균거리 D(천문단위)	0.387	0.723	1.000	1.524	5.203	9.555

이 표에서는 T와 D의 관계는 잘 알 수 없지만 T^2, D^2, D^3을 계산해보면 다음과 같이 $\frac{T^2}{D^3}$이 일정함을 발견할 수 있다.

	수성	금성	지구	화성	목성	토성
T^2	0.058	0.378	1.000	3.538	140.707	867.773
D^2	0.149	0.523	1.000	2.323	27.071	91.298
D^3	0.058	0.378	1.000	3.539	140.852	872.352

이러한 관계는 지도요령의 취급범위 밖이다. 하지만 언뜻 보기에 아무 관계도 없는 것 같은 두 사상(事象) 사이에도 이와 같은 수학적 관계가 있음을 가르치는 것은 학생의 수학에 대한 관심을 높이는 데 더없이 유효한 것이라고 생각한다.

(5) 천문학에 관한 사고실험 티티우스 · 보데 법칙

1766년 독일의 비텐베르크 대학의 수학교수인 티티우스(J. D. Titius)가 생각해냈고, 1772년 베를린 천문대장 보데[66]에 의해 공표된, 혹성의 태양으로부터의 거리

66 보데(J. E. Bode)는 1747~1826년까지 생존한 독일 천문학자로서, 일식의 관측기록을 쓴 《성계(星界)의 지식에 대한 첫걸음》을 저술하였으며, 1774년 출판된 《천문연표》(1776년용)는 자신이 직접 계산한 것으로 높은 평가를 받았다. 이 밖에 1만 7000개의 항성(恒星)을 기재한 성표는 당시로서는 매우 정밀한 것이며, 특히 황도(黃道) 별자리가 유명하였다.

에 대한 법칙이 있다.

지구에서 바깥쪽으로 세어서 제n번째에 있는 혹성의 궤도 반지름 a_n을 지구와 태양의 거리(약 1.5억km)를 단위로 하는 천문단위로 나타내면 $a_n = 0.4 + 0.3 \times 2^n$ 이라는 식이 성립된다는 것이다. 이것으로 계산한 것이 다음 표이다. 표에서 ※가 붙어 있는 것은 이 법칙이 발표된 당시에는 아직 발견되지 않았던 혹성이다. 보데 법칙은 다섯 혹성의 자료에서 만들어진 것이지만, 실측값은 관측값과 완전하게 일치하고 있다.

이 법칙이 주목받게 된 것은 1781년 천왕성이 발견되었을 때이다. 보데 법칙에서 $n = 6$ 으로 보면 정말 잘 맞는다. 당시 $n = 3$ 인 곳이 공백으로 되어 있었는데, 많은 사람들이 이 위치에 혹성이 존재하는 것은 아닌지 상상했다. 그런데 1801년 태양에서의 거리가 2.77인 곳에서 소혹성 세레스(Ceres)가 발견되었다. 이렇게 되어, 보데 법칙을 확장시켜서 $n = 7$인 위치에 새로운 혹성의 존재가 예상되었다. 천왕성 궤도를 연구하고 있던 천문학자는 토성, 목성 이외에도 천왕성에 영향을 미치고 있는 혹성의 존재를 예상하고 있었는데, 1846년에 결국 해왕성이 발견되었다. 그런데 이 위치는 보데 법칙과 30% 이상이나 달라져 있었다. 여기에서 이 법칙은 완전히 신통력을 잃어버렸다. 1930년에 발견된 명왕성에 대해서도 법칙의 예상은 완전히 빗나가고 있다.

과학 연구는 실제 실험이 불가능한 경우 이와 같은 사고실험을 하는 경우가 있는데, 이러한 것을 가르쳐주는 것도 필요할 것으로 여겨진다. 지도요령에 구속되어 있어서는 즐거운 수업은 도저히 할 수 없다.

혹성 (발견한 연도)	n	a_n	관측값 (궤도의 긴 반지름)
수성	$-\infty$	0.4	0.387
금성	0	0.7	0.723
지구	1	1.0	1.000
화성	2	1.6	1.524
※세레스(1801)	3	2.8	2.767
목성	4	5.2	5.202
토성	5	10.0	9.555
※천왕성(1781)	6	19.6	19.218
※해왕성(1846)	7	38.8	30.110
※명왕성(1930)	8	77.2	39.540

4.9 확률과 통계

(1) 확률론의 단서

확률론은 잘 알려져 있듯이 17세기 유럽의 살롱에서 유행했던 도박 문제가 그 계기가 되어 생겨난 것이다.

15세기 말경부터 해외무역이 번성하게 되었는데, 자본가인 봉건영주와 상인은 일확천금을 꿈꾸며 원양항해에 적극적으로 나섰고, 모험적인 기풍이 넘쳐났다. 당시는 아직 항해기술이 미흡했기 때문에 해외무역에 대한 출자는 위험한 금전투기였다. 귀족과 상인과 뱃사람은 모두 투기열에 들떠 있었다. '폭풍우'로 배가 나갈 수 없을 때 그들은 항구에 모여 도박으로 흥겨워하는 일이 많았다. 한편 절대주의 국가의 탄생은 베르사유에서 볼 수 있듯이, 군주의 권위를 과시하는 웅장하고 화려한 궁전을 만들어냈다. 당시 귀족은 경영에 손을 대거나 실업(實業)에 종사하거나 하면 그 신분을 잃는다고 하는 철칙이 있었다. 귀족 사이에도 사회 풍조가 반영되어 사교계는 도박이 유행한 것 같다. 갈릴레이는 '주사위 놀이에 대한 고찰'이라는 단장(斷章)67 가운데 "나는 이 문제와 상관없지만, '그렇게 하세요.'라고 명한 사람을 만족시키기 위해 내 생각을 설명한다."고 쓰고 있다. 갈릴레이는 1610년 7월부터 피렌체의 토스카나 대공(大公)의 수석수학자 겸 철학자의 지위에 있었기 때문에, 명한 사람은 토스카나 대공으로 보아도 좋다.

도박에는 트럼프와 주사위가 사용되었는데, 때로는 태어나는 아이의 성별이나 환자의 사망 일시, 앤트워프에서 열린 주식거래소(1531년 개설)에서의 주가 오르내림도 재료가 되었다고 한다. 삼차방정식의 해법으로 유명한 카르다노68는 예언한 자신의 사망 일시를 적중시키기 위해 스스로 단식하여 죽었다고 전해진다. 카르다노는 도박에 대한 논문을 쓰고 있었다.

그런데 오늘날의 확률론 가운데, 이러한 도박에서 확률론이 탄생했다는 흔적은 전혀 볼 수 없다. 교과서의 확률 계산 예제 가운데 주사위 던지기와 제비뽑기가 나오는 정도이다. 확률 계산의 발단이 되었던 문제의 대부분은 판돈의 분배에 관한 것인데, 매우 현실적인 것이어서 학생들에게도 흥미·관심을 끄는 것이다. 여기

67 산문체로 쓴 토막글을 말한다.

68 카르다노(Cardano)는 1501~1576년까지 생존한 이탈리아의 수학자로, 방정식의 이론을 개척하여 무근, 허근과 제수와의 관계 등을 연구하였다. 저서 《이르스 아그냐》에서 이차, 삼차 방정식을 풀었고, 이로 인해 삼차방정식의 근의 공식은 '카르다노의 공식'으로 불린다.

서 그 문제를 다룬 것은 교과서에 있는 형식적인 확률 계산과는 달리 여러 가지 아이디어가 많이 보이기 때문이다. 즐거운 수업 소재가 된다고 생각한다.

프란체스코 수도회의 성직자 루카 파치올리(Luca Pacioli, 1445?~1515)의 《산술집성》(算術集成, 1494년)에 다음과 같은 문제가 나와 있다.[(1)]

> A와 B가 공놀이를 한다. 한 사람이 6라운드 이기기까지 게임을 계속하는 것으로 한다. 만약 A가 5라운드, B가 3라운드 이긴 시점에서 게임을 중지했다고 하자. 판돈의 배분방법은 어떻게 될까?

이 승부는 이후 3회로 결말이 난다. 이 가운데 B가 3회 이길 확률은 $\left(\frac{1}{2}\right)^3 = \frac{1}{8}$ 이므로 B의 몫은 $\frac{1}{8}$, 즉 판돈은 7 : 1로 나누면 된다. 그런데 파치올리는 깊이 생각하지 않고 이 답을 5 : 3으로 하고 있다.

삼차방정식의 해법으로 알려져 있는 타르탈리아69는 파치올리의 해답을 다음과 같이 비판하고 있다(1556년).

> 만약 이후 1회 A가 이기고 b가 지면, A는 B의 판돈을 전부 가져갈 수 있기 때문에 5 : 3이라는 배분방법은 부당하다. A의 승수 5와 B의 승수 3과의 차는 2이다. 이 차이는 승부를 내는 데 필요한 6회의 $\frac{1}{3}$이므로, A와 B가 낸 판돈의 $\frac{1}{3}$을 몰수할 권리가 있다. 즉 A의 배분은 $\frac{1}{2}+\frac{1}{2}\times\frac{1}{3}=\frac{2}{3}$이어야 한다. 따라서 판돈은 2 : 1로 나누어야 한다.

아직 확률 계산의 방법은 명확하지 않고, 표면적인 숫자를 경험상의 직감에 따라 조작해서 답을 내고 있는 단계이다. 그러나 이러한 것이라도 학생들에게 제시해서 사고방식의 어디가 이상한지를 생각하게 하면 훌륭한 교재가 된다.

고전 확률론의 기초를 만든 것은 파스칼과 페르마의 왕복편지이다.[(2)] 여기에서도 판돈의 분배 문제가 다루어지고 있는데, 파스칼이 이와 같은 문제에 관심을 가

69 타르탈리아(N. Tartaglia)는 1499~1557년까지 생존한 이탈리아의 수학자로, 어린 시절 프랑스 군대가 침입해와 만행을 저지를 때 아버지를 잃었으며, 혀에 부상을 입고 말더듬이가 되어 tartaglia(말더듬이)라는 별명을 얻게 되었다. 삼차방정식의 해법을 그가 먼저 발견하였으나 발표는 카르다노가 먼저 하였다. 카르다노에게 삼차방정식의 해법을 공개하지 않는다는 조건으로 알려줬지만, 카르다노가 자신의 저서에 게재한 탓에 카르다노가 삼차방정식의 해법을 알아낸 걸로 알려졌고, 이로 인해 카르다노의 공식으로 불린다.

지게 된 것은 다음과 같은 계기에서였다.

파스칼은 선천적으로 병약했는데, 그의 주치의는 그가 완전하게 회복하기 위해서는 머리를 사용한 뒤 영향을 남기는 것은 포기하고, 가능하면 뭔가 전념할 수 있는 즐거운 일, 예를 들면 사교계에서의 보통의 잡담 같은 것으로 기분을 밝게 해야 한다고 진언했다. 파스칼은 매우 고민했지만, 건강은 신으로부터 수탁(受託) 받은 것이므로 그것을 소중히 하는 것은 신도 바라는 것이라고 말해서 겨우 납득하고 사교계에 출입하기로 결심했다고 한다. 파스칼의 누나는 이즈음이 동생의 생애에서 가장 나쁘게 허비된 시기였다고 말하고 있다.

페르마는 파스칼의 아버지 친구였던 사람으로, 지방의회의 의원이자 재판관이었다. 정수론, 극대극소 문제, 해석기하학의 연구로 알려져 있다. 독실한 크리스트교인이었던 파스칼이나 법관이었던 페르마가 판돈의 분배 문제를 논하던 당시의 사교계를 상상해보면 흥미롭다.

파스칼과 페르마의 왕복편지에서 확률론에 관한 것은 오늘날 여섯 통 남아 있지만, 두 번째 편지(파스칼이 페르마에게, 1654년 7월 29일)에는, 파스칼의 친구 슈발리에 드 메레(Chevalier de Mère)가 제출한 문제에 대한 파스칼의 해법이 적혀 있다. 이 문제를 페르마가 조합이론으로 푼 것에 대해 파스칼은 자신의 방법도 지극히 간단명료하다고 소개하고 있다.

메레가 제출한 문제는 '두 사람이 3회 승부(먼저 세 번 이긴 쪽을 승자로 한다.)에서, 각각 판돈으로 32피스톨(프랑스의 옛날 금화)씩 걸었다고 하고,

(1) 갑(甲)이 두 번 이기고 을(乙)이 한 번 이겼을 때 승부를 중지하면, 갑은 을에게 어느 정도 받을 수 있을까?
(2) 갑이 두 번 이기고 을이 한 번도 이기지 못했을 때 승부를 중지하면, 어떻게 될까?
(3) 갑이 한 번 이기고 을이 한 번도 이기지 못했을 때 승부를 중지하면, 어떻게 될까?

라는 판돈의 분배 문제였다. 파스칼의 해법은 다음과 같은 것이었다.

(1) 두 사람이 다음 승부를 해서 갑이 이기면 이의 없이 상대의 32피스톨을 받아서 64피스톨을 얻는다. 만약 을이 이기면 2 : 2 무승부가 되어 갑과 을 모두 최초의 32피스톨 그대로이다. 갑은 이기면 64피스톨, 지면 32피스톨이

므로 다음과 같이 주장할 수 있다.

> 나는 32피스톨만은 확실히 받을 수 있다. 왜냐하면 설령 진다고 해도 그것만은 내 몫이기 때문이다. 그러나 나머지 32피스톨은 내 쪽에 올지 다른 쪽에 갈지 모른다. 행운은 반반이다. 그러므로 32피스톨은 반으로 나누자. 그리고 이 외에 두 번 이겼을 때 정해져 있는 나의 몫 32피스톨을 받을 것이다.

이리하여 갑은 을에게 16피스톨을 받아 48피스톨, 따라서 을은 16피스톨이 된다.

(2) 두 사람이 다음 승부를 해서 갑이 이기면 이의 없이 상대의 32피스톨을 받아 64피스톨이 되며, 을이 이기면 2 : 1이 되어 (1)에 의해 48피스톨과 16피스톨이 된다. 그래서 갑은 다음과 같이 주장할 수 있다.

> 만약 내가 이기면 64피스톨 전부를 받을 수 있다. 지더라도 48피스톨은 온다. 따라서 져도 틀림없이 내 몫이 되는 48피스톨은 먼저 받아두고, 나머지 16피스톨은 반으로 나누자. 왜냐하면 이 몫에 대해서는 서로 반반의 운이기 때문이다.

이리하여 갑은 48피스톨과 8피스톨, 즉 56피스톨이 되고, 을은 8피스톨이 된다. 그러므로 갑은 을에게 24피스톨을 받으면 된다.

(3) 이때는 두 사람이 다음 승부를 해서 갑이 이기면 2 : 0이 되고, (2)에 의해서 56피스톨 : 8피스톨로 나누면 된다. 또 갑이 지면 1 : 1로 비기게 되고, 갑과 을 모두 32피스톨 그대로 된다. 그래서 갑은 다음과 같이 주장할 수 있다.

> 여기서 만약 승부를 그만두고 싶으면, 틀림없이 내 몫이 되는 32피스톨을 나의 몫으로 줘. 그래서 56피스톨에서 32피스톨을 뺀 나머지를 반으로 나누자. 즉 56에서 32를 빼면 24, 이 24를 반으로 해서 당신은 거기서 12피스톨을 가져가. 나는 이 12피스톨과 앞의 32피스톨을 합해서 44피스톨을 받을 것이다.

이리하여 갑은 44피스톨, 을은 20피스톨이 되므로 갑은 을에게 12피스톨을 받으면 된다.

파스칼은 이 후, 임의 횟수의 승부가 주어진 경우 최초의 승리 배당(몫)을 계산하는 식을 주고 있다. 갑이 한 번 이기고, 을이 한 번도 이기지 못할 때 승부를 중지했다고 하자. 판돈은 쌍방이 A씩 내고 승부 횟수를 $(n+1)$이라고 하면, 갑의 배당은 다음 식에서 구할 수 있다.

$$A+A\cdot\frac{1\cdot3\cdot5\cdot\cdots\cdot(2n-1)}{2\cdot4\cdot6\cdot\cdots\cdot2n}$$

3회 이상의 승부라면, 즉 $n=2$라고 하면 $A+A\frac{1\cdot3}{2\cdot4}=A+\frac{3}{8}A$가 된다. 판돈을 32피스톨이라고 하면 갑의 몫은 44피스톨이 된다.

그런데 페르마는 이 문제를 어떻게 푼 것일까? 유감스럽게도 페르마가 파스칼에게 보낸 편지는 잃어버렸지만, 파스칼이 페르마에게 보낸 세 번째 편지(1654년 8월 24일)에 복습되고 있기 때문에 대체적으로 추측할 수 있다.

3회 이상의 승부에서 갑이 한 번 이기고, 을이 한 번도 이기지 않았을 때 승부를 중지했다고 하자. 이 경우에는 앞으로 많아도 네 번으로 우승이 결정되는데, 이제 갑의 승리를 a, 을의 승리를 b로 나타내면, 네 번 승부는 다음과 같이 된다.

a	a	a	a	a	a	a	a	b	b	b	b	b	b	b	b
a	a	a	a	b	b	b	b	a	a	a	a	b	b	b	b
a	a	b	b	a	a	b	b	a	a	b	b	a	a	b	b
a	b	a	b	a	b	a	b	a	b	a	b	a	b	a	b
갑	갑	갑	갑	갑	갑	갑	을	갑	갑	갑	을	갑	을	을	을

(표 1)

그런데 갑은 a가 두 번 나타나면 이 도박에서 우승할 수 있으므로, 16번 가운데 11번의 비율을 갖고 있다. 한편 을은 세 번 이기지 않으면 안 되기 때문에, b가 세 번 나오지 않으면 이길 수 없다. 따라서 16번 가운데 5번 만큼의 비율밖에 없다. 그러므로 두 사람의 판돈을 11 : 5의 비율로 분배하면 된다.

페르마의 방법에 대하여 로베르발70은 다음과 같이 반대의견을 말했다고 한다. 갑은 두 번 연속이기거나 세 번 중 한 번 지더라도 두 번 이기면 우승할 수 있으므로, 네 번이나 승부를 한다는 가정 아래 계산하는 것은 불합리하지 않은가라는

70 로베르발(Gilles Personne de Roberval)은 1602~1675년까지 생존한 프랑스의 수학자이자 물리학자이다.

것이다.

이것에 대하여 파스칼은 다음과 같이 답하고 있다. 네 번의 승부를 하기로 한 것이 아니라, 한쪽이 필요한 승수에 도달하면 도박을 그만두기로 하면서, 게다가 손해도 이익도 없이 네 번의 승부를 전부 해보는 것도 가능하다. 예를 들면, 갑이 두 번 연속 이겨서 우승해버리면, 이후 두 번 더 시도하는 것을 거부할 이유는 없다. 그것은 이겨도 그 이상 득이 되지 않으며, 져도 을에게 우승을 내줄 염려가 없기 때문이다.

<table>
<tr><td>a</td><td>a</td><td>b</td><td>a</td><td>b</td><td>b</td><td>b</td><td>a</td><td>b</td><td>b</td></tr>
<tr><td>a</td><td>b</td><td>a</td><td>b</td><td>a</td><td>b</td><td>b</td><td>b</td><td>a</td><td>b</td></tr>
<tr><td></td><td>a</td><td>a</td><td>b</td><td>b</td><td>a</td><td>b</td><td>b</td><td>b</td><td>a</td></tr>
<tr><td></td><td></td><td></td><td>a</td><td>a</td><td>a</td><td></td><td>b</td><td>b</td><td>b</td></tr>
<tr><td>갑</td><td>갑</td><td>갑</td><td>갑</td><td>갑</td><td>갑</td><td>을</td><td>을</td><td>을</td><td>을</td></tr>
</table>

(표 2)

(표 2)는 오른쪽과 같은 대응을 시행해보면 모두 (표 1)과 일치하기 때문이다. 현대식으로 이것을 계산해서 확인해보면, 네 번 승부를 전부 시도할 때 갑은 네 번 중 적어도 두 번 더 이기면 되므로, 갑이 이길 확률은 다음과 같이 계산할 수 있다.

$$a\ a \rightarrow \begin{cases} a\ a\ a\ a \\ a\ a\ a\ b \\ a\ a\ b\ a \\ a\ a\ b\ b \end{cases} \qquad a\ b\ a \rightarrow \begin{cases} a\ b\ a\ a \\ a\ b\ a\ b \end{cases}$$

$$b\ a\ a \rightarrow \begin{cases} b\ a\ a\ a \\ b\ a\ a\ b \end{cases} \qquad b\ b\ b \rightarrow \begin{cases} b\ b\ b\ b \\ b\ b\ b\ a \end{cases}$$

$$_4C_2\left(\frac{1}{2}\right)^4 + {}_4C_3\left(\frac{1}{2}\right)^4 + {}_4C_4\left(\frac{1}{2}\right)^4 = \frac{11}{16}$$

또 한쪽이 세 번 이기면 그것으로 끝난다고 하면, 갑이 이길 확률은 (표 2)에서 $\left(\frac{1}{2}\right)^2 + \left(\frac{1}{2}\right)^3 + \left(\frac{1}{2}\right)^3 + \left(\frac{1}{2}\right)^4 + \left(\frac{1}{2}\right)^4 + \left(\frac{1}{2}\right)^4 = \frac{11}{16}$이 되어 위의 계산 결과와 일치한다.

이후 파스칼은 페르마의 조합 방법을 세 사람인 경우에 적용한다. 세 사람이 3회 이상의 승부를 하고, 갑이 2승, 을과 병(丙)이 1승씩 했을 때 승부를 중지했다고 하자. 이 경우는 앞으로 3회 더 승부하면 매듭이 지워지는데, 3회의 승부는 다음과 같이 쓸 수 있다.

a a a	a a a	a a a	b b b	b b b
a a a	b b b	c c c	a a a	b b b
a b c	a b c	a b c	a b c	a b c
갑 갑 갑	갑 갑 갑	갑 갑 갑	갑 갑 갑	갑
	을		을	을 을 을
		병		

b b b	c c c	c c c	c c c
c c c	a a a	b b b	c c c
a b c	a b c	a b c	a b c
갑	갑 갑 갑	갑	갑
을		을	
병	병	병	병 병 병

갑은 앞으로 한 번으로 우승하므로 위의 표에서 27번 가운데 19번의 가능성이 있다. 마찬가지로 을과 병에 대해서는 27번 가운데 7번의 가능성이 있다. 그런데 이것으로부터 직접 판돈 배당을 19 : 7 : 7로 하는 것은 잘못이다. 왜냐하면 $a\,b\,b$인 경우에는 갑과 을 모두 우승하게 되는데, 이것은 실제로 일어날 수 없으므로, 이와 같은 경우에는 각각 1점씩 생각하지 않고 0.5점씩 계산하면 된다. 그렇게 하면 갑은 $13\times1+6\times\frac{1}{2}+8\times0=16$, 을과 병은 $4\times1+3\times\frac{1}{2}+20\times0=5\frac{1}{2}$이 되므로 세 사람의 배당 비는 $16:5\frac{1}{2}:5\frac{1}{2}$이 된다. 이와 같은 결과가 된 것은 페르마의 방법에 결함이 있기 때문이다. 반드시 세 번의 승부를 한다고 하는 것이 아니고 단지 누군가 한 사람이 승수에 도달할 때까지 승부하는, 즉 한 사람이 승수에 도달했다면 도박을 멈춰, 다른 사람이 같은 승수에 도달하는 방법을 강구하지 않는다. 단 이러한 조건으로 도박을 할 경우 배당은 17 : 5 : 5가 된다고 파스칼은 말하고 있다.

그런데 페르마는 파스칼의 오해를 풀기 위해 다섯 번째 편지(1654년 9월 25일)에서 다음과 같이 설명하고 있다.

당신은 acc라는 조합이 첫째 사람에게도 셋째 사람에게도 승리를 준다고 말하고 있지만, 도박하는 사람 가운데 한 사람이 도박에서 이긴 후에는 어떻게 되든 아무 의미도 없다. acc는 첫째 사람의 승리이고, cca는 셋째 사람의 승리이다. 이렇게 하면 나의 조합 규칙은 도박하는 사람이 몇 명이든 통용할 수 있다. 내가 도박을 어떤 일정 횟수의 승부까지 늘인다고 하는 픽션은 규칙의 적용을 용이하게 하기 위한 것으로, 세 번이 아닌 네 번까지 가상의 승부를 연장하더라도 51 : 15 : 15가 되어 같은 결과가 된다. 단지 로베르발 씨에게 잘 이해받기 위해서 다음에 픽션을 사용하지 않는 해법을 보이겠다.

> 갑은 한 번의 승부로 이기든지, 두 번으로 이기든지, 세 번으로 이기든지 그 중 하나이다. 한 번으로 이기는 것은 $\frac{1}{3}$의 운밖에 없다. 두 번으로 이기는 경우는 처음에 을이 이기고 다음에 갑이 이기든지, 처음에 병이 이기고 다음에 갑이 이기는 두 가지이다. 이 경우는 $\left(\frac{1}{3}\right)^2$과 $\left(\frac{1}{3}\right)^2$의 합인 $\frac{2}{9}$의 운이 있다. 세 번으로 이기는 경우는 처음에 을이 이기고 다음에 병이 이기고 나서 갑이 이기든지, 처음에 병이 이기고 다음에 을이 이기고 나서 갑이 이기는 경우의 두 가지이므로 $\left(\frac{1}{3}\right)^3$과 $\left(\frac{1}{3}\right)^3$의 합인 $\frac{2}{27}$의 운이 있다. 따라서 갑이 이기는 것은 $\frac{1}{3}+\frac{2}{9}+\frac{2}{27}=\frac{17}{27}$의 운이 있다.

이 설명 가운데 확률론에서의 곱셈정리와 덧셈정리가 사용되고 있는 것에 주목하고 싶다.

페르마의 이 설명에 파스칼은 여섯 번째 편지(1654년 10월 27일)에서 다음과 같이 말하고 있다.

> 마지막 편지에서 의심은 완전히 풀렸습니다. 배당을 구하는 당신의 방법은 잘 알게 되었던 만큼 더욱 더 찬미의 정을 금할 수 없습니다. 이것은 완전히 당신 자신의 것이고, 나의 것과 아무런 공통점도 없습니다. 그리고 쉽게 같은 결과에 도달합니다. 이것으로 화해가 되었군요.

확률의 형식적인 계산을 가르치기 전에 이러한 문제를 주고 자유롭게 생각하게 하면 재미있는 발상을 볼 수 있지 않을까 생각한다.

(2) 통계적 연구의 시작

통계는 영어로 statistics인데, 이 어원은 라틴어의 status이고, 이것은 state와 같으며 상태, 형세, 국가라는 의미의 단어이다. 통계학은 18세기부터 19세기에 걸쳐 국가의 상태를 정확하게 기술하고, 국력의 실태를 객관적으로 파악하는 것을 목적으로 하여 정치학의 일부로 탄생한 학문이다. 독일을 중심으로 발달한 것인데, 모아진 자료를 분석하고, 거기에서 어떠한 법칙을 이끌어내려는 연구는 영국에서는 17세기에 볼 수 있다. 정치산술(political arithmetic)[71]이라 불리는 것이다.

국가의 현저한 사항을 기술하는 것에서 생겨난 통계학은 그 후 확률론과 결부되어 수리통계학으로 발달한다. 현재는 여론조사, 시장조사 등에 이 통계이론이 이용되고 있기 때문에, 학교교육에 있어서의 통계도 당연히 표본이론과 같은 것이 중심이 될 수밖에 없다. 그러나 우리 일반인의 생활을 생각해보면, 필요한 것은 범람하고 있는 많은 정보 가운데 필요한 것을 가려내고, 그 분석검토를 통해서 미지의 것을 발견하고 그것을 활용하는 능력이다. 자료의 대량관찰을 통해서 그 가운데 규칙성과 인과관계를 발견해가는 방법은 초기 통계학에서 보이는 방법인데, 이와 같은 방법도 기회가 된다면 지도해둘 필요가 있다고 생각한다.

그래서 그 일례로 영국의 그랜트[72]의 런던 시에 있어서의 《사망표에 관한 자연적 및 정치적 관찰》(1662년)을 소개해보기로 한다.(3) 아무도 깨닫지 못한 사망표의 관찰에서 이렇게도 많은 것을 발견할 수도 있고, 추리할 수 있었다는 것을 통해서, 우리도 주위에 있는 여러 가지 통계자료에 관심을 가지고 적극적으로 연구해보자고 하는 태도를 기르는 데 도움이 된다고 생각한다.

그랜트는 런던의 모직물 상인의 아들로 태어나, 시민혁명 때(1649년)는 의회군의 훈련부대 대위(후에 소령)로서 공을 세웠다. 런던의 시의회 의원, 로열 소사이어티 회원에 선출되어, 1666년의 런던 대화재 때에는 시에서 상당히 중요한 역할을 하여 부유한 상인이 되었다. 정치산술로 유명한 페티[73]와 친분이 있었다.

---

71 영국의 페티가 1690년에 저서 《정치산술》에서 전개한 이론이다. 그 시대의 정치·경제·인구의 여러 문제를 해명하기 위하여 수·중량·척도라는 수량적 관찰, 즉 실증적·귀납적 방법으로 시민사회를 해부, 분석해야 한다고 주장하였다. 결과적으로 정치산술은 근대통계학을 탄생시켰고, 스미스(A. Smith)의 고전경제학을 탄생시키는 데, 그리고 자연과학의 방법을 사회과학 영역에 도입시키는 데 큰 역할을 했다고 할 수 있다.

72 그랜트(J. Graunt)는 1620~1674년까지 생존한 영국의 사회통계학자로서 정치산술의 창시자이다.

73 페티(W. Petty)는 1623~1687년까지 생존한 영국의 고전 경제학자이다.

① 사망표 연구의 발단

런던 시의 교구서기(教區書記)회관에서는 1603년 12월 7일부터 교구 내의 매장 및 세례 수의 기록이 보존되어 있는데, 80년에 걸쳐 조사가 행해졌다. 이 조사의 기원은 정확하게는 1592년이었지만, 1595년 이후 일시 중단되었다가 다시 1603년부터 재개되었다. 사망표 제작의 동기는 페스트 유행으로 다수의 사망자가 나온 것이었다. 런던 시의 페스트 유행은 1592년, 1603년, 1625년, 1636년, 1661년, 1665년 등이고, 1603년에는 전체 사망자의 80%가 페스트였다고 한다. 또 페스트의 절정은 1665년으로, 9월 한 달 동안 사망자가 3만 명 이상에 달하고, 연간 10만 명에 가까운 사람이 이 병으로 죽었다고 한다. 이 때문에 당시 런던 시의 추정 인구 40만 명의 3분의 2가 페스트를 피해서 런던을 떠났다고 한다. 이듬해인 1666년에는 대화재가 있어서 성 내의 80%가 소실되었다고 하는데, 이 무렵 런던은 번영과 빈곤이 동거하고 혼란과 퇴폐 속에 있었던 것 같다. 지방으로부터 인구가 집중되고, 공장이 도시 속에 늘어서서 굴뚝 연기가 지붕에 걸려 대기가 오염되어, 때로는 거리를 걷는 사람이 서로 얼굴을 알아 볼 수 없을 정도였다고 한다. 또 도로 한 가운데에는 뚜껑이 없는 하수가 흐르고, 이 도랑에는 부엌 쓰레기와 오염물이 흘러서 악취를 풍겨, 궁정 사람들과 사교계 귀부인들은 향수를 바른 손수건과 꽃다발로 코를 틀어막고 걷는 상태였다고 한다. 이러한 환경이었으므로 위생상태도 나쁘고, 전염병이 유행했을 것이다.

사망표는 매주 인쇄해서 목요일에 발표되었으며, 게다가 크리스마스 전 목요일에는 1년 치가 인쇄되어 연 4실링의 대금을 지불하는 가정에 배포되었다. 위정자가 왜 매장 및 세례의 수에 주목했을까? 아마 시의 인구가 증가하는지 감소하는지를 알려는 데 있었던 것 같은데, 그랜트는 그것을 왜 사람들에게 알리려 하는지를 이해할 수 없었다. 일반 시민은 이 사망표를 보고 사인(死因)을 알거나, 페스트가 유행할 때에는 유행의 지역적 상황을 알고 이주할 곳을 생각하는 자료로 하거나, 회식 때의 이야깃거리로 삼는 정도가 고작이었다.

그랜트는 '우리 시의 현명한 사람들은 이 표를 어떤 큰 목적으로 이용하려고 한 것임에 틀림없다'고 생각하고, 1604년부터 1664년에 이르기까지 61년간의 사망표를 모으고 관찰했다. 그랬더니 '그때까지 소수의 뿔뿔이 흩어진 표를 보고 품고 있던 생각과 견해, 추측 등의 검토뿐만 아니라, 내가 만든 표에서 이유와 동기를 발견할 수 있었다.'라고 밝히고 있다.

그랜트의 연구에는 많은 결함이 보이지만 배워야 할 점도 많다.

1. 매년의 사망표만으로는 알 수 없는 것이 수년 분을 모아서 보면, 거기에서 하나의 경향(법칙)을 발견할 수 있다고 하는 것. 예를 들면, 사인 중 어떤 것은 매장의 총수에 대해 늘 같은 비율을 유지하는 것이나 남녀의 출생 수 비가 14 : 13으로 거의 일정하다는 것 등을 발견하고 있다.
2. 예를 들면, 병명에서 아이나 노인의 사망 수를 추리하는 것처럼, 자료의 숫자에서 어떻게 미지의 것을 추리하는가 하는 하나의 방법을 나타낸 것.

다음으로 그랜트가 사망표에서 무엇을 어떻게 추리했는지 예시해보자.

② 런던 시의 인구 추리

런던 시의 인구는 이제까지 조사된 것이 없기 때문에 아무도 몰랐다. 추측으로 여러 가지 말해지고 있었지만 100만 이하라고 한 사람은 없었다. 그 중에는 1661년에는 페스트가 대유행하기 전인 1625년보다도 200만이나 증가했다고 하는 사람도 있었다. 그랜트는 만약 이 추측이 옳다고 한다면 런던 시의 인구는 600만 또는 700만이 아니면 안 된다고 생각했다. 그러나 그는 사망표에서 이들 숫자가 틀리다는 것을 지적한다.

런던 시의 매장은 이제까지 1년당 15,000명을 넘었던 적이 없다. 따라서 만약 총 인구가 600만 명이라고 하면, 사망은 400명에 1명 이상은 있을 수 없게 된다. 1629~1636년, 1647~1658년의 20년간에 걸쳐 모든 질병 및 사고에 의한 사망자는 229,250명인데, 이 중 17,000명은 페스트에 의한 것이라고 생각되므로, 이를 제외한 사망자는 212,250명이다. 이 사인을 사망표에서 조사해보면 약 77,229명은 5, 6세 이하의 아이와 노인이 걸리는 병에 의한 것이다. 이것은 총 사망자 가운데 $77229 \div 212250 = 0.364$로 36%에 해당한다. 런던 시의 1년간 사망자인 15,000명의 36%는 5,400명인데 이것을 5,000명으로 어림잡는다. 그러면 런던 시의 10세 내지 60세 남녀의 1년간 사망자는 약 10,000명으로 생각할 수 있다.

일반적으로 사람이 10여 년의 여생을 가지는지 어떤지는 반반이라는 생각에서 10명 중 한 명이 1년 사이에 죽을지 어떤지도 역시 마찬가지라고 상상할 수 있다. 그러면 위의 사망자 수에서 런던 시의 전체 인구는 고작 10만 명 정도라는 것이 되고, 600만 명의 60분의 1도 안 된다. 그러나 이와 같은 추리는 너무나도 조잡하다. 사인이라든지 사망자가 노령인지 어떤지 하는 판단은 검시관(檢屍官)에 의한 것이므로 그다지 확실한 것은 아니다. 그래서 그랜트는 다음과 같은 다른 방법으로 추리해본다.

1. 임신 가능한 연령의 부인 총수를 출생 수의 2배라고 생각한다. 임신 가능한 부인이 평균적으로 2년에 한 명 이상의 아이를 가지는 경우는 아마 없다고 생각되기 때문이다. 1년간의 평균 매장 수는 13,000명, 세례 수는 12,000명을 넘지 않기 때문에, 가임연령의 부인 수는 $12000 \times 2 = 24000$명으로 어림할 수 있다. 그리고 이와 같은 부인 수의 2배인 세대가 있을 것이라고 예측된다. 왜냐하면 16세 내지 40세 또는 20세 내지 44세의 부인에 비하면, 16세 내지 76세 부인 수는 2배라고 예상되기 때문이다. 세대수는 $24000 \times 2 = 48000$세대이다. 한 세대에는 부부, 3명의 아이, 3명의 고용인 또는 기숙하는 사람이 있다고 하면, 런던 시의 인구는 $8 \times 48000 = 384000$명으로 어림할 수 있다.
2. 런던 성 내의 몇몇 교구에서의 조사에서는 11세대에서 3명의 사망자가 나온다는 것을 알았다. 런던 시에서는 평균 13,000명의 사망자가 있으므로 전체 세대 수는 $13000 \times \frac{11}{3} = 47667$, 즉 약 48,000세대로 추측할 수 있다.
3. 마지막으로 그랜트는 1658년 런던의 지도에서 추리한다. 그는 모든 가옥의 전면(前面)이 20피트인 것으로 가정하고, 100평방야드 구획 내에 약 54세대가 있을 것으로 추측했다는 것은 이 구획의 양쪽에는 각각 80야드, 다른 양쪽에는 100야드, 전체로는 360야드의 집이 늘어서 있다고 생각할 수 있기 때문이다. 그런데 이런 구획은 성 내에 220개 있기 때문에, 성 내에 있는 세대 수는 전부 $54 \times 220 = 11880$세대라는 것이 된다. 성 내에는 1년에 약 3,200명의, 그리고 시 전체로는 13,000명의 사망자가 있으므로, 성 내에서의 거주는 전체의 $\frac{1}{4}$이라고 생각할 수 있다. 따라서 런던 및 그 부근에는

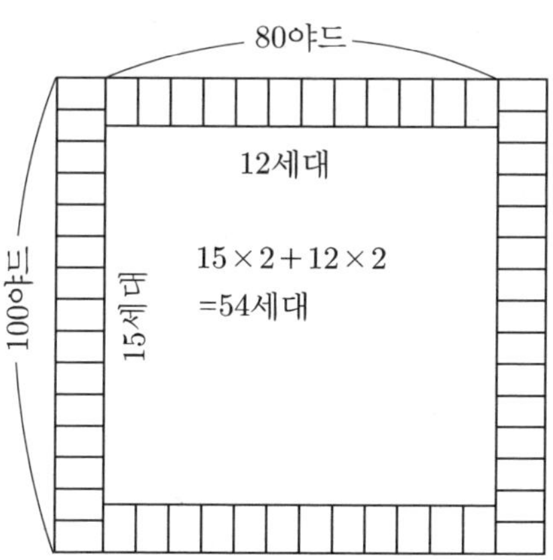

[그림 4.74]

11880 × 4 = 47520, 즉 약 48,000세대가 있다는 것이 되고, 앞에서 했던 두 계산과 충분히 일치함을 알 수 있다.

이상의 추리에서 그랜트는 아무리 틀려도 런던의 인구가 100만 명을 넘은 적은 없다고 주장했다.

③ 런던 시 주민의 구성 – 최초의 생명표

그랜트는 매장 수, 세례 수 중 어느 쪽에 있어서도 여자보다 남자가 많다는 것에 주목한다. 1628년부터 1662년 사이의 매장 수는 남자 209,436명에 대해 여자 190,474명이다. 또 같은 기간 중에 있어서의 세례 수는 남자 139,782명에 대해 여자 130,866명이었다. 이 비율은 0.516 : 0.484이다. (정확히는 0.5177 : 0.4846이다.) 이것을 그랜트는 남자는 여자의 13분의 1을 초과하고 있다고 표현하고 있다.

런던 시의 남녀 표				
연도	매장		세례	
	남	여	남	여
1649	5,454	5,112	3,079	2,746
1650	4,548	4,216	2,890	2,722
1651	5,680	5,147	3,231	2,840
1652	6,543	6,026	3,220	2,908
1653	5,416	4,671	3,196	2,959
1654	6,972	6,275	3,441	3,179
1655	6,027	5,330	3,655	3,349
1656	7,365	6,556	3,668	3,382
소계	44,005	41,333	26,380	24,085
1657	6,572	5,856	3,396	3,289
1658	7,936	7,057	3,157	3,013
1659	7,451	7,305	3,209	2,781
1660	7,960	7,158	3,724	3,247
1661	10,448	9,287	4,748	4,107
1662	8,623	7,931	5,216	4,803
1663	8,035	7,321	5,411	4,881
1664	9,369	8,928	6,041	5,681
소계	66,400	60,843	34,902	31,802
1629~1664 합계	235,247	214,658	156,750	146,231

(주) 1661년은 페스트 유행의 해로, 출생, 사망 모두 증가하고 있음을 알 수 있다.

즉 남 : 여는 14 : 13이라는 것이다. 일본의 과거 출생 수의 남녀 비도 평균하면 0.515 : 0.485 정도이며, 여기에 매우 가까운 것은 흥미롭다.[(4)] 그랜트는 남녀의 수가 다른 것에 대해 다음과 같은 의견을 말하고 있다.

> 여자보다 다수의 남자가 비명의 죽음을 맞이하는데도 불구하고, 즉 많은 사람이 전장에서 쓰러지고, 뜻밖의 재난에 목숨을 빼앗기고, 바다에서 익사하고, 또 사직(司直)의 손에 의해 형벌을 받고 죽는데도 불구하고, 뿐만 아니라 여자보다도 많은 남자가 식민지로 가고, 또 외국으로 여행하는데도 불구하고, 그리고 마지막으로 더 많은 사람이 대학교수나 연구원(fellow) 또는 18세 이상의 도제 등으로 해서 독신생활을 계속하는데도 불구하고, 위에서 말한 13분의 1의 차이 때문에 일부다처제를 허용하지 않아, 부인이 각각 1명의 남편을 가질 수밖에 없다.
>
> 게다가 남자는 40년간 생식적이고, 여자는 25년간밖에 그렇지 않아, 그 결과 325명(13×25)의 여자에 대해 남자는 560명(14×40)이라는 것이 되지만, 위에서 말한 여러 요인과 남자의 만혼 때문에 모두 상쇄되고, 결국은 같게 되는 것이다.

그런데 이와 같이 남 : 여＝14 : 13으로 하면 런던 시의 인구 384,000명 가운데 남자는 199,112명, 여자는 184,888명이 된다. (이 생각도 조금 이상하다. 출생 수의 비가 그대로 인구의 구성비가 안 되는 것은 그랜트 자신도 지적하고 있다.)

다음으로 그랜트는 런던 시의 연령별 인구 구성을 추리한다. 먼저 앞에서 나타낸 것처럼 100명의 출생자 가운데 약 36명은 6세가 되기 전에 사망한다. 또 앞에서 말한 20년 동안의 사망자 총수 229,250명 가운데 노인 사망자는 15,757명이며, 이것은 15 : 1, 즉 전체의 7%이다. 이것으로부터 70세 이상 장수하는 사람은 100명 중 7명이라고 생각한다. 그랜트는 76세 이상 사는 사람은 한 사람밖에 없을 것이라고 말하고 있다. (이것도 매우 애매하다. 노인=70세 이상으로 하고 있는데, 검시관이 과연 몇 세 이상을 노인이라고 불렀는지는 분명하지 않다. 또 76세 이상 장수하는 사람은 한 명이라는 근거는 어디에서도 발견할 수 없다. 70세 이상인 7명이 매년 한 사람씩 사망하면, 그랜트의 주장과 같게 된다.)

다음에 그랜트는 6세와 76세 이상의 생존자 한 사람 간에 6개의 비례중항을 구하고, 다음과 같은 표를 작성한다.

100명 중 최초 6년 사이에 사망하는 사람		36
6~16	〃	24
16~26	〃	15
26~36	〃	9
36~46	〃	6
46~56	〃	4
56~66	〃	3
66~76	〃	2
76~	〃	1

100명 중 만 6년 이후 생존자		64
16	〃	40
26	〃	25
36	〃	16
46	〃	10
56	〃	6
66	〃	3
76	〃	1
86	〃	0

이 계산이 어떤 방법으로 행해진 것인지 분명하지 않지만, 공비를 $\frac{5}{8}$ 또는 0.62로 해서 계산해보면 꽤 잘 맞는다는 것을 알 수 있다.

$$64 \times \frac{5}{8} = 40$$

$$40 \times \frac{5}{8} = 25$$

$$25 \times \frac{5}{8} = 15.625 \ (16)$$

$$16 \times \frac{5}{8} = 10$$

$$10 \times \frac{5}{8} = 6.25 \ (6)$$

$$6 \times \frac{5}{8} = 3.75 \ (3)$$

$$3 \times \frac{5}{8} = 1.875 \ (1)$$

그런데 이상의 결과 16세 이상의 인구는 전체 40%이고, 여기에서 66세 이상의 인구인 4%를 빼면, 16세 내지 66세인 사람은 전체 인구의 34%가 된다. 이제 임시로 런던의 남자 수를 199,112명이라고 하면 $199112 \times 0.34 = 67694$, 즉 70000

명 가까운 전투적령자가 런던에 있게 된다. (이러한 수를 정확하게 파악해두는 것은 위정자에게 있어서 매우 중요하다.)

게다가 그랜트는 몇 년만에 런던 시의 인구가 2배로 되는지를 계산했다. 런던 시에는 24,000쌍의 생식연령 인구가 있다. 그는 이들 부부가 8년간 48,000명의 아이를 낳는다고 생각한다. 그렇게 하면 런던 시의 인구 384,000명을 낳기 위해서는 $48000 \times 8 = 384000$이므로 64년이 걸린다고 한다. 그러나 이 계산도 이상하다. 64년 동안에, 출생한 사람이 이 기간 동안 생존해있다고 가정하고 있기 때문이다.

그랜트가 추정하여 계산한 주민 수와 사망률 등의 수치를 기초로 해서 이론적 추리에 의해 영국의 국력 실태를 확실히 한 것이 페티의 《정치산술》(1671년)이다. 또 그랜트와 페티에게 자극을 받아 인구 현상의 대량 관찰로부터 규칙성을 찾아내고, 소위 대수(大數)의 법칙을 발견한 것은 독일의 쥐스밀히[74]의 《신의 질서》(Die göttliche Ordnung in den Veränderungen des menschlichen Geschlechts, 1741년)이다. 이것도 교재로 이용하면 매우 재미있다고 생각한다. 현재 자료를 이용해서 조상들의 발상을 활용한 문제를 만들면 더욱 바람직하다. 수학 교사는 좀더 사회·경제 사상(事象)에 관심을 가져야 할 것이다.

4.10 수학사의 이야깃거리의 이용

수학사의 토픽 중에는 학생들의 흥미를 끄는 것이 많다. 그래서 그것들을 교재로 활용하거나 또 과제학습의 과제로 이용하는 것을 생각할 수 있다. 아래에 그 교육적인 취급방법을 예시해보기로 한다.

(1) 방진

① 방진의 역사

방진(方陣)이란 잘 알려져 있듯이 $n \times n$ 개의 칸에 1부터 n^2 까지의 자연수를 넣어, 가로, 세로, 대각선에 있는 수의 합계가 같게 되도록 한 것이다. n이 3일 때

74 쥐스밀히(Johann Peter Süßmilch)는 1707~1767년 사이에 생존한 독일의 성직자이자 통계학자이다. 그는 인구문제가 정치학의 가장 중요한 대상이라 생각되었던 18세기 학문의 집대성인 《신의 질서》 저술을 통해서 대량 관찰에 의하여 인구현상에서 보이는 통계적 규칙성을 실제로 입증하였다.

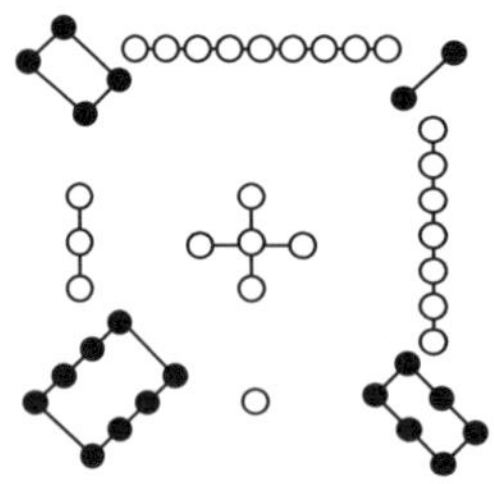

4	9	2
3	5	7
8	1	6

[그림 4.75]

3방진, 4일 때 4방진 등으로 부른다. 최소 방진은 3방진이며, 2방진이 존재하지 않는다는 것은 쉽게 증명할 수 있다.

방진에 대해서는 다음과 같은 전설이 있다. 고대 중국의 전설상의 하(夏) 왕조의 황제 우(禹)가 황허 강의 지류인 낙수(洛水) 공사를 맡았을 때, [그림 4.75]와 같은 모양을 등에 붙인 거북이(=신귀(神龜))가 나타났다고 한다. 이 모양의 동그라미 개수를 숫자로 바꾸어 놓으면 3방진이 된다.

그런데 이 방진을 보면 중앙에 5가 있고, 네 모퉁이에는 짝수, 그 사이에는 홀수가 배치되어 있다. 5라고 하는 수는 동양에서도 서양에서도 옛날부터 성스러운 수(聖數) 가운데 하나이다. 피타고라스 학파는 5는 최초의 짝수와 홀수인 2와 3의 합이므로 '결혼'이라는 인간의 완전한 모습을 나타내는 수라고 생각했다. 중국에서는 옛날부터 음양오행설이 행해졌는데, 짝수는 음수(陰數), 홀수는 양수(陽數)라고 했다. 짝수는 2로 나누어떨어진다. 여성은 아이를 낳고 몸이 두 개가 되므로 짝수는 여성에 대응한다고 생각했다.

그런데 일본의 한자에는 자획(字画)이라는 것이 있다. 그러므로 사람의 이름에는 모두 수가 대응한다. 그래서 이 수를 바탕으로 점(占)치는 성명판단(姓名判断)[75]과 같은 것이 있다. 서양에서도 그리스 문자는 $\alpha=1$, $\beta=2$, …와 같이 숫자로 사용되었으며, 로마에서도 $\mathrm{V}=5$, $\mathrm{L}=50$, $\mathrm{C}=100$과 같이 문자는 숫자로 사용되었다. 그래서 서양에서도 문자에 대응하는 수로부터, 문자에 의미를 주고 여러 가지로 해석하는 게마트리아(gematria)[76]라는 미신이 유행했다. 그런데 3방진의 1

75 이름의 획수 등으로 그 사람의 운세 등을 판단하는 것.

76 헤브라이어에서 각 낱말이 가지는 알파벳 수로써 성서를 해독하는 방법인데, 주로 중세의 카발라(cabbala)에서의 문자전환법을 가리킨다. 헤브라이어의 알파벳은 제각기 수 값을 가지고 있어 문자의 조합(組合)인 단어 또는 문장도 일정한 수를 나타낸다. 따라서 수의 상징적인 뜻을 문장은 서로 바꾸어 놓을 수 있으며, 그로 말미암아 더 깊은 뜻을 발견할 수 있다고 한다. 게마트리아는 성서의 숨겨진 의미를 파악해보려는 성서학자들의 암호해독법으로

열의 합인 15는 히브리어로 $YaHa$가 되고, 이것은 신인 야훼[77]의 이름을 나타내는 문자 YHWH (Yahweh)의 축약형이 된다고 한다. 그래서 그들은 3방진에는 특별한 마력이 있다고 생각했다 한다. 아라비아 사람들도 방진에 특별한 힘이 있다고 생각한 것 같으며, 순산(順産)의 수호신과 병사가 입는 내의 등에는 마방진이 적혀 있는 것도 있다고 한다. 인도에서도 방진은 부적으로 사용되었으며, 현재도 약용 컵이나 부적에 쓰이는 것이 있다.

중국에서는 3방진의 1에서 9까지의 아홉 개의 수에 색을 배치하고, 일백(一白), 이흑(二黑), 삼벽(三碧), 사록(四綠), 오황(五黃), 육백(六白), 칠적(七赤), 팔백(八白), 구자(九紫)로 하여 이것을 구성(九星)이라 불렀다. 여기에 또 혹성(惑星)을 배치하여 일백수성(一白水星), 이흑토성(二黑土星), 삼벽목성(三碧木星) 등으로 한 구성오행설(九星五行說)을 만들었다. 이들은 운세, 길흉, 방각(方角)[78] 등의 점에 이용되어 많은 미신을 낳았다. 이같이 우리 선조들은 방진의 수 배치에 뭔가 신비적인 것을 느끼고 있었던 것이다.

4방진으로 유명한 것은 독일의 알브레이트 듀러(Albrecht Durer, 1471~1528)의 동판화 '멜랑콜리아(우울)'에 그려져 있는 것이다. 이 방진에는 작성한 해 1514가 나타나 있을 뿐만 아니라, 네 모퉁이의 네 개의 수의 합 $16+13+4+1$과 중앙의 네 개의 수의 합 $10+11+6+7$이 34로 되어 있다. 또 각 모퉁이의 네 수의 합도 $16+3+5+10=34$, $2+13+11+8=34$, $9+6+4+15=34$, $7+12+14+1=34$와 같이 모두 34로 되어 있다. 이러한 것에 아이들은 이상한 흥미와 관심을 나타낸다.

16	3	2	13
5	10	11	8
9	6	7	12
4	15	14	1

사용되었다.

77 야훼(야웨)는 '주님'을 뜻하는 고대 히브리어 소리를 한국어로 옮긴 것이며, 이는 출애굽기 3 : 1~14에 근거한 유대교와 기독교의 신에 대한 호칭이다.

78 어떤 지점을 바탕으로 해서 동서남북으로 나타낸 방향을 말한다.

② 방진의 교육적인 취급방법의 한 예

a. 이론적인 문제로서

3방진에서 중앙의 수는 반드시 5가 된다. 5 이외의 수를 중앙에 두면 3방진이 안 된다는 것은 만들어보게 하면 바로 알 수 있다. 이것은 다음과 같이 증명할 수 있다.

아래 그림에서 가로, 세로, 대각선의 세 수의 합은 15이므로

$$(a+e+i)+(c+e+g)+(b+e+h)+(d+e+f)=15\times4=60$$

이다. 좌변을 변형하면 $3e+(a+b+c+d+e+f+g+h+i)=60$이고, 아홉 개의 수의 합은 45이므로 $3e+45=60$이 되어 $e=5$이다.

a	b	c
d	e	f
g	h	i

3방진에서는 네 모서리에 1을 둘 수 없다. $a=1$이라고 하면 $i=9$이다. 따라서 $c+g=10$, $g+h=6$이 된다. 그래서 c, g와 g, h의 조합을 생각해보면 다음과 같다.

$$\begin{cases} c=2,\ 3,\ 4,\ 6,\ 7,\ 8 \\ g=8,\ 7,\ 6,\ 4,\ 3,\ 2 \end{cases} \quad \begin{cases} g=2,\ 4 \\ h=4,\ 2 \end{cases}$$

$g=2$라고 하면 $c=8$이므로 $c+f+i=8+f+9=17+f$가 되어 불가능하고, 또 $g=4$라고 하면 $c=6$이 되어 $c+f+i=15+f$가 되어 이것도 불가능하다. 이와 같이 해서 네 모서리에는 1을 두지 않는다는 것을 증명할 수 있다.

4방진에서는 네 모서리의 네 개의 수의 합 $(a+d+i+l)$ 및 중앙의 네 개의 수의 합 $(e+f+g+h)$는 어느 것이나 34가 된다.

4방진의 수의 총합은 $1+2+3+\cdots+16=136$이다.

따라서 가로, 세로, 대각선 수의 합은 $136\div4=34$이다. 다음 식이 성립한다.

a	b	c	d
	e	f	
	g	h	
i	j	k	l

$$(a+b+c+d)+(i+j+k+l)=34\times 2 \qquad \cdots\cdots (1)$$
$$(b+e+g+j)+(c+f+h+k)=34\times 2 \qquad \cdots\cdots (2)$$

(1)−(2)를 하면,

$$(a+d+i+l)-(e+f+g+h)=0 \qquad \cdots\cdots (3)$$

이다. 다음에 대각선의 두 방향의 수를 더하면,

$$(a+e+h+l)+(d+f+g+i)=34\times 2 \qquad \cdots\cdots (4)$$

이다. (4)−(3)을 하면,

$$2(e+f+g+h)=34\times 2$$

이므로 $e+f+g+h=34$ 이다. (4)+(3)을 하면,

$$2(a+d+i+l)=34\times 2$$

이므로 $a+d+i+l=34$ 이다.

다소 어려울지 모르지만 수리적인 고찰 처리의 좋은 점을 이해시키기에는 좋은 재료라고 생각한다.

b. 직관력, 추리력을 기르는 문제로서(방진을 만드는 방법)

신지도요령에서는 종래부터 전해지고 있는 논리적 사고력의 육성에 덧붙여서

통찰력, 직관력의 육성이 중시되고 있다. 이와 같은 지도에 도움이 된다고 생각되는 와산가들의 방진 연구를 소개해본다.

앞에서 말한 3방진의 수 배열을 관찰시켜서 뭔가 규칙적인 것이 있는지 어떤지를 생각하게 한다.

3방진의 수의 총합은 $1+2+3+\cdots+9$ 이므로 $\frac{9\times(9+1)}{2}=45$이다. 가로, 세로, 대각선 수의 합은 이것을 3으로 나누어 15이지만, 이것을 다음과 같이 해보자.

$$\frac{9\times(9+1)}{2}\div 3=\frac{3\times(9+1)}{2}=\frac{3\times(3^2+1)}{2}=15$$

3은 3방진의 3이다. 이것을 방수(方数)라고 부르기로 한다.

4방진의 경우 수의 총합은 $1+2+3+\cdots+15+16=\frac{16\times(16+1)}{2}=136$이다. 따라서 가로, 세로, 대각선 수의 합은 이것을 4로 나누어 다음과 같이 쓸 수 있다.

$$\frac{16\times(16+1)}{2}\div 4=\frac{4\times(16+1)}{2}=\frac{4\times(4^2+1)}{2}=34$$

여기서 n방진의 경우 가로, 세로, 대각선 수의 합은 $\frac{\text{방수}\times\{(\text{방수})^2+1\}}{2}$ 임을 추리할 수 있다. 또 이것을 다음과 같이 계산할 수 있을 것이다.

$$\frac{1+2+3+\cdots+n^2}{n}=\frac{n(n^2+1)}{n}$$

다음에 3방진 중앙의 수 5는 $5=(9+1)\div 2=(3^2+1)\div 2$이므로 $\{(\text{방수})^2+1\}\div 2$라고 쓸 수 있다.

또 5의 위아래 수의 합은 $9+1=10=(3^2+1)$, 5의 좌우 수의 합은 $3+7=10=(3^2+1)$이므로 어느 쪽이든 $(\text{방수})^2+1$로 쓸 수 있다.

게다가 3방진의 왼쪽 위 모서리에서 대각선 오른쪽 아래로는 4, 5, 6과 같이 공차가 1인 등차수열로 되어 있다. 또 오른쪽 위 모서리에서 대각선 왼쪽 아래로는 2, 5, 8로 공차 3인 등차수열로 되어 있다. 이 3은 방수이다. 그래서 방수를 n이라 하고, 3방진의 수의 배열을 써보면 다음과 같이 된다.

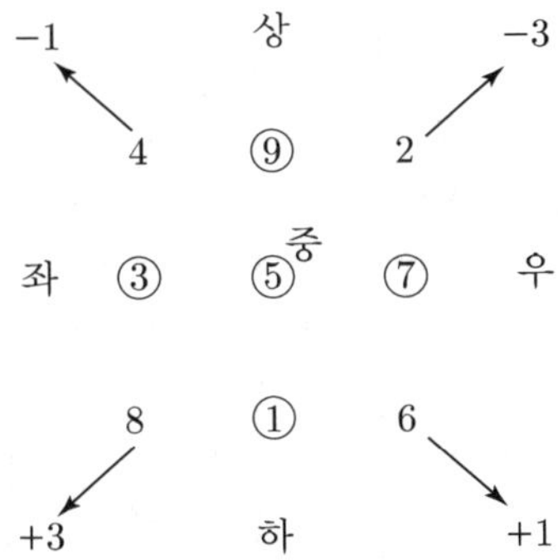

$\frac{n^2+1}{2}-1$	n^2	$\frac{n^2+1}{2}-n$
n	$\frac{n^2+1}{2}$	$(n^2+1)-n$
$\frac{n^2+1}{2}+n$	1	$\frac{n^2+1}{2}+1$

[그림 4.76]

이상은 3방진에 대한 관계이지만 이것을 5방진에 적용해보자. 직관적으로 이 관계가 5방진에서도 성립한다고 생각하자.

5방진의 방수는 5, 즉 $n=5$ 이므로 가로, 세로, 대각선 수의 합은 $\frac{5\times(5^2+1)}{2}=65$ 이다. 위에서 구한 관계에 따라 다음의 순서로 수를 써넣어간다.

① $\frac{n^2+1}{2}=\frac{5^2+1}{2}=13$을 중앙에 넣는다.
② 그 위에는 $n^2=5^2=25$, 아래에는 1을 넣는다.
③ 13의 왼쪽에는 방수인 5를, 오른쪽에는 $(n^2+1)-n=(5^2+1)-5=21$을 넣는다.
④ 13의 왼쪽 대각선 위에는 $13-1=12$, $12-1=11$을, 오른쪽 대각선 아래로는 $13+1=14$, $14+1=15$를 넣는다.
⑤ 13의 오른쪽 대각선 위에는 $13-5=8$, $8-5=3$을, 왼쪽 대각선 아래로는 $13+5=18$, $18+5=23$을 넣는다.
⑥ 나머지 테두리 수는 어떻게 될까?

3방진에서부터 추리하면, 대각선 오른쪽 위에서 대각선 왼쪽 아래로는 방수만큼 늘어날 것이다. 또 대각선 왼쪽 위에서 대각선 오른쪽 아래로는 1만큼 늘어날 것이다. 이 규칙을 대담하게 적용해보자.

a는 25의 대각선 왼쪽 위이므로 $25-1=24$, b는 12의 대각선 오른쪽 위이므로 $12-5=7$, c는 25의 대각선 오른쪽 위이므로 $25-5=20$과 같이 수를 넣어간다.

이 경우 주의해야 하는 것은 이 규칙을 따라 수를 넣어갈 때 최초의 두 대각선

11	a	b	c	3
d	12	25	8	e
f	5	13	21	g
h	18	1	14	i
23	j	k	l	15

11	24	7	20	3
4	12	25	8	16
17	5	13	21	9
10	18	1	14	22
23	6	19	2	15

[그림 4.77]

을 넘어가서는 안 된다는 것이다. 예를 들면, 1에서 대각선 왼쪽 아래로 내려가면 이 규칙은 적합하지만, 대각선 오른쪽 위로 올라갈 때에는 대각선을 넘게 되므로 적용할 수 없다.

이 규칙만 지키면 이 방법은 7방진에도 적용할 수 있으므로, 학생들에게 만들게 해보면 좋다. 학생 스스로 이러한 규칙을 발견하고, 그것을 사용하여 새로운 방진을 만드는 것에 성공하면, 그들은 성취감과 만족감을 맛볼 수 있고, 수학에 대한 학습의욕도 높아질 것이다.

다음으로 4방진의 수의 배열은 어떻게 되어 있을까? 그것을 만드는 방법을 생각해보자.

[그림 4.78]과 같이 수를 늘어놓았다고 하자. 4방진의 경우 가로, 세로, 대각선 수의 합은 34이므로, 이 상태로 이미 두 대각선 위의 수의 합은 그 조건을 만족하고 있다. 여기서는 세로 첫째 행과 넷째 행의 수의 합은 각각 58과 10인데, 그 평

4	3	2	1	
13	9	5	1	1
14	10	6	2	2
15	11	7	3	3
16	12	8	4	4

13	8	12	1
3	10	6	15
2	11	7	14
16	5	9	4

[그림 4.78]

균은 $(58+10)\div 2=34$가 된다. $10=34-24$, $58=34+24$이므로 넷째 행과 첫째 행의 수를 교환하고, 첫째 행을 24 늘리고, 넷째 행을 24 줄이면 된다. 그래서 첫째 행의 (2, 3)과 넷째 행의 (14, 15)를 바꾸어 넣으면 된다는 것을 깨닫는다. 이때 2와 14, 3과 15를 교환하면, 가로의 둘째 행이 32, 셋째 행이 36인 것을 고려하여 2와 15, 3과 14를 교환한다. 마찬가지로 세로의 둘째 행, 셋째 행의 5와 12, 9와 8을 교환하면 4방진이 완성된다. 여기서 더욱이 가로의 둘째 행과 셋째 행을 교환하면, 앞에서 말한 듀러 동판화의 4방진을 얻을 수 있다.

완성된 4방진의 수의 배열을 관찰시키고 가능하면 많은 성질을 발견하게 한다.

1) 오른쪽 위 모서리에는 1, 왼쪽 아래 모서리에는 $16=4^2$, 즉 $(방수)^2$이 놓여 있다. 또 오른쪽 아래 모서리에는 방수 4가 온다.
2) 대각선 위의 수는 오른쪽 위에서 왼쪽 아래로는 5만큼씩 늘어나고 있다. 5는 $4+1$, 즉 (방수)$+1$이다. 또 오른쪽 아래에서 왼쪽 위로는 3만큼씩 늘어나고 있는데, 3은 $4-1$, 즉 (방수)-1이다.

이상의 규칙은 모든 짝수 방진에서도 성립한다. 단 이것만으로는 짝수 방진을 만들 수 없다. 또 모든 짝수 방진이 가지는 특질도 아니다.

3) 4방진을 4개로 분할해보면 각 단락의 네 수의 합은 모두 34로 되어 있음을 알 수 있다.
4) 처음에 증명한 것처럼 4방진에서는 네 모서리의 네 수의 합과 중앙의 네 수의 합도 34로 되어 있다.

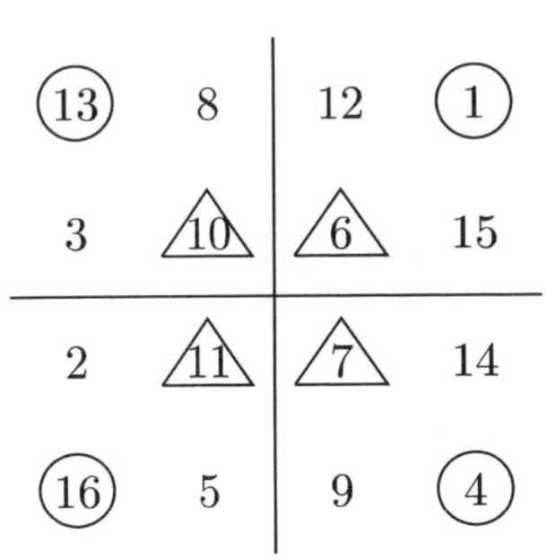

1	8	10	15
14	11	5	4
7	2	16	9
12	13	3	6

[그림 4.79]

1	8	10	15
14	11	5	4
7	2	16	9
12	13	3	6
1	8	10	15

1	8	10	15	1
14	11	5	4	14
7	2	16	9	7
12	13	3	6	12

[그림 4.80]

4방진의 수는 전문연구자에 의하면 880종류가 있다고 한다. 이 가운데 [그림 4.80]에 나타난 것은 완전 4방진[79]이라 불리고 있다. 한 꼭짓점을 공유하는 네 수의 합은 모두 34로 되어 있다.

이 4방진의 맨 위의 행을 맨 아래 행으로 옮겨도 4방진이 생긴다. 또 왼쪽 행을 맨 오른쪽 행으로 옮겨도 역시 4방진이 된다. 게다가 이 조작을 순서대로 반복해도 항상 4방진이 성립한다. 놀랄 만한 수의 불가사의이다. 우리 조상들이 방진을 신비한 것으로 보고, 뭔가 큰 힘을 가지고 있다고 생각한 것도 무리는 아니다.

방진을 수학교육의 소재로 삼아도 식의 계산과 방정식의 풀이방법의 연습으로서는 효과를 기대할 수 없다. 그러나 수학교육에서 중요한 것 가운데 하나인 학생들에게 '발견의 기쁨', '생각하는 기쁨'을 체득시킨다는 점에서 보면 충분한 가치가 있다고 생각해도 괜찮지 않을까? 방진의 매력에 끌려서 수학의 길로 나아간 사람도 있었던 것 같다.

(2) 작도불가능문제

① 문제의 유래

유클리드의 《원론》 제1권 처음에 정의·공리와 함께 다음 다섯 가지의 공준을 들고 있다. 공준은 '요청'이라고 번역되듯이 기하학을 구성할 때에 이것만은 꼭 인정받고 싶다고 하는 것이며, 아리스토텔레스에 의하면 이것은 증명할 수 없으며 전제(前提)하는 것이다.

79 대각선에 평행한 선에 있는 수의 합은 모두 일치하는 방진을 말한다.

공준(요청)

1. 임의의 점에서 임의의 점으로 직선을 긋는 것
2. 유한 직선을 연속해서 일직선으로 연장하는 것
3. 임의의 점과 거리(반지름)를 가지고 원을 그리는 것
4. 모든 직각은 서로 같다는 것
5. 한 직선이 두 직선과 교차하고 동측내각의 합을 2직각보다 작게 하면, 이 두 직선을 끝없이 연장하면 2직각보다 작은 각이 있는 쪽에서 교차한다는 것

다섯째가 유명한 평행선 공준인데, 이것은 앞의 네 개와 비교하면 확실히 복잡하므로 뒷날 이것을 증명하려고 시도한 학자도 있었다. 19세기에 이 공준을 다른 공준으로 바꾸어놓으면, 《원론》과는 다른 기하학을 구성할 수 있다는 것이 발견되었다.

그런데 공준 1~3은 간단히 말하면 작도할 때에 직선자와 컴퍼스 두 개만을 유한 번 사용하는 것을 인정한다는 것이다. 이와 같이 작도를 직선과 원으로 한정한 것에 대해서는 플라톤 등의 그리스 철학의 영향이 크다고 말해진다. 플라톤에 의하면, 우리가 감각으로 얻는 것은 늘 변하므로 그것의 진실을 드러내지 않는다. 참인 것이 있다고 하면, 그것은 관념의 세계이다. 관념 속에 있는 것은 영원히 불멸하고, 그러한 것이야말로 학문의 대상으로서 어울리는 것이다. 그려진 삼각형은 언젠가는 사라지게 된다. 그러나 기하학자가 연구하고 있는 것은 그려진 삼각형이 아니고, 그것을 통해서 그들의 머릿속에 그려져 있는 이상적인 삼각형이며, 그것은 영원불멸하다. 수(數)라고 해도 수학자가 연구하고 있는 수는 구체물과 결부되어 있는 수가 아니라, 그들로부터 추상화된 수로, 그것은 관념의 세계에서만 존재한다. 그러한 도형과 수를 연구하는 것이 수학이라는 것이다.

관념의 세계인 수나 도형을 연구하는 수학에 자와 컴퍼스와 같은 도구는 필요 없다. 그러한 것을 이용하면 오히려 수학의 순수성을 손상시킬지도 모른다. 이런 생각으로 플라톤은 자와 컴퍼스 사용에 반대했다고 한다.

작도에 원과 직선을 이용하는 것을 허용한 이유는 그 두 개가 단순하고 가장 아름다운 도형이기 때문이라고도 말해진다. 당시 천상계(天上界)의 운동은 영구불멸한 원운동이고, 월하계(月下界)의 운동은 위치가 변하는 직선운동인 것처럼 생각하기도 했다.

그런데 작도를 자와 컴퍼스로 한정하면 간단한 작도라도 꽤 귀찮은 것이 된다.

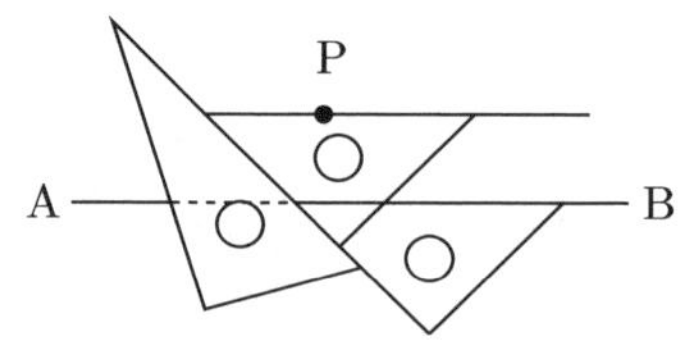

[그림 4.81]

예를 들면, 점 P를 지나서 AB에 평행선을 그으려면, [그림 4.81]처럼 삼각자 두 개를 사용하는 것은 규칙 위반이 된다. 작도의 공법(공준 1~3)을 이용해서 다음과 같이 작도한다.

1. 점 P를 지나 AB와 교차하는 직선 PQ를 긋는다. (공준 1)
2. 점 Q를 중심으로 하여 임의의 반지름으로 원을 그린다. (공준 3)
   PQ와 AB의 교점을 C, D라고 한다.
3. 점 P를 중심, 2에서와 같은 반지름으로 원을 그리고, PQ와의 교점을 E라고 한다.
4. 점 E를 중심, CD를 반지름으로 하는 원을 그리고, 앞에서 그린 원과의 교점을 F라고 한다. (이들의 보장은 공리 · 공준에서는 얻을 수 없다.)
5. 점 P와 F를 이으면 이것이 구하는 평행선이다.

$\triangle CQD \equiv \triangle EPF$(세 변 합동)이므로 $\angle CQD = \angle EPF$이다. 동위각은 같으므로 $PF // AB$이다.

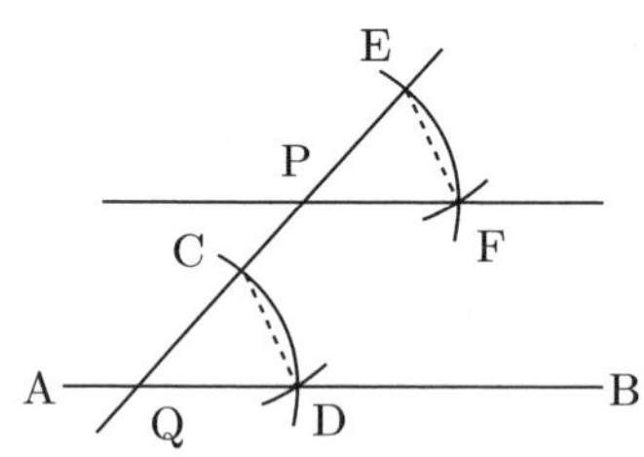

[그림 4.82]

그런데 자와 컴퍼스만을 이용해서 어떠한 작도가 가능할까? 이것에 대해서는 다음 정리가 있다.

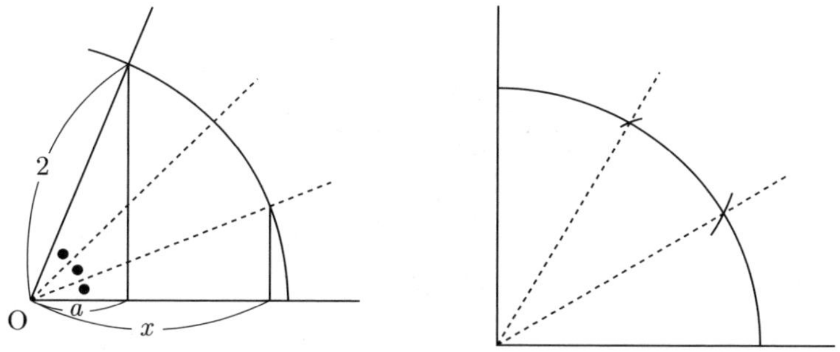

[그림 4.83]

가감승제 및 제곱근 풀기를 유한 번 포함한 식은 이것을 자와 컴퍼스를 유한 번 이용하여 작도할 수 있다.

요컨대 이차방정식의 해를 구하는 식 $\frac{-b \pm \sqrt{b^2-4ac}}{2a}$와 같이 식으로 나타내어지는 선분은 작도가능하지만, 일반적인 삼차방정식의 해를 구하는 식과 같이 세제곱근 등을 포함하는 식은 자와 컴퍼스로는 작도불가능하다는 것이다.

예를 들면, 각의 삼등분 문제는 [그림 4.83]과 같은 선분 x를 작도할 수 있다면 가능하다.

$\cos 3\theta = 4\cos^3\theta - 3\cos\theta$이므로 여기에 $\cos 3\theta = \frac{a}{2}$, $\cos\theta = \frac{x}{2}$를 대입하면,

$$\frac{a}{2} = 4\left(\frac{x}{2}\right)^3 - 3\left(\frac{x}{2}\right)$$

이다. 이것을 간단히 하면 $x^3 - 3x - a = 0$이다.

이와 같은 x는 삼차방정식의 해가 되므로 일반적으로 각의 삼등분은 작도불능이다. 단지 직각의 경우는 $a = 0$이 되므로 위의 관계식은 $x^3 - 3x = 0$, $x^2 - 3 = 0$이 되어 실질적으로는 이차방정식이 된다. 따라서 직각은 삼등분 가능하게 된다. 60°의 경우는 $a = 1$이 되므로 위의 관계식은 $x^3 - 3x - 1 = 0$이 된다. 이 삼차방정식은 유리수 근을 가지지 않기 때문에 작도불능이다.

② 각의 삼등분 문제의 이용

임의의 각의 삼등분은 자와 컴퍼스만으로 작도불가능한 것은 확실하다. 그러나 이것이 확실해지기 이전에는 많은 사람들이 이 문제를 연구했다. 그런 연구들 중

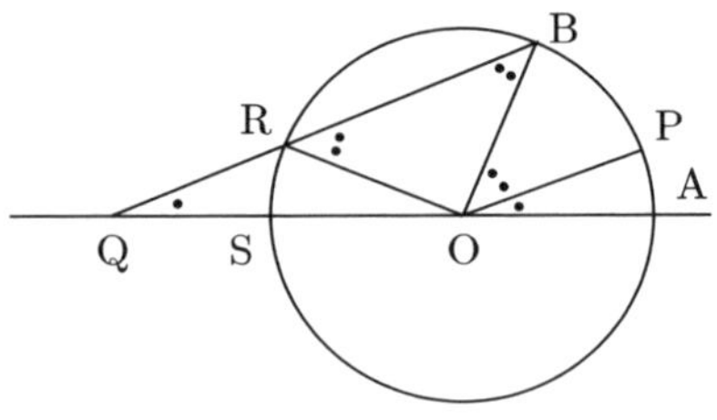

[그림 4.84]

에는 특별한 곡선이나 도구를 이용하는 것이 많다. 과제학습의 과제로 학생 스스로 이들 도구를 만들고 실험하는 학습도 수학의 사용방법을 체득하는 데 의미가 있다고 생각한다. 도형의 논증이 대충 끝난 단계에서 논증 문제로 제출하고, 도구를 생각하게 하면 어떨까?

1) 삼등분하려고 하는 각을 $\angle AOB$라 하고, 삼등분선 가운데 하나를 OP라고 하자. 즉 $\angle AOP = \frac{1}{3}\angle AOB$이다.

점 B를 지나 OP에 평행선을 긋고, 원둘레 및 AO의 연장선과의 교점을 R, Q라고 하면,

$$\angle OBR = \angle ORB = 2\angle AOP,$$
$$\angle ORB = \angle Q + \angle ROQ,$$
$$\angle ORB = 2\angle AOP,$$
$$\angle Q = \angle AOP$$

이므로 $\angle ROQ = \angle AOP$이다. 그러므로 $RO = RQ$이다.

이제 $\angle AOB$의 삼등분선을 그으려고 할 때 점 B를 지나 직선 BRQ을 긋고, RQ가 원의 반지름과 같게 되도록 할 수 있으면, $\angle Q$가 $\angle AOB$의 $\frac{1}{3}$이 된다. 그러나 이와 같은 직선은 자와 컴퍼스만으로는 그을 수 없다. 그래서 [그림 4.85]와 같은 도구를 만든다. 이것은 $AB = BC = CD$가 되게 만들어져 있고, 점 C, D는 홈 안을 조금씩 움직이게 되어 있다. 점 C, D를 적당히 움직여서 삼등분하려고 하는 각에 DCE를 맞추면 자동적으로 $\angle A = \frac{1}{3}\angle DCE$가 된다.

2) [그림 4.86]과 같은 기구를 두꺼운 종이로 만든다. AB는 반원의 반지름과 같고, EB는 AD에 수직이다.

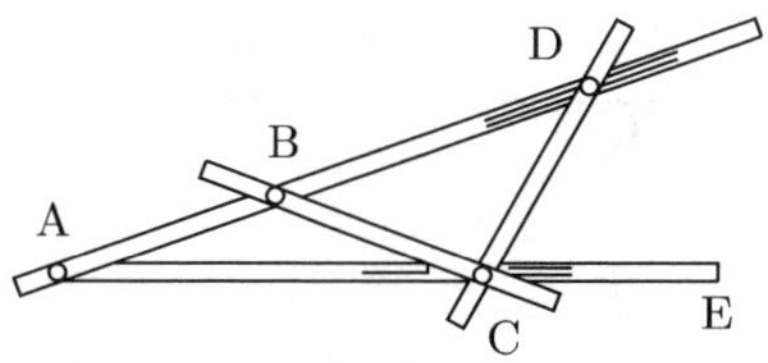

[그림 4.85]

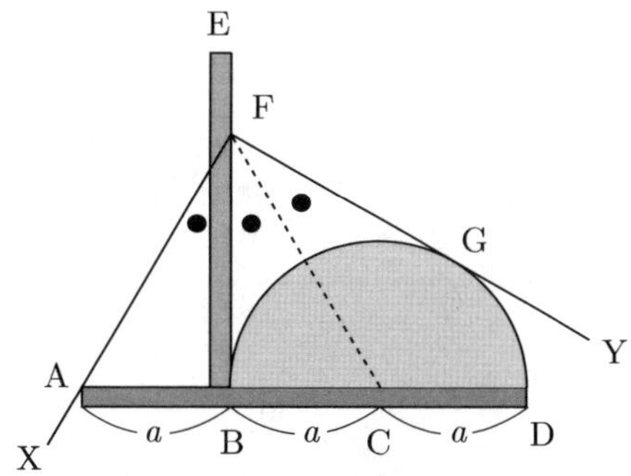

[그림 4.86]

삼등분하려고 하는 각 XFY가 주어졌을 때, 그림과 같이 각의 한 변 FY가 원에 접하고, 다른 변 FX가 점 A를 지나고, 꼭짓점 F가 BE 위에 오도록 기구를 두자. 그러면 FB, FC에 의해 ∠XFY는 삼등분된다.

FY와 원의 접점을 G라고 하면 △FCG, △FCB, △FAB는 합동이 되므로 성립한다는 것을 쉽게 이해할 수 있다.

3) [그림 4.87]과 같은 L형 자를 만든다. ∠XOY의 삼등분선을 긋기 위해서는 자의 폭을 이용하여 변 OX에 거리 a인 평행선 l을 긋는다. 다음에 그림과 같이 자의 모서리 A, C가 OY와 l 위에 오도록 한다. 그러면 자의 한가운데 선 OB가 삼등분선 가운데 하나가 된다.

이 원리도 △OAB, △OCB, △OCD가 합동이 된다는 것으로부터 쉽게 이해할 수 있다.

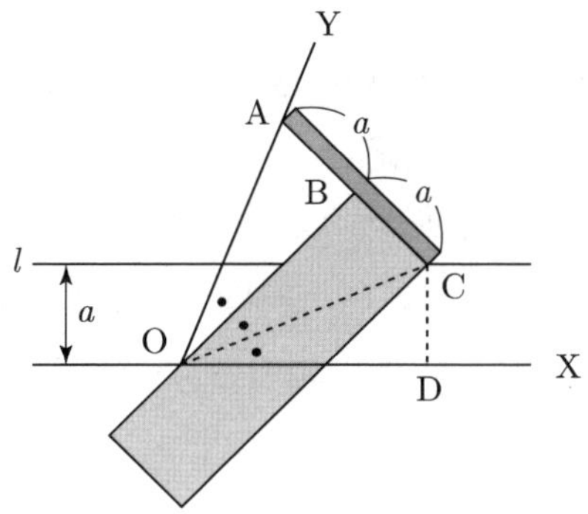

[그림 4.87]

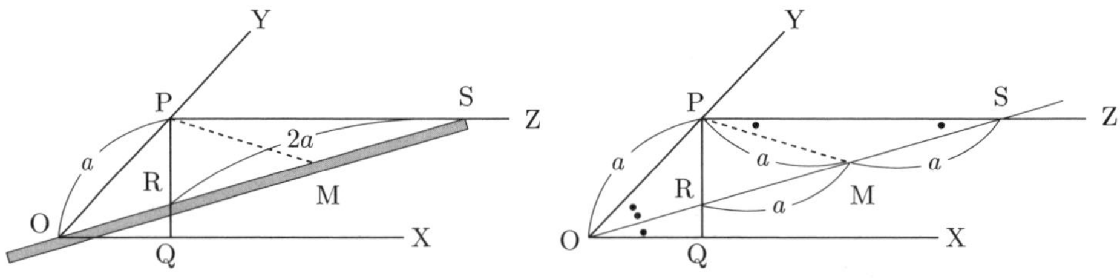

[그림 4.88]

4) 가장 간단한 각의 삼등분법

[그림 4.88]과 같은 직선 자를 만든다. a는 3cm 정도가 좋다. ∠XOY를 삼등분하려고 하는 각이라고 하자. 변 OY 위에 자로 OP$=a$가 되는 점 P를 잡는다. 점 P에서 OX에 수선 PQ를, 또 OX에 평행선 PZ를 긋는다. 다음에 자를 그림과 같이 각의 꼭짓점 O를 지나도록 하고, 상하좌우로 움직여서 RS$=2a$가 되게 한다. 그러면 이때의 ORS가 ∠XOY의 삼등분선 가운데 하나가 된다.

RS의 중점을 M이라고 하면, 점 M은 직각삼각형 PRS의 빗변의 중점이므로 MR$=$MP$=$MS이다. 따라서 △MPS는 이등변삼각형이고, ∠MSP $=$ ∠MPS가 된다. 또 △POM도 이등변삼각형이므로 ∠POM$=$∠PMO, ∠PMO$=$2∠MSP, PZ//OX이다. 그러므로 ∠MSP$=$∠ROQ이다. 이상으로부터 ∠POM$=$2∠ROQ가 되고, ORS가 ∠XOY의 삼등분선이 됨을 알 수 있다.

③ 원적(円積)문제의 이용

유명한 작도불능 문제의 하나인 원과 넓이가 같은 정사각형을 작도하는 문제의 교육적 이용을 생각해보자.

곡선으로 둘러싸인 도형과 같은 넓이를 가지는 직선도형을 발견한 것은 그리스의 히포크라테스(기원전 430년경)이다.

△ABC는 AB$=$BC인 직각이등변삼각형이고, 호 ABC는 여기에 외접하는 반원이다. AB, BC를 지름으로 하는 반원을 그려서 반원형 ADBEA, BFCGB를 만든다. 그러면 이 반원형 모양의 넓이는 △ABC의 반과 같다.

피타고라스 정리로부터 $AC^2=AB^2+BC^2$이므로

$$\text{반원 ABC}=\text{반원 ADB}+\text{반원 BFC}$$

이다. 이것의 양변에서 두 개의 활 모양(궁형) AEB, BGC를 빼면,

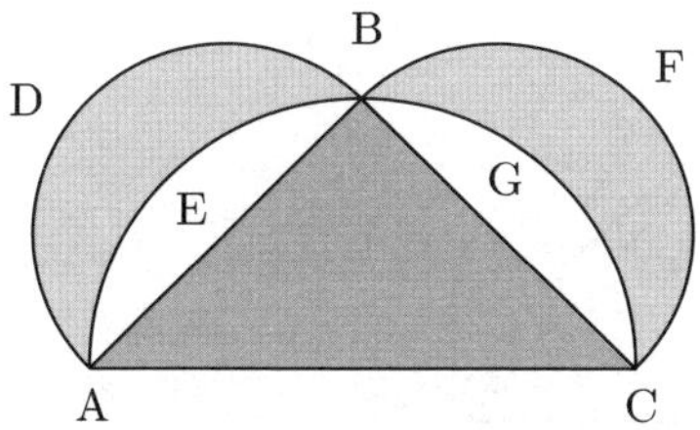

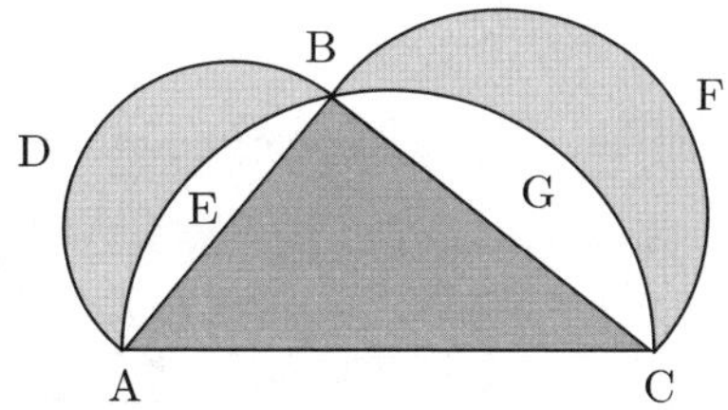

[그림 4.89]

△ABC=달 모양 ADBEA+달 모양 BFCGB=2달 모양 ADBEA

인데, 이것은 일반 직각삼각형에 대해서도 성립한다.

피타고라스와 동시대의 안티폰[80]은 원에 내접하는 정사각형에서 출발하여 변의 수를 계속해서 두 배로 하는 조작을 반복해가면, 정다각형의 변이 작아지기 때문에 언젠가는 변이 원둘레와 일치할 것이라고 생각했다. 주어진 다각형과 같은 넓이를 가지는 정사각형은 작도할 수 있으므로, 내접한 최후의 다각형과 같은 넓이를 가지는 정사각형이 작도되고, 원과 같은 넓이를 가지는 정사각형이 만들어지게 된다고 주장했다.

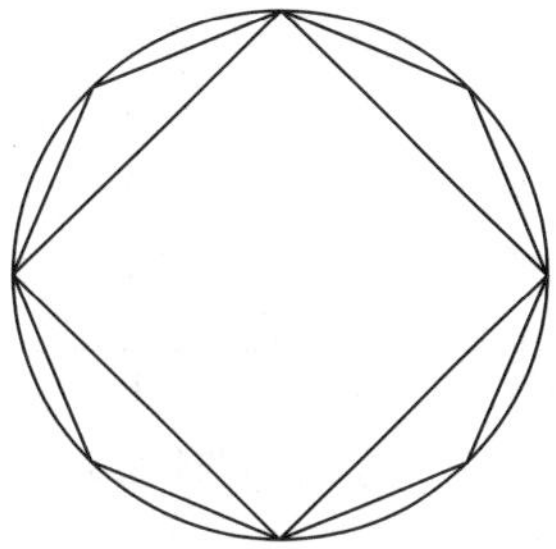

[그림 4.90]

다음으로 이것의 마지막 부분을 문제로 해보자.

① 오각형 ABCDE와 같은 넓이를 가지는 삼각형을 만들어라.
② △ABC와 같은 넓이를 가지는 직사각형을 만들어라.
③ 직사각형 ABCD와 같은 넓이를 가지는 정사각형을 만들어라.

80 안티폰(Antiphōn)은 동료인 브리슨(Bryson)과 함께 원의 둘레에 다각형을 내접시키고 외접시켜서, 마지막으로 다각형의 넓이를 계산하는 것으로 원주율 π값의 상한과 하한을 구한 최초의 인물이다. 이 방법은 원적문제에 적용되었다.

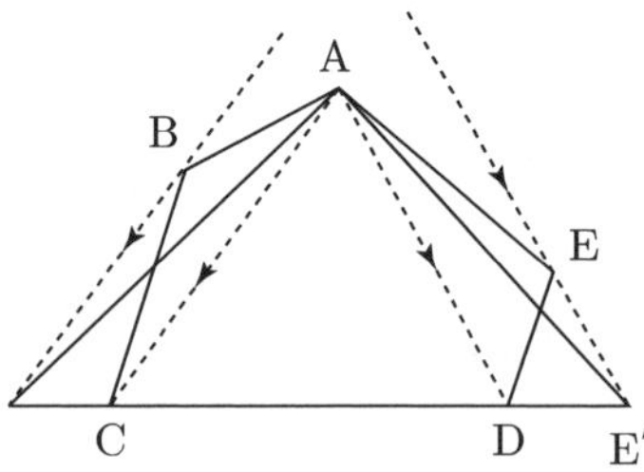

[그림 4.91]

작도 방법은 아래 그림처럼 학생들에게 특별히 곤란한 점은 없다.

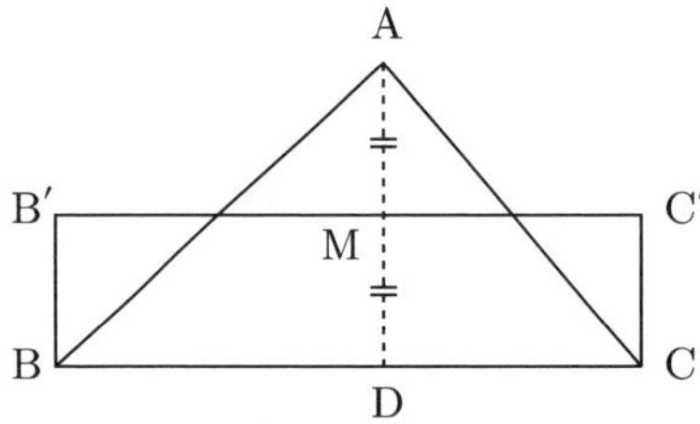

[그림 4.92]

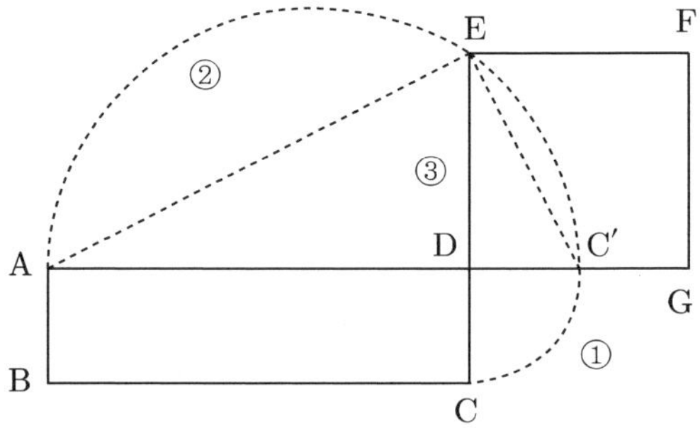

[그림 4.93]

그리스의 아르키메데스가 원의 넓이는 직각을 낀 두 변이 반지름과 원둘레와 같은 직각삼각형의 넓이와 같다는 것을 기하학적으로 증명하고부터, 원적문제는 원둘레와 길이가 같은 선분을 작도하는 문제가 되어 원주율 연구가 활발해졌다.

그런데 원과 넓이가 같은 정사각형을 작도하는 것은 고대 인도의 《슈르바 수트라》[81]에서도 보인다. 이 책은 브라만교의 성전 베다의 보조학의 하나인 제의학(祭儀學)에 관한 문헌으로, 옥외에 있는 대규모 제식(祭式)의 제단을 구축하는 방법을 쓴 것이다.

(원의 정사각형으로의 변환)

원의 지름을 15등분하고, $\frac{2}{15}$를 뺀 것, 즉 지름의 $\frac{13}{15}$을 한 변으로 하는 정사각형을 그리면 원과 같은 넓이를 가지는 정사각형을 얻을 수 있다.

고대 이집트의 《린드 파피루스》에는 원의 넓이를 지름의 $\frac{8}{9}$을 한 변으로 하는

81 이 장의 각주 19를 참조할 것.

정사각형으로 계산하고 있다. 어느 쪽이 정통한 것인지는 학생에게 계산해보도록 하면 된다.

《슈르바 슈트라》에는 정사각형과 같은 넓이를 가지는 원의 작도법도 쓰여 있다.

(정사각형과 같은 넓이를 가지는 원으로의 변환)

정사각형의 중심 M에서 변 AD에 수선을 긋고, AD와의 교점을 G라고 하자. 점 M을 중심, MA를 반지름으로 하는 원과 MG의 연장선과의 교점을 E라고 하자. GE 위에 $\mathrm{GF}=\frac{1}{3}\mathrm{GE}$가 되는 점 F를 잡고, M을 중심으로 하고 MF를 반지름으로 하는 원을 그리면, 그것이 정사각형과 넓이가 같은 원이다.

정사각형의 한 변을 $2a$로 하여 MA = ME, GE, MF 순으로 길이를 계산시키고, 마지막으로 MF를 반지름으로 하는 원의 넓이를 계산시키면 된다.

$$\mathrm{MA}=\mathrm{ME}=\sqrt{2}\,a,\quad \mathrm{GE}=\sqrt{2}\,a-a,$$

$$\mathrm{MF}=a+\frac{\sqrt{2}-1}{3}a=\frac{2+\sqrt{2}}{3}a,$$

$$\text{원의 넓이}=\pi\left(\frac{2+\sqrt{2}}{3}a\right)^2=\frac{6+4\sqrt{2}}{9}\pi a^2$$

$\pi=3.14$로 하면 $4.07a^2$이 된다.

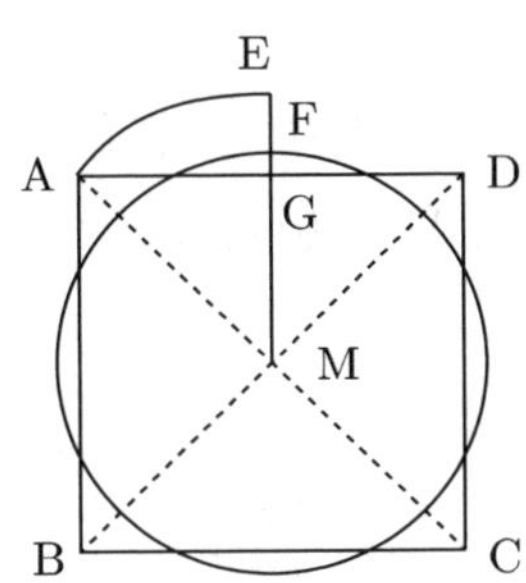

[그림 4.94]

(3) 등주문제 – 벌집은 어째서 정육각형일까? –

① 도입 예

기원전 3세기 후반 그리스 파푸스의 《수학집성》(Mathematical Collection, 기하학의 백과사전적 입문서) 제5권에 '꿀벌 집 이야기'가 있다.

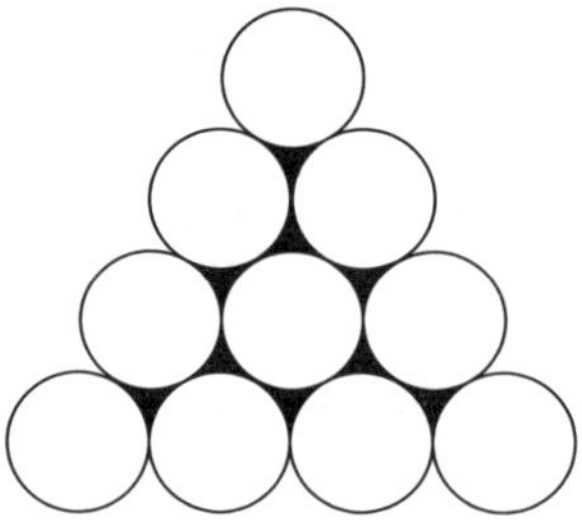

[그림 4.95]

꿀벌은 천국에서 꿀이라는 신들의 음식을 지상으로 옮기는 일을 하고 있다. 꿀벌들은 신으로부터 받은 소중한 꿀을 어떠한 장소에 모으면 좋을지 생각했다. 꿀을 모으는 그릇 모양은 보기 싫은 불규칙한 것이어서는 안 되고, 또 불순물이 파고들 틈이 있어서는 안 된다. 그래서 꿀벌은 등변, 등각 모양의 정돈된 정다각형으로 둥지를 만들려고 생각했다.

평면을 틈 없이 메우는 정다각형은 정삼각형, 정사각형, 정육각형 가운데 하나이다.

이 세 가지 가운데 꿀벌들은 본능적인 총명함으로 최대각을 가지는 도형, 즉 정육각형으로 둥지를 만드는 것을 생각했다. 왜냐하면 정육각형으로 하는 편이 다른 두 모양보다 훨씬 많은 꿀을 넣을 수 있다고 생각했기 때문이다.

그래서 꿀벌보다 총명하고, 세상을 위해 많은 공헌을 하기를 바라는 우리들은 더 일반적인 문제를 연구해보려고 생각한다. 그것은 다음과 같은 문제이다.

(1) 등변, 등각인 평면도형은 각의 수가 많을수록 넓이가 크다.

(2) 둘레가 같은 평면도형 가운데 넓이가 최대인 것은 원이다.

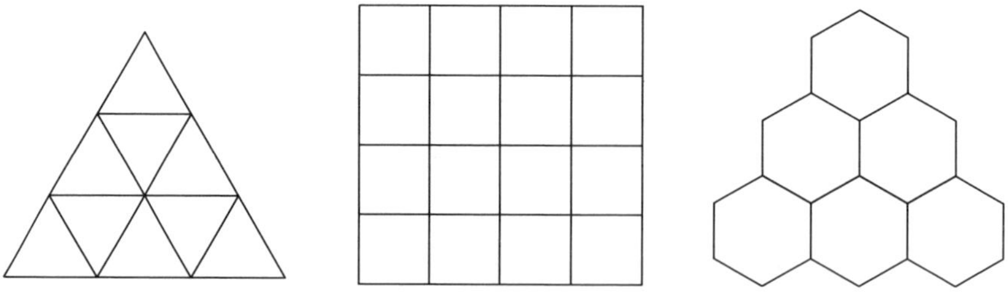

[그림 4.96]

② 전개 예

(문제 1) 평면에 틈 없이 깔 수 있는 정다각형으로는 정삼각형, 정사각형, 정육각형의 세 가지 이외에는 없는가?

$$n\text{각형 내각의 합은 } 180^\circ \times (n-2)\text{이다.}$$

따라서 정n각형 한 내각의 크기는 $180^\circ \times \dfrac{n-2}{n}$이다.

한 점 주변의 둘레의 각은 360°이므로 정n각형에서 평면을 틈 없이 메우기 위해서는

$$360^\circ \div \left(180^\circ \times \frac{n-2}{n}\right) = \frac{2n}{n-2}$$

이 정수이어야 한다.

$\dfrac{2n}{n-2} = 2 + \dfrac{4}{n-2}$이므로 $\dfrac{2n}{n-2}$이 정수가 되는 것은 $n = 3,\ 4,\ 6$인 이 세 가지 경우뿐이다.

(문제 2) 둘레의 길이가 24cm인 정삼각형, 정사각형, 정육각형 넓이를 계산하시오.

(정삼각형) 한 변의 길이는 8cm, 한 변의 길이가 a인 정삼각형 넓이는 $\dfrac{\sqrt{3}}{4}a^2$ 이므로 $\dfrac{\sqrt{3}}{4} \times 8^2 = 16\sqrt{3} = 27.7\text{cm}^2$이다.

(정사각형) 한 변의 길이는 6cm이므로 넓이는 36cm^2이다.

(정육각형) 한 변의 길이는 4cm, 한 변의 길이가 a인 정육각형 넓이는 $\dfrac{3\sqrt{3}}{2}a^2$이므로 $\dfrac{3\sqrt{3}}{2} \times 4^2 = 24\sqrt{3} = 41.6\text{cm}^2$이다.

이것으로부터 변의 수가 많아질수록 넓이가 커진다는 것을 알 수 있다. 원은 변의 수가 가장 많은 정다각형이라 생각할 수 있으므로, 둘레가 같은 도형에서는 원이 최대 넓이를 가지는 도형임을 추리할 수 있다.

원둘레가 24cm인 원의 넓이는 45.9cm^2이고, 정육각형보다 크다는 것을 확인시켜 보는 것도 좋다.

그런데 정다각형끼리의 비교는 알 수 있었지만, 그러면 정다각형과 그렇지 않은

다각형에서는 어떻게 될까?

(문제 3) 둘레의 길이가 24cm인 직사각형 가운데 넓이가 최대인 것의 가로와 세로 길이는 얼마일까?

다음과 같은 표를 만들어보면 가로와 세로 길이가 같을 때, 즉 정사각형일 때 넓이가 최대가 됨을 알 수 있다.

가로	1	2	3	4	5	6	7	8	9	10	11
세로	11	10	9	8	7	6	5	4	3	2	1
넓이	11	20	27	32	35	36	35	32	27	20	11

(문제 4) 둘레의 길이가 같은 직사각형과 정사각형에서는 정사각형이 넓이가 크다는 것을 설명하시오.

둘레의 길이가 24cm인 직사각형의 한 변을 $(6+a)$cm라고 하면, 다른 한 변은 $(6-a)$cm이다. 따라서 직사각형의 넓이$=(6+a)(6-a)=36-a^2$이다.

이 식에서 직사각형의 넓이는 $a=0$일 때 36으로 최대가 됨을 알 수 있다. 즉 $a=0$일 때 가로와 세로 길이가 모두 6cm인 정사각형이다.

이것을 [그림 4.97]을 이용하여 기하학적으로 증명하게 하는 것도 좋은 학습이다.

직사각형 ABCD와 둘레가 같은 정사각형을 EFGH라 하자. 이제 ABCD를 EFGH 위에 그림처럼 겹쳤다고 하자.

ABCD의 넓이 = ① + ③

EFGH의 넓이 = ② + ③

따라서 직사각형과 정사각형 넓이의 대소는 ①과 ②의 대소를 비교하면 된다는 것을 알 수 있다.

BC + DC는 직사각형의 둘레의 반이고, FC + CH는 정사각형의 둘레의 반이므로 가정에 의해 같다. 즉 BC + CD = FC + CH이다. 또 BC = BF + FC, CH = CD + DH이므로 이것을 위의 관계식에 대입하면,

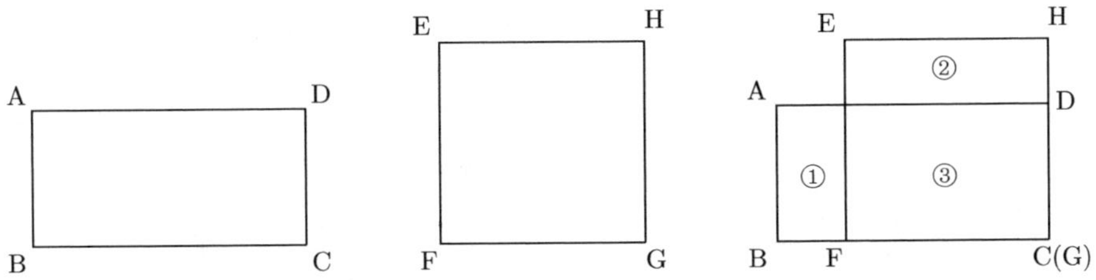

[그림 4.97]

$$BF + FC + CD = FC + CD + DH$$
$$\therefore \ BF = DH$$

AB < EF = EH이므로 ①의 넓이 = AB × BF는 ②의 넓이 = EH × DH보다 작다. 따라서 EFGH가 ABCD보다 넓이가 크다는 것을 알 수 있다

이상에서 둘레가 같은 정다각형과 원에서는 원이 넓이가 크다는 것은 알 수 있었는데, 문제는 원과 둘레가 같은 다른 곡선도형, 예를 들면 타원 등과 넓이를 비교하는 것이다. 이것에 대해서는 일반적으로 길이 L인 곡선으로 둘러싸인 넓이를 F라고 하면 $4\pi F \leq L^2$이라는 부등식이 성립한다는 것이 증명되어 있다. 둘레가 24cm인 곡선으로 둘러쌀 수 있는 최대 넓이는 $F \leq \frac{L^2}{4\pi} = \frac{24^2}{4\pi} = \frac{12^2}{\pi}$이다. 둘레 24cm인 원의 반지름은 $\frac{12}{\pi}$ cm이므로, 넓이는 $\pi\left(\frac{12}{\pi}\right)^2 = \frac{12^2}{\pi}$으로 원이 최대 넓이를 가지는 도형임을 알 수 있다.

다음으로 원이 최대 넓이가 되는 것을 추리하게 하는 것을 생각해보자.

(문제 5) ① [그림 4.98(a)]와 같은 도형과 둘레가 같고 넓이가 더 큰 도형을 만들어라.

그림과 같이 안쪽으로 오목(凹)한 부분을 바깥쪽으로 대칭이동하면 된다.

이와 같이 오목도형은 같은 둘레를 가진 넓이가 더 큰 볼록(凸)도형으로 바꿀 수 있다. 따라서 최대 넓이를 가지는 도형은 볼록도형이어야 함을 알 수 있다.

② [그림 4.98(b)]와 같은 도형과 둘레가 같고 넓이가 더 큰 도형을 만들어라.

둘레 위에 두 점 P, Q를 잡고, 호 PQ의 길이가 전체 둘레의 반이 되게 한다. 만약 PQ의 윗부분의 넓이가 아랫부분의 넓이보다 크면, 윗부분을 PQ를 축으로 해서 두 겹으로 접어 생기는 도형 PRQR′은 원래 도형과 둘레는 같고 넓이가 더

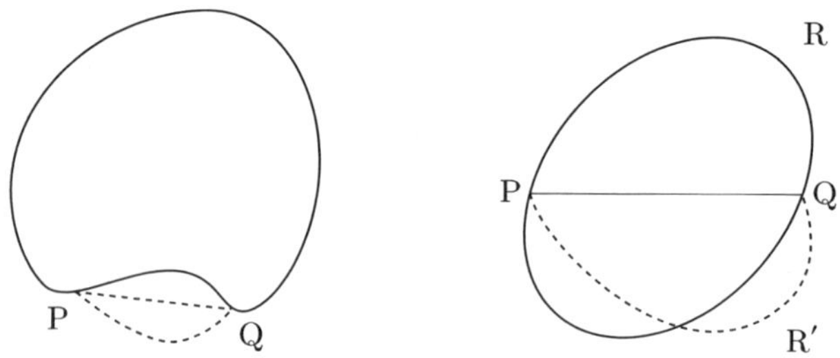

(a) (b)

[그림 4.98]

큰 도형이다.

이것으로부터 최대 넓이를 가지는 도형은 대칭축을 가지는 도형임을 추리할 수 있다.

(문제 6) [그림 4.99(a)]와 같이 마름모꼴을 대각선을 따라 절단하여 하나하나 늘어놓으면, 마름모꼴과 둘레가 같고 넓이가 더 큰 정사각형이 생긴다. 이 방법으로 [그림 4.99(b)]의 직사각형, [그림 4.99(c)]의 육각형을 둘레가 같고 넓이가 더 큰 도형으로 다시 만들어보자.

이상에서 도형과 직교하는 대칭축을 가질 때 축을 따라 잘라서 하나하나 늘어놓으면, 둘레가 같고 넓이가 더 큰 도형이 생김을 알 수 있다.

그런데 이 문제에서 알 수 있듯이, 둘레가 같은 두 도형에서는 원에 더 가까운 모양을 한 쪽이 넓이가 더 크다는 것을 추리할 수 있다.

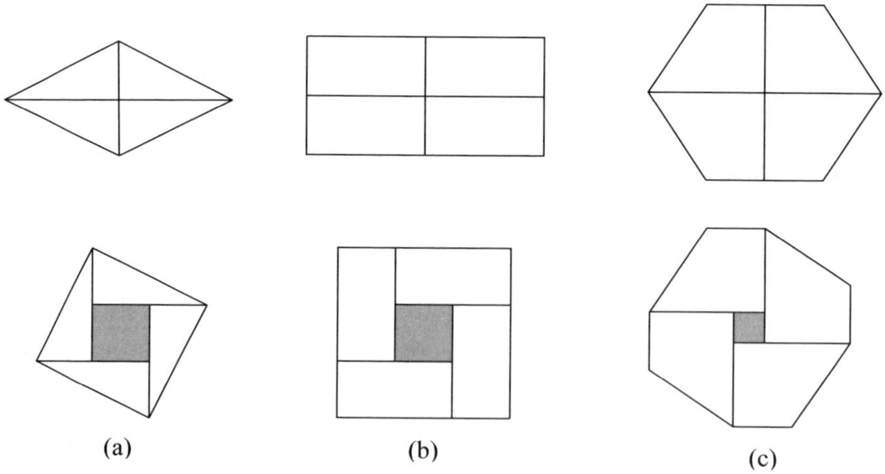
(a) (b) (c)

[그림 4.99]

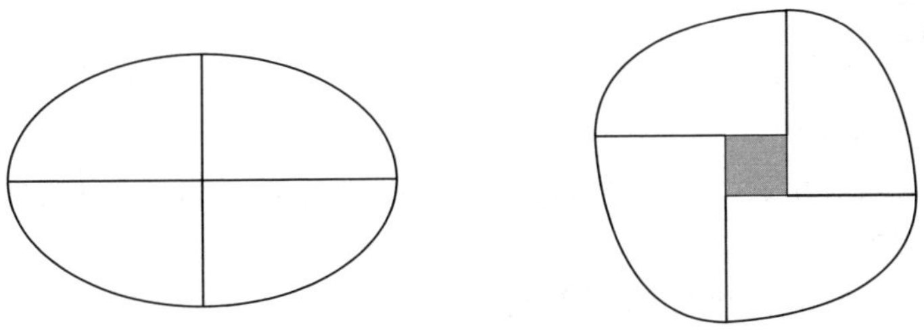

[그림 4.100]

그러면 대칭축을 가지는 곡선도형의 경우는 어떻게 될까? 타원의 경우는 [그림 4.100]과 같이 넓이가 더 큰 원에 가까운 도형으로 변형할 수 있음을 알 수 있다.

(문제 7) [그림 4.101]은 AB를 대칭축으로 하는 볼록도형이다. 이것과 둘레가 같고 넓이가 더 큰 도형을 만들어라.

곡선 위의 점을 C이라 하고, 점 C의 AB에 대한 대칭점을 C′이라고 하자. 사각형 ACBC′의 각 꼭짓점이 경첩[82]으로 연결되어 있고, 각 변에는 빗변을 친 활꼴(弓形)이 고정되어 있는 것으로 하자. 이 사각형을 $\angle$ACB, $\angle$AC′B가 직각이 되도록 변형한다. 그러면 이 도형의 둘레는 원래 도형과 둘레가 같다. 그러나 넓이는 원래 도형보다 커져 있음은 분명하다.

원의 경우 대칭축이 지름이고, 그 위의 각은 직각이므로 위의 방법으로는 넓이가 더 큰 도형으로 변형할 수 없다. 이것으로부터도 원이 최대 넓이를 가지는 도형임을 추리할 수 있다.

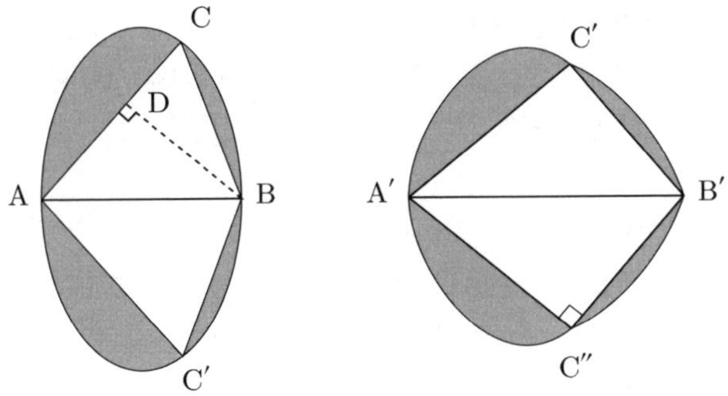

[그림 4.101]

82 모양이 같은 두 개의 쇳조각을 맞물려 만들어 창문이나 세간의 문짝을 다는 데 쓰는 물건을 말한다.

■ 제4장 주

‖ 4.1 수의 확장 ‖

(1)《アンリ·ブリュラ-ルの生涯》, 桑原武夫, 生島遼一 역, 스탕달 전집 7, 人文書院, 1977.

(2)《形而上学》(上), 出隆 역, 岩波文庫.

‖ 4.2 문자의 사용 ‖

(1)《ギリシア 数学史 Ⅱ》, T. L. 히스 저, 平田寛 역, p. 389, 기호법, 미지량과 멱(冪) 기호.

(2)《数学の歴史 Ⅱ 中世の数学》, 伊東俊太郎 편, 共立出版, 제2장 아라비아 수학, 제3장 인도 수학, 1987.

(3)《精神指導の規則》, 데카르트 저, 野田又夫 역, 岩波文庫, p. 116~.

(4)《和算入門》, 大矢真一 저, 日本評論社, 1987.

‖ 4.3 방정식 ‖

(1)《アンリ·ブリュラ-ルの生涯》, 桑原武夫, 生島遼一 역, 스탕달 전집 7, 人文書院, 1977.

(2)《インド天文学·数学集》, 矢野道雄 편, 朝日出版社, 1980.

(3) 파푸스의 해석에 대해서는《ギリシア 数学史 Ⅱ》, T. L. 히스 저, 平田寛 외 역, 共立全書, p. 368~ 참조.

(4) 아리비아 수학에 대해서는《数学の歴史 Ⅱ 中世の数学》, 伊東俊太郎 편, 共立出版, 1987 참조. 이 책은 인도, 중국의 수학도 해설되어 있다.

(5)《数字と数学記号の歴史》, 大矢真一·片野善一郎, 裳華房, 1978.

(6)《和算入門》, 大矢真一, 日本評論社, 1987.

(7)《数学の誕生》, 近藤洋逸, 現代数学社, 1977.《古代の数学》, A. 아보 저, 中村幸四郎 역, 河出書房, 1971.

‖ 4.4 피타고라스 정리 ‖

(1)《文明の起源》(下), G. 차일드, ねず·まさし 역, 岩波新書, p. 78.

(2)《数学の誕生》, 近藤洋逸 저, 現代数学社, 1977.

(3)《インド文明の曙》, 辻直四郎 저, 岩波新書.

(4)《インド天文学·数学集》, 矢野道雄 편, 과학의 명저 1, 朝日出版社, 1980.
이 가운데에《슈르바 수트라》의 全訳이 수록되어 있다. 지금까지 고대 인도의 수학에 대해서는 일본어로 읽을 수 있는 자료가 적었기 때문에, 이 책은 상당히 참고가 된다.

(5) 《周髀算経》의 全訳은 《中国 天文学·数学集》(과학의 명저 2), 朝日出版社에 수록되어 있다.

(6) (1)의 p. 168.

(7) 《ギリシャ人の科学》(上), B. 패링턴 저, 出隆 역, 岩波新書.

(8) 《원론》 제1권 명제 5는 다음과 같다.

"이등변삼각형의 밑변 위에 있는 두 각은 서로 같고, 같은 변이 연장될 때, 밑변의 아래의 두 각은 서로 같다."

《원론》의 증명은 대략 다음과 같다.

아래 그림에서 AB = AC, AF = AG라고 하자. △AFC, △AGB에서

$$FA = GA, \ AC = AB, \ \angle FAG\text{는 공통}$$

이다. 그러므로 명제 4(두 변과 낀 각의 합동정리)에 의해 △AFC ≡ △AGB이다. 따라서

$$\angle ACF = \angle ABG, \ \angle AFC = \angle AGB$$

이다. 다음에 AF = AG, AB = AC이므로 BF = CG이다. △BFC, △CGB에서

$$BF = CG, \ FC = GB, \ \angle BFC = \angle CGB$$

이다. 그러므로 △BFC ≡ △CGB이다. 따라서 ∠FBC = ∠GCB, ∠BCF = ∠CBG이다. ∠ABG = ∠ACF와 ∠CBG = ∠BCF로부터

$$\angle ABG - \angle CBG = \angle ACF - \angle BCF$$

이다. 그러므로 ∠ABC = ∠ACB 이다.

이 증명에 사용되고 있는 그림이 트러스 다리(橋)와 닮아 있는 것에서 명제 5는 '어리석은 자의 다리'라고 불렀다고 한다. 트러스 다리라는 것은 수평방향으로 걸쳐진 다리 위에 매우 간단하게 만들어지는 도리(girderage) 구조의 다리로서, 바보

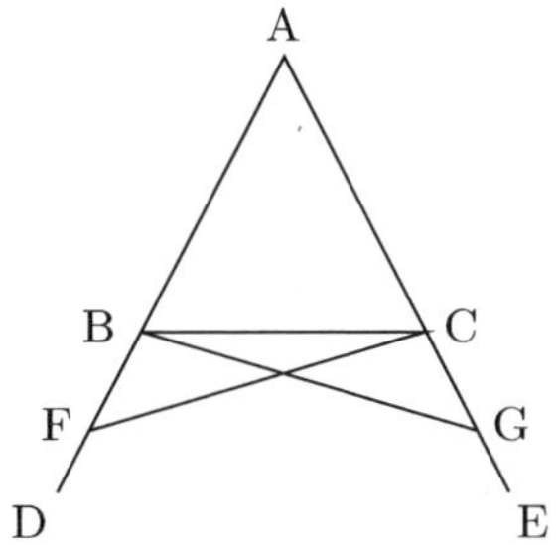

라도 만들 수 있다는 의미인 것 같다.

혹은 이 명제의 증명이 복잡해서 도저히 바보는 이해할 수 없다고 하는 것과, 당시 우둔함의 상징처럼 생각되던 당나귀는 도저히 건널 수 없을 것 같은 다리라는 것을 연결시켜 명제 5를 '당나귀 다리'라고 불렀다고도 한다.

로저 베이컨은 13세기 옥스퍼드에서는 《원론》 제3명제, 제4명제에서 더 나아간 사람은 드물었으므로 제5명제는 '도망'이라 불렀다고 쓰고 있다.

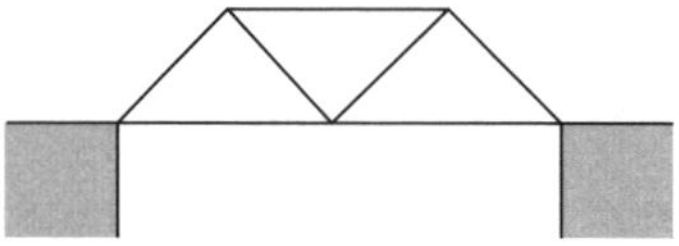

(9) 《リーラーヴァティー》는 앞의 (4)에 수록되어 있다.

(10) 《算組》 (現代訳と解説), 佐藤健一 저, 研成社.

유명한 세키 타카카즈는 $2^{17}=131072$ 각형까지 계산하여 한 변의 길이를 0.0000 2396 8449 8084 182, 둘레의 길이를 3.1415 9265 3288 9927 759로 구하고 있다.

(11) 다음과 같이 계산할 수도 있다.

$$\mathrm{AE}^2=\left(\frac{\mathrm{AB}}{2}\right)^2=\mathrm{CE}\cdot\mathrm{EH}=\mathrm{CE}(1-\mathrm{CE})$$
$$\mathrm{AB}^2=4\mathrm{CE}(1-\mathrm{CE})=\frac{1}{2}$$
$$\therefore\ 8\mathrm{CE}^2-8\mathrm{CE}+1=0$$

이것을 풀어서 CE를 구한다.

다음에 $\mathrm{AC}^2=\mathrm{CE}\cdot\mathrm{CH}=\mathrm{CE}$ 에서 AC를 구한다.

마찬가지로 $4\mathrm{DF}(1-\mathrm{DF})=\mathrm{AC}^2$ 에서 DF를 구한다. 다음에 $\mathrm{AD}^2=\mathrm{DF}$ 에서 AD를 구한다. 이것을 반복해가면 된다.

《구장산술》에 주를 붙인 위나라 유휘의 원주율 계산도 교재로 이용할 수 있을 것 같다.

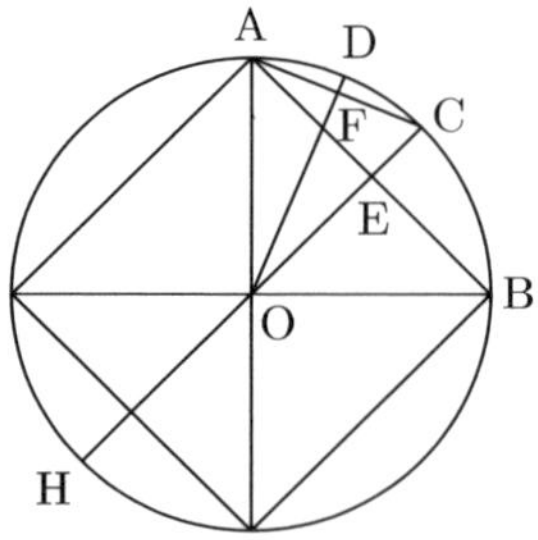

반지름을 1로 하고 정12각형에서부터 정96각형까지 한 변의 길이를 계산한다. AB를 정n각형의 한 변이라고 하면, AC는 정$2n$각형의 한 변이다. $\mathrm{AB}=a$, $\mathrm{OA}=$반지름$=r$이라고 하면 계산 순서는 다음과 같다.

$$\mathrm{OM}=\sqrt{r^2-\left(\frac{a}{2}\right)^2},\ \mathrm{CM}=r-\sqrt{r^2-\left(\frac{a}{2}\right)^2},\ \mathrm{CA}=\sqrt{\mathrm{CM}^2+\left(\frac{a}{2}\right)^2}$$

정12각형의 한 변 $=0.517638$
정24각형의 한 변 $=0.261052$
정48각형의 한 변 $=0.130806$
정96각형의 한 변 $=0.065438$

그런데 그림에서 $\frac{1}{2}\cdot\mathrm{AB}\cdot\mathrm{OC}=$사각형 AOBC$=2\cdot$삼각형AOC이다. 양변을 n배 하면,

$$\frac{n}{2}\times \text{정}n\text{각형의 한 변}\times\text{반지름}=\text{정}2n\text{각형의 넓이}$$

이다. 이것을 이용하여 다음 계산을 한다.

$$\text{정96각형의 넓이}=0.130806\times 24=3.139344=3.13\frac{584}{625}$$

$$\text{정192각형의 넓이}=0.065438\times 48=3.141024=3.14\frac{64}{625}$$

$$\text{정192각형의 넓이}-\text{정96각형의 넓이}=0.00168=\frac{105}{625}$$

정n각형, 정$2n$각형의 넓이를 각각 S_n, S_{2n}, 원의 넓이를 S라고 하면,

$$S_n+2(S_{2n}-S_n)=S_{2n}+(S_{2n}-S_n)>S>S_{2n}$$

이다. 여기에 정96각형, 정192각형의 넓이를 대입하면,

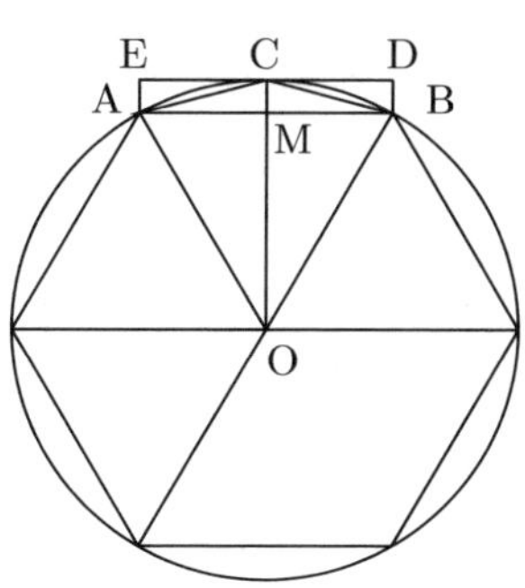

$$3.14\frac{64}{625}+\frac{105}{625}>S>3.14\frac{64}{625}$$

$$3.14\frac{169}{625}>S>3.14\frac{64}{625}$$

가 된다. 이상으로부터 반지름 1인 원의 넓이는 3.14이고, 따라서 원주율은 3.14임을 추리할 수 있다.

‖ 4.5 도형의 계량 ‖

(1) 아르키메데스의《球と円柱について》는《世界の名著 9, ギリシアの科学》(中央公論社)에 수록되어 있다. 또 佐藤徹 역·해설, 伊東俊太郎 편,《アルキメデス 球と円柱について》(科学の名著 9), 朝日出版社, 1981년에 상세한 해설이 되어 있다.

(2)《明治前日本数学史》(제1권), 日本学士院 편, 岩波書店.

(3) 각뿔의 차로서 다음과 같이 계산한다.

$$V=\frac{1}{3}b^2(x+h)-\frac{1}{3}a^2x=\frac{1}{3}\{b^2h+x(b^2-a^2)\}$$

이다. 여기서 $x:\frac{a}{2}=(x+h):\frac{b}{2}$ 가 성립하므로, 여기에서 x를 구하면

$$x=\frac{ah}{b-a}$$

이다. 이것을 윗식에 대입하면

$$\begin{aligned}V&=\frac{1}{3}\left\{b^2h+\frac{ah}{b-a}(b^2-a^2)\right\}\\&=\frac{1}{3}\{b^2h+ah(b+a)\}=\frac{h}{3}(a^2+ab+b^2)\end{aligned}$$

이 된다.

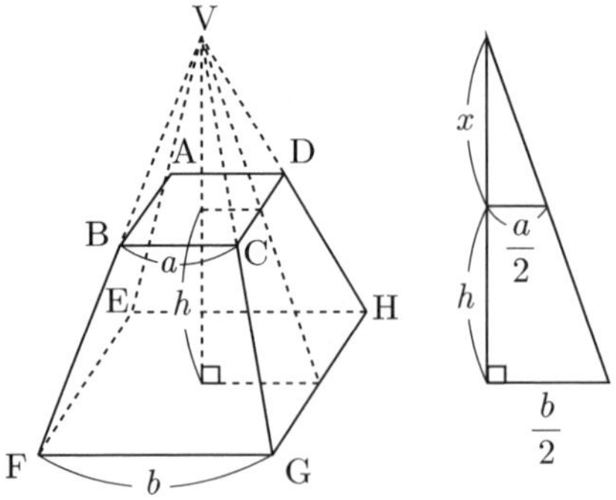

(4) 《中国天文学·数学集》, 朝日出版社, 《科学の名著 2》에 《劉徽註九章算術》의 全訳이 수록되어 있다.

‖ 4.6 닮음의 응용으로서의 측량 ‖

(1) 《ギリシア 数学史》, T. L. 히스, 平田寛 역, 共立全書, p. 69.
(2) 《江戸時代の測量術》, 松崎利雄, 総合科学出版, 1979, p. 44.
(3) D. E. Smith, *History of Mathematics Vol. II*, p. 285
(4) 《中国天文学·数学集》, 朝日出版社, p. 265.
(5) (2) p. 65.
(6) (2) p. 48.
(7) 《数学の黎明》, 반 델 바르덴, みすず書房, p. 127 《サモスのトンネル》.
(8) (2) p. 138.

‖ 4.7 유클리드의 《원론》과 논증 ‖

(1) 《ソクラテスの弁明》, 旺文社文庫, 역주에 '다이모니온(복수 다이모니아)은 다이몬에서 파생한 형용사로, 다이몬的이라든지 다이몬과 관계 있다든지의 뜻이다.'라고 적혀 있다.
(2) 《バラモン教典·原始仏典》, 長尾雅人 편, 世界の名著 1, 中央公論社.
(3) 《パスカル全集》(第1巻), 伊吹武彦 외 감수, 人文書院, 1969.
(4) 《エテカ》(倫理学), 스피노자, 畠中尚史 역, 岩波文庫.

‖ 4.8 함수 ‖

(1) 이것은 진공 중에서의 것이다. 소위 갈릴레이의 자연낙하의 법칙이라는 것은 다음의 두 가지 법칙을 말한다.

1. 진공 중에서 모든 물체는 그 질, 양, 형태의 여하에 구애되지 않고 등가속도로 낙하한다.
2. (진공 중을) 자연낙하하는 물체의 낙하속도는 낙하시간에 비례한다.

$v=gt$에서 g가 물체의 질, 양에 따라 변한다고 하는 것이 종래의 사고방법이었고, 갈릴레이는 이것이 진공 중에서는 일정하다는 것을 나타낸 것이다.
갈릴레이의 발견의 시초가 된 것은, 비중이 다른 물체의 속도 차이는 저항력이 강한 매체의 정도만큼 두드러진다고 하는 것이었다. 예를 들면, 수은 중에서는 금 이외는 가라앉지 않지만, 공기 중에서는 금, 납, 구리, 돌로 된 무거운 구와의 속도 차는 대단히 작아, 100큐피트 낙하하는 동안에 금으로 된 구는 구리로 된 구보다 손가락 네 개의 폭만큼 앞서 간다.
이것으로부터 갈릴레이는 저항력이 전혀 없는 매체 속에서 모든 물체는 모두 같은 속도로 낙하할 것이라고 추리했다.

갈릴레이는 1604년경 $v = ks$ 로 속도가 낙하거리에 비례한다고 생각했지만, 1609년경에 $v = kt$ 로 바뀐 것 같다. 1609년은 그가 망원경을 조립해서 달과 목성의 위성을 관측하기 시작한 해이다.

(2) 케플러의 천문학 연구는 하나의 관념을 근본원리로 해서 진척되고 있다. 그것은, 우주는 신이 계획적으로 창조한 것이고, 신이 창조한 것인 이상, 완전하고 합리성을 가지지 않으면 안 된다는 것이다. 이 완전성, 합리성으로서 그는 기하학적 조화를 생각한다. 신이 우주를 창조할 때 기하학을 모델로 했음에 틀림없고, 기하학은 사물의 창조 이전인 아득한 옛날부터 신적(神的)인 정신에 속하고, 신 그 자체라는 것이다. 케플러는 기하학을 통해서 신이 창조한 우주를 연구하고, 신이 창조하신 마음을 간파하는 것이야말로 천문학의 최종 목적이라고 생각했다. 케플러 법칙은 기하학적 조화의 일부이다.

케플러의 천문사상을 가장 잘 나타내고 있는 것은 1596년 《우주의 신비》이다. 이 책은 혹성의 태양으로부터의 거리가 우연한 것이 아니고, 예부터 신비의 도형이라고 생각되어온 정다면체와 관계가 있다고 생각하고, 그가 앞에서 말한 우주관을 입증하려고 한 것이었다. 그가 내린 결론은 다음과 같은 것이었다.

> 지구 궤도를 포함하는 구면에 외접하는 정12면체를 만들고 정12면체에 외접하는 구면을 만들면, 이 구면 위에 화성의 궤도가 있다. 다음에 화성 궤도에 외접하는 정4면체를 만들고 이것에 외접하는 구면을 만들면, 그 위에 목성의 궤도가 있다. 또 목성의 궤도를 포함하는 구면에 외접하는 정6면체를 만들고 그것에 외접하는 구면을 만들면, 그 위에 토성의 궤도가 있다.
>
> 다음에 지구 궤도의 구면에 내접하는 정20면체를 만들고 그것에 내접하는 구면을 만들면, 그 위에 금성의 궤도가 있다. 금성 궤도의 구면에 내접하는 정8면체를 만들고 그것에 내접하는 구면을 만들면 그 위에 수성의 궤도가 있다.

‖ 4.9 확률과 통계 ‖

(1) 《確率論の歴史》, F. N. 디비트 저, 安藤洋美 역, 海鳴社.

(2) 《パスカル全集 第1巻》, 伊吹武彦·渡辺一夫·前田陽一 감수, 人文書院, 1969. 이하의 인용은 모두 이 책에 의한 것이다.

(3) 《死亡表に関する自然的および政治的諸観察》(第5版 1676年刊), 大原社会問題研究所 편, 統計学古典選集復刻版 第1巻 グラント, 高野岩三郎 교열, 久留米鮫造 역, 栗田出版会, 1968. 이하의 인용은 모두 이 책에 의한 것이다.

(4) 이과(理科)연표(1991년판)에 의하면 1984~1988년 5년간의 남녀 출생 수는 다음 표와 같고, 평균하면 남자는 51.4%, 여자는 48.6%가 된다. 남녀의 비는 약 1.06 : 1 이다.

(단위: 천 명)

연도	남자	여자
1984	765	725
1985	735	692
1986	711	672
1987	692	654
1988	675	639

∥ 4.10 수학사의 이야깃거리의 이용 ∥

(방진의 참고서)

(1) 《方陣の話》, 平山諦 저, 中教出版, 1954, 日本数学教育会 数学教育叢書.

(2) 《奇蹟のパズル》, 高木茂男 저, ダイヤモンド社, 1977.

(작도불능 문제의 참고서)

(1) 《角の三等分》, 矢野健太郎 저, 一松信 해설, 日本評論社, 1984.

(등주문제의 참고서)

(1) 《数と図形》, 라데마헬, 퇴플리츠, 山崎三郎 역, 創元社, 1941.

(2) 《円周率の歴史》, 平山諦 저, 中教出版, 1955, 日本数学教育会 数学教育叢書.

후기

즐거운 수업의 창조와 수학사

최근 즐거운 수업의 창조라는 테마가 연구회에서 관심을 모으고 있다. 중 · 고등학교 학생뿐만 아니라 대학생까지 포함해서 수업이 '흥미 없다.', '알 수 없다.', '도움이 될 것 같지 않다.'라고 하며 진지하게 학습하지 않기 때문에, 교사가 아무리 열심히 지도해도 학습효과가 오르지 않는다. 교사 중에는 '공부가 TV나 만화 보듯이 재미있고, 우습고 즐기면서 할 수 있다고 하다니 어처구니없다'고 반론하는 사람도 있겠지만, 어쨌든 학생이 수학에 흥미와 관심을 가지고 학습하려는 의욕을 가지지 않는다면 어찌 할 도리가 없다. 그래서 학습의욕을 기르기 위한 즐거운 수업의 창조가 연구 테마로 되어 왔던 것이다.

그러면 학생에게 흥미와 관심을 가지도록 즐거운 수업을 하려면 어떠한 점에 유의하면 좋을까?

첫째, 말할 것도 없이 잘 알 수 있는 수업을 하는 것이다. 아무리 내용이 좋은 수업이라도 학생이 알 수 없는 수업은 최저의 수업이다. 잘 알도록 가르치기 위해서는 지도법을 궁리하지 않으면 안 되는데, 거기에는 과거의 수학이나 수학자들의 발상이 상당히 참고가 된다는 것은 본문에서 말한 그대로이다.

그런데 수업 내용을 알기만 한다고 해서 학생이 수학에 흥미와 관심을 가지는 것일까? 정리의 증명을 알거나 방정식을 풀 수 있게 되어도 그것이 곧 수학에 대한 흥미로 이어진다고는 할 수 없다. 문부성의 지도서에도 쓰여 있듯이, 수학의 지도가 문제해결을 위한 테크닉이나 기능에 치우치면, 학생이 수학을 자신과는 다른 세계의 것, 무관한 것이라고 받아들여 버리고, 나아가 또 기꺼이 수학 학습에 임하려고 하지 않게 된다. (《中学校 指導書 数学編》, 1989, p. 6.)

잘 알게 하는 수업이라는 것은 정리의 증명을 안다고 하는 것뿐만 아니라, 정리가 언제, 누구에 의해, 무엇 때문에, 어떻게 해서 발견된 것인지, 어떠한 역할을 하고 있는지를 이해시키는, 내용이 있는 수업을 말한다. 이러한 수업을 창조하기 위해서는 수학사가 중요한 역할을 함은 말할 것도 없다.

둘째, 학생이 흥미를 가질 것 같은 문제, 재미있는 문제를 궁리해서 적극적으로 도입하는 것이다. 재미있다고 하는 것은 만화를 보는 것과 같은 그런 재미가 아니고, 지적 흥미를 돋우는 것이라는 의미이다. 학생에게 재미있는 문제라는 것은 수학 퍼즐이나 게임과 같은 것도 있고, 또 방진(方陣)이나 한붓그리기, 등주문제, 작도불능문제라고 하는 역사적인 문제도 생각할 수 있다. 물론 이들을 교재로 사용하도록 바꾸지 않으면 안 되는데, 그것은 교사의 몫이다.

셋째, 가능한 한 생활에 의거한 문제를 다루는 것이다. 학생의 주변에 있고, 누구라도 잘 알고 있는 것과 수학을 관련짓는 것이다. 수학이 실제로 도움이 되는 예를 가르친다. 또 어떻게 수학을 사용하는가 하는 것을 적극적으로 지도하는 것이다. 그것에 의해 수학이 인간생활과 무관한 것이 아님을 조금이라도 이해시키는 것이다.

현재 어느 가정에나 많은 가전제품이 놓여 있다. 그것들에는 여러 가지 기능이 붙어 있는데, 그것들을 충분히 잘 사용하고 있는 사람은 극히 적지 않을까? 중·고교에서 여러 가지 수학을 학습해도 그 지식들은 단순히 형식적으로 머릿속에 진열되어 있을 뿐 한 평생 도움이 되지 않는 것이 대부분이다.

수학교육에서는 학습한 수학이 실제로 사용되지 않아도 수학적 사고가 몸에 배여, 그것이 여러 가지 면에서 정신작용으로서 움직이고 있는 것이라고 전해져 왔는데, 그것은 실제로 확인할 수 없으므로 궤변이라고 해도 어쩔 수 없는 것이다.

단대생(短大生)에게 이자나 은행의 론(loan)의 변제금액 계산을 가르쳤을 때, 1.006^{180}과 같은 계산을 어떻게 하는지 아무도 몰랐다. 전자계산기를 가지고 있어도 그것을 이용할 방법을 모르기 때문이다. 학생들 가운데 지수법칙을 알고 있는 사람이 있었음에도 $(1.006^{10})^{18}$과 $\{(1.006^{10})^6\}^3$은 같다는 궁리가 나오지 않기 때문이다. 이것은 중·고등학교 시절에 이러한 것을 적극적으로 가르치려고 하지 않았던 학교교육의 책임이다.

그런데 중·고교에서 다루는 수학의 대부분은 어떤 면에서 인간생활과의 관계를 바탕으로 탄생한 것이다. 그러므로 그 수학이 실제로 어떻게 사용되어 왔는지의 예는 수학사를 보면 알 수 있다. 즉, 수학사를 예로 들어 수학의 유용함을 가르치는 것도 가능하다.

넷째, 유머를 중요시하는 것이다. 학생이 좋아하는 선생님의 첫째는 유머가 있는 선생님이다. 가르치는 방법이 좋은 선생님은 유감스럽지만 둘째 자리로 만족하고 있다. 선생님의 좋고 싫음이 교과의 좋고 싫음과 연결되는 것은 중·고교학생에게는 흔히 볼 수 있는 것으로, 선생님들도 이것을 매우 의식하지 않으면 안 된다.

유머는 영어사전을 보면, '기질, 기성(氣性), 해학, 우스움 외에 사람을 만족시키다, 사람의 기질·취미 등에 맞추다, 적응하다'라는 의미가 적혀 있다. 유머가 있는 선생님이라는 것은 단순히 우스꽝스러운 이야기나 몸짓을 해서 학생을 웃긴다는 것뿐만 아니라, 상대인 학생의 상태에 따라 학생을 만족시키는 우스움, 해학을 연출할 수 있는 선생님이라는 것이다.

나는 동경물리학교(東京物理学校)의 후지이 시카사부로(藤井鹿三郎)[1] 선생님에게

1 《건축측량》 등의 책을 지었다.

측량학을 배웠다. 그 내용은 거의 잊어버렸지만, 기억하고 있는 것이 하나 있다. 그것은 수업 중에 선생님이 가부키(歌舞伎) 연극인 케이안 타이헤이키(慶安太平記)[2]의 도랑 장면의 마루바시 쵸우야(丸橋忠弥)[3] 역을 연기해보인 것이다. 초우야가 술에 취한 행동을 하며 도랑을 걸어와서, 망을 보는 틈을 노려서 돌을 연못에 던져 넣고, 그 가라앉는 소리를 듣고 연못의 깊이를 재는 장면이다. 선생님은 초우야를 몸짓과 대사를 섞어 연기했다. 그러나 이러한 것은 누구나 할 수 있는 것은 아니다.

수학 선생다운 유머는 늘 염두에 두고 있으면 재료는 얼마든지 있다. 야노 겐타로(矢野健太郎)[4]의 《유쾌한 수학자들》(ゆかいな数学者たら, 新潮文庫) 가운데 다음과 같은 이야기가 나와 있다.

> 어느 날 은사인 카케야 쇼우이치(掛谷宗一)[5]로부터 오른쪽과 같은 도안을 염색한 보자기를 받았다. 어떠한 의미인지 물으니 '야노 군, 사랑은 모두를 감싸는 것 아닌가?'라고 답했다고 한다. 야노 겐타로는 이것을 기억하고서, 여자대학에서의 수업 중 i에 대해 잊은 학생에게 '여성이 사랑(i; 일본어로 愛를 '아이'라고 발음한다.)을 잊어서는 곤란한데.'라고 했지만, 이 유머는 통하지 않았다고 한다. 모처럼의 유머도 통하지 않으면 아무것도 아니라는 것이다.

나는 일찍이 중학교에서 포물선을 가르쳤을 때, 아무 말도 하지 않고 유머의 의도로 카와지 류코우(川路柳虹)[6]의 수학 시를 판서한 적이 있었다.

天へあがったと見ると	하늘로 올라갔다고 보면
急に地へおりる石ころ.	갑자기 땅으로 내려오는 돌멩이.
有頂天な恋のあとに	기뻐 어쩔 줄 모르는 사랑 뒤에
いつもくる常凡な悲劇さ.	언제나 오는 범상한 비극.

2 유이 쇼우세츠(由井正雪, 1605~1651년)의 난(亂)을 제재로 한 것이다.

3 태어난 때는 잘 모르며, 1651년에 죽은 일본 에도 시대의 무사이다.

4 1912년에 태어나 1993년까지 생존한 일본의 수학자이다. 수학교육과 일반교양에 대해서도 정열적으로 활동하였으며, 이 방면에 관한 저서가 많다.

5 1886년부터 1947년까지 생존한 일본의 수학자이다.

6 1888년부터 1959년까지 생존한 일본의 시인이다.

그런데 30년 후 동창회에서 이 시를 기억하고 있는 여학생을 만나 놀란 경험을 가지고 있다. 수학과는 다른 뭔가가 마음에 와닿았던 것일까? 수학은 전부 잊었지만 이 시와 나에 관한 것은 지금도 생각난다고 한다.

유머도 즉흥적인 시시한 농담 같은 것이 아니고, 마음에 남을 것 같은 것을 항상 유념해서 재료를 모아두지 않으면 순간적으로 이용할 수 없다. 수학 시간에는 수학과 관계있는 것이 좋다. 수학사의 토픽이나 수학자의 전기·일화 중에는 좋은 재료가 될 것이 많이 있다.

이상 즐거운 수업의 조건을 몇 가지 적어 보았는데, 즐거운 수업의 창조를 위해서는 교사의 상당한 노력이 요구된다. 그것을 위해서 교사로서 어떻게 대처해야 할까? 지금까지와 같이 수학을 단순히 문제해법을 위한 계산 기술로 보거나, 그 지도가 논리 일변도여서는 금세 학생으로부터 거절 반응이 일어난다.

수학이라는 학문은 문명의 탄생과 함께 태어나, 문명의 진보에 따라 발달해온 학문이다. 여러 가지 문명을 배경으로 해서 여러 가지 수학이 만들어져 왔다. 중학교와 고등학교에서 다루는 수학의 대부분은 어떤 면에서 인간 생활과 연관되어 있다. 그러므로 수학 교사가 될 사람은 우선 수학이라는 학문을 논리 체계로서뿐만 아니라, 인간 문화로서 다면적으로 보는 것이 필요하다. 그것을 위해서는 아전인수처럼 생각될지도 모르겠지만, 수학사 공부가 가장 좋다.

수학사라는 것은 어떤 수학이, 언제, 누구에 의해 발견된 것인가 하는 것뿐만 아니라, 수학을 낳아 기른 사회적·경제적·사상적 배경 등 여러 가지 관점에서 수학이라는 학문을 보려고 하는 것이므로, 인간의 여러 가지 문화·사상과 관련하여 수학을 보는 것이 되며, 자연과 폭넓은 사물을 보는 관점을 기르는 데 도움이 되는 것이 아닐까 생각한다. 학문적인 실력을 갖추고 있을 것, 가르치는 내용을 잘 알고 있을 것, 폭넓은 교양을 갖추고 있을 것, 교육에 정열을 가지고 있을 것, 이것들이 교사에게 요구되는 조건이 아닐까?

찾아보기

▶ 인명

▶ 용어

32 중등수학교육

수학사를 활용한 교재연구

지은이 가타노 젠이치로
옮긴이 김부윤·정영우
펴낸이 박문규
펴낸곳 경문사
펴낸날 2011년 9월 1일 1판 1쇄
등 록 1979년 11월 9일 제9-9호
주 소 121-818, 서울특별시 마포구 와우산로 174
전 화 (02)332-2004 팩스 (02)336-5193
이메일 kyungmoon@kyungmoon.com

값 15,000원

ISBN 978-89-6105-495-9
ISBN 978-89-7282-760-3 (세트)

경문사 초등수학 교육학시리즈

1. 초등수학교육의 이해 (제2판)
   김수미 외 지음
2. 수학 학습 심리와 교수-학습전략
   박성택 지음
3. 초등수학교육의 이해 (개정판)
   최창우 지음
4. 수학교육론
   린 D. 잉글리시·그레엄 S. 핼포드 지음
   고상숙 외 옮김
5. Piaget의 발생론적 인식론을 적용한
   수학수업 1학년
   Constance Kamii 지음/강완 외 옮김
6. Piaget의 발생론적 인식론을 적용한
   수학수업 2학년
   Constance Kamii 지음/강완 외 옮김
7. Piaget의 발생론적 인식론을 적용한
   수학수업 3학년(증보)
   Constance Kamii 지음/강완 외 옮김
8. 테크놀로지와 함께하는 수학교육(제2판)
   권성룡 외 지음
9. 수학의 힘을 길러주자
   권성룡 외 지음
10. 구성주의에 입각한 초등수학 학습·지도
    나카하라 다다오 지음/임문규 옮김
11. 문제해결을 통한 수학적 경험(개정판)
    이대현·최승현 지음
12. 구성주의 수학교실－나눗셈
    마리안 위켓 외 지음/김진호 외 옮김
13. 어린이의 마음을 알면 교육이 보인다
    -임상면담의 첫걸음-
    Herbert P. Ginsburg 지음/신준식 외 옮김
14. 초등수학 교육론
    강완 외 지음
15. 예비교사와 현직교사를 위한
    학교수학과 교구
    김남희 지음
16. 수학교실에서 어린이를 이해하기 위한
    융통성 있는 면담
    허버트 P. 긴스버그 외 지음/남승인 외 옮김
17. 거리수학과 학교수학
    Terezinha Nunes 외 지음/박만구 외 옮김
18. 구성주의 수학교실－곱셈
    메릴린 번스 지음/김진호 외 옮김
19. 수학교실에서 말하기
    수잔느 H. 채핀 외 지음/김진호 외 옮김
20. 수학을 어떻게 가르칠 것인가?
    존 반 드 월르 지음/남승인 외 옮김
21. 초등수학교육론 I
    남승인 외 지음
22. 초등 교사를 위한 레크리에이션 수학
    강완·백석윤 지음
23. 초등학교 수학의 중요한 지도 내용
    이용률 지음
24. 이해를 촉진하는 수학교실
    엘리자베스 페네마·토머스 롬버그 지음/
    이광호 외 옮김

경문사 중등수학 교육학시리즈

1. 새 교수·학습이론에 의한 수학교육론
신현성 지음
2. 수학과 교재론 (제3판)
석용징·신현성·이준열 지음
3. 수학적 문제해결
신현성·김경희 지음
4. 고등수학적 사고
데이비드 톨 지음/류희찬 외 옮김
5. 수학과 학습지도와 평가론 (제2판)
강옥기 지음
6. 문제해결의 수학적 전략
스티븐 G. 크란츠 지음/좌준수 외 옮김
7. 증명의 본질
Harold P. Fawcett 지음/장경윤 외 옮김
8. 수학수업 Know-how
쿠조 쯔네죠 지음/김부윤·이영숙 옮김
9. 퇴플리츠의 미분적분학
Otto Toeplitz 지음/우정호 외 옮김
10. 예비교사와 현직교사를 위한 수학교육과정과 교재연구(개정판)
김남희 외 지음
11. 한 줄에 꿰는 수학이야기
Lewinter·Widulski 지음/장경윤 옮김
12. 중등수학 교재연구
강옥기 지음
13. 수학의 철학과 역사
Anglin 지음/류희찬 외 옮김
14. 간추린 수학사
Struik 지음/장경윤 외 옮김
15. 학교수학을 위한 원리와 규준(제2판)
NCTM 지음/류희찬 외 옮김
16. 수학걱정 뛰어넘기
Shiela Tobias 지음/허혜자 옮김
17. 우리나라의 수학교육과정
이중권 지음
18. 세계 여러 나라의 수학교육과정
이중권 지음
19. 수학을 하려면 엑셀을 밟아라(제2판)
고상숙 지음
20. 수학수업 know-how 2
쿠조 쯔네죠 지음/김부윤·이명숙 옮김
21. 수학과 수업모델 및 설계
신현성 지음
22. 통계교육(제2판)
김응환·이석훈 지음
23. 예비교사와 현직교사를 위한 수학교육에서의 컴퓨터 활용
김남희·박영미 지음
24. 수학교육학 연구방법론
우정호 외 지음
25. 비주얼 매스
장경윤·박진희 지음
26. 통계적 사고의 의미와 교육
대니 벤 즈비·조안 가필드 지음/이경화·지은정 외 옮김
27. 수학교육학 정론
강옥기·허난·조현공·박경은·이환철 공저
28. 중등수학교육학
유윤재 지음
29. 수학 수업의 현재와 미래
NCTM 지음/류희찬 외 옮김
30. GSP와 함께 하는 평면기하탐구
장경윤·나숙정·김진아 지음
31. 새로운 대안평가를 고려한 수학과 측정·평가
신현성 지음
32. 수학사를 활용한 교재연구
가타노 젠이치로 지음/김부윤·정영우 옮김